国家自然科学基金青年科学基金（项目批准号：72002144）资助项目。

中国社科

风险投资交易中的合谋现象研究
基于私人关系的视角

贾西猛　李丽萍　陈启胜◎著

光明日报出版社

图书在版编目（CIP）数据

风险投资交易中的合谋现象研究：基于私人关系的视角／贾西猛，李丽萍，陈启胜著．－－北京：光明日报出版社，2024.9．－－ISBN 978－7－5194－8281－7

Ⅰ．F830.59

中国国家版本馆 CIP 数据核字第 2024B4S271 号

风险投资交易中的合谋现象研究：基于私人关系的视角
FENGXIAN TOUZI JIAOYI ZHONG DE HEMOU XIANXIANG YANJIU: JIYU SIREN GUANXI DE SHIJIAO

著　　　者：贾西猛　李丽萍　陈启胜	
责任编辑：陈永娟	责任校对：许　怡　李海慧
封面设计：中联华文	责任印制：曹　净

出版发行：光明日报出版社

地　　　址：北京市西城区永安路 106 号，100050

电　　　话：010-63169890（咨询），010-63131930（邮购）

传　　　真：010-63131930

网　　　址：http://book.gmw.cn

E－mail：gmrbcbs@gmw.cn

法律顾问：北京市兰台律师事务所龚柳方律师

印　　　刷：三河市华东印刷有限公司

装　　　订：三河市华东印刷有限公司

本书如有破损、缺页、装订错误，请与本社联系调换，电话：010-63131930

开　　本：170mm×240mm	
字　　数：291 千字	印　张：19
版　　次：2025 年 1 月第 1 版	印　次：2025 年 1 月第 1 次印刷
书　　号：ISBN 978－7－5194－8281－7	

定　　价：98.00 元

版权所有　翻印必究

序 言

中国风险投资市场经过三十多年爆发式的发展,不仅拓宽了新创企业融资渠道,完善了创新创业生态系统,而且促进了国家经济结构调整和产业转型升级。然而,在中国风险投资市场发展过程中,尚存在诸多不容忽视的问题,包括风险投资交易中的"合谋行为"。具体而言,风险投资交易中的合谋行为是指风险投资家与创业企业家为双方谋取私利而结成联盟,侵害中小股东利益,增加企业经营风险的不正当行为。合谋行为不仅会误导投资者做出失误性决策,而且会降低风险投资对创新创业活动的积极作用。因此,如何识别风险投资家与创业企业家的合谋行为,并降低合谋行为带来的不良影响是理论界和实践界值得高度重视与深入探讨的问题。

在风险投资交易过程中,私人关系是导致风险投资家与创业企业家合谋行为的重要因素之一。基于相似的人力资本特征,当风险投资家与创业企业家存在校友、老乡和同事等私人关系时,能够促进群体身份认同。风险投资家与创业企业家的合谋行为具有隐蔽性,不会写在正式契约中,合谋行为的产生更多依赖于合谋双方的信任和默契、隐性契约的激励约束,以及非正式治理的管理模式等。而私人关系有助于形成这些条件,为诱发风险投资家与创业企业家合谋行为提供了可能。目前关于风险投资家与创业企业家关系的研究主要集中在"投资选择"阶段,在"退出获利"阶段,双方基于私人关系产生的信任,可能会实施合谋行为,进而危害企业经营管理的相关研究明显不足。

本书基于社会认同理论、社会交换理论和亲关系不道德理论,结合风险投资中的委托代理关系和中国"差序格局"的社会关系网络,从私人关系视角聚焦风险投资交易中的合谋行为。基于以上研究问题，本书以2009年至2021年中国创业板上市公司数据展开研究，运用实证方法探究私人关系对风险投资交易中的合谋行为的影响，并深入分析合谋行为的形成机制及治理措施。

针对研究问题，本书通过七章内容展开研究。第一章首先提出研究问题，阐述研究的理论意义和实践意义，确定全书的研究内容和框架，并点明本书的研究创新点。第二章对全书涉及的重要概念进行详细界定和阐述，并对相关的理论和文献进行梳理。第三章主要梳理合谋行为的理论框架，并基于理论进行推理演绎，构建基于私人关系的风险投资交易中的合谋行为研究的理论框架。第四章到第六章针对合谋行为的表现、形成机制和治理展开实证研究。合谋行为表现包括企业家自利行为、风险投资家收益、中小股东的利益以及企业经营风险。合谋行为机制包括薪酬激励、参与治理和隐藏信息。合谋行为治理包括股权结构治理、董事会治理以及高管治理。第七章阐述了研究的理论贡献和实践指导意义，提出相关的政策建议，并指出本书的局限性及未来研究的方向。

本书基于风险投资家和创业企业家互动的研究视角，利用社会认同理论挖掘交易双方关系在风险投资过程中的重要影响，丰富了风险投资和公司治理等相关理论的研究，拓展了私人关系对风险投资活动影响的理论框架。本书在不道德行为和关系规范理论研究基础上，提出亲关系不道德行为，从道德心理作用机制的解释视角，探寻私人关系引发道德伦理问题的逻辑，拓展了社会关系和不道德行为研究的相关理论。本书有助于政府部门全面识别和防范合谋行为，实现"防风险"和"稳金融"的经济发展目标，提醒创业企业利用公司治理防范私人关系的消极效应，为中小投资者开展理性投资决策和加强利益保护提供参考依据。

本书由贾西猛、李丽萍和陈启胜三位老师合力完成，成稿过程殊为不易。贾西猛负责设计研究方案和研究思路、收集和分析数据、撰写和修改初稿，以及修改完善意见。本书统稿人李丽萍承担了全书框架搭建、统稿、校对、终稿修改等重要任务，参与了概念界定、理论基础及文献综述、合谋行为的界定、理论分析及研究假设、实证数据结果的分析与撰写等工作。陈启胜参与项目研究和本书撰写工作，包括资料的收集与整理、数据的分析与解读、初稿的撰写和修改、终稿的修改与完善等。本书的研究工作得到了国家自然科学基金项目（No.72002144）的资助，在此特向国家自然科学基金委表示感谢。

  本书在写作过程中，尽可能地提供准确和全面的研究内容，然而书中依然可能存在一些错误和纰漏。因此，恳请读者和同行能够反馈发现的错误和疏漏，以及宝贵的意见和建议，发送邮件至邮箱 jiaxm@scu.edu.cn，帮助进一步完善内容、纠正错误，并提升整体研究质量。

目 录
CONTENTS

第一章 引言 ·· 1
  第一节 研究背景 ·· 1
  第二节 研究目的与研究问题 ··· 5
  第三节 研究意义 ·· 7
  第四节 研究内容与框架 ·· 10
  第五节 研究方法与技术路线 ··· 14
  第六节 研究创新点 ··· 20

第二章 概念界定、理论基础及文献综述 ································· 22
  第一节 相关概念 ·· 22
  第二节 理论基础 ·· 40
  第三节 文献综述 ·· 49
  第四节 相关研究评述 ··· 69

第三章 私人关系与合谋行为的内涵和理论框架 ····················· 73
  第一节 风险投资家与创业企业家私人关系的内涵 ············· 73
  第二节 风险投资家与创业企业家合谋行为的内涵 ············· 77
  第三节 基于私人关系的合谋行为研究的理论框架 ············· 81
  本章小结 ·· 92

第四章 私人关系下风险投资家与创业企业家合谋行为的表现 ············ 94
- 第一节 私人关系对合谋行为影响的研究假设 ················ 94
- 第二节 数据来源与研究样本 ···························· 101
- 第三节 变量定义与测量 ······························· 120
- 第四节 实证模型 ····································· 131
- 第五节 私人关系对合谋行为影响的实证研究 ··············· 132
- 第六节 异质性检验 ··································· 160
- 本章小结 ·· 184

第五章 私人关系下风险投资家与创业企业家合谋行为的形成机制 ······ 185
- 第一节 私人关系下合谋行为形成机制的研究假设 ············ 185
- 第二节 数据来源、变量定义与模型 ······················ 195
- 第三节 基于私人关系的合谋行为形成机制的验证 ············ 200
- 本章小结 ·· 220

第六章 私人关系下风险投资家与创业企业家合谋行为的治理 ·········· 221
- 第一节 私人关系下合谋行为治理的研究假设 ··············· 221
- 第二节 数据来源、研究样本与模型 ······················ 228
- 第三节 基于私人关系的合谋行为公司治理的验证 ············ 231
- 本章小结 ·· 246

第七章 结论与展望 ···································· 248
- 第一节 假设检验结果汇总 ······························· 248
- 第二节 研究结论 ····································· 253
- 第三节 研究启示 ····································· 255
- 第四节 研究局限与展望 ································ 261

参考文献 ·· 264

后 记 ··· 293

第一章

引 言

第一节 研究背景

  风险投资是推动创业活动和高新技术产业发展的重要动力，在促进经济高质量发展和产业升级方面发挥着不可替代的作用。中国风险投资市场经历三十多年的快速发展，不仅拓宽了新创企业的融资渠道，完善了创新创业活动的生态系统，而且促进了国家经济结构调整和产业转型升级，增强了经济发展新动能。中国证券投资基金业协会数据显示，截至2022年12月30日，中国存续创业投资基金19354只，规模达2.83万亿元，同比增长19.41%。[①] 在风险投资助力下，2022年全球共有1312家独角兽企业，中国以312家的数量排名第二，比2021年增加56家。2021年11月15日北交所正式揭牌开市，成为经国务院批准设立的中国第一家公司制证券交易所。[②] 北交所的设立是中国资本市场改革发展的重要标志性事件，将成为服务创新型中小企业的主阵地，而其相关制度安排对风险投资退出获利是极大的利好政策，预计未来中国风险投资市场会更加繁荣。

[①] 中基协：截至2022年末，存续私募证券投资基金规模5.56万亿元 [EB/OL]. 搜狐网，2023-01-03.

[②] 北交所迎来开市！资本市场服务中小企业创新发展能力再提升 [EB/OL]. 新华社，2021-11-15.

然而，在中国风险投资发展过程中，尚存在诸多不容忽视的问题，其中包括风险投资家与创业企业家的"合谋行为"，具体而言是指风险投资家与创业企业家为双方谋取私利，侵害中小股东利益，增加企业经营风险的不正当行为。风险投资主要通过被投资企业上市后实现退出获利，获利的关键因素是退出时股票交易的表现。中国证券二级交易市场投机氛围较重，风险投资家有动机与创业企业家达成操纵股价的激励相容机制，利用"市值管理"抬高股价，为风险投资带来高额回报。[①] 实践中，风险投资家经常在企业释放利好消息股价上涨后展开"精准减持"操作。风险投资家可以通过合谋行为提高投资收益，同时风险投资家可能会与创业企业家达成默契"投桃报李"，不会过多干涉企业经营决策，导致创业企业家更容易产生自利行为。例如，2019年11月20日，证监会广东监管局对风华高科发布处罚决定，认定企业存在信息披露违法违规行为，处罚了相关的在职或离职人员，其中包括在公司担任监事的风险投资人。[②]

随着新一轮技术革命的兴起，全球政府都高度重视风险投资在支持创新创业中的重要作用，但如果忽视风险投资交易中的合谋现象，则各地政府出台的吸引风险投资的政策效果将会适得其反。目前，中国经济发展面临多方面的风险挑战，金融市场的稳定能够增强投资者对经济向好的信心，有利于保持经济社会平稳、健康与可持续发展。合谋行为会降低风险投资对创新创业活动的积极作用，有可能误导决策者做出不利于企业发展的决策，扰乱金融市场秩序，对投资者保护和资本市场稳定产生不利影响。这与政府倡导的"稳金融"发展方针是背道而驰的。因此，如何治理风险投资交易中的合谋行为是政府及企业值得重视与探讨的问题。

[①] ZHANG L, GUPTA A K, HALLEN B L. The Conditional Importance of Prior Ties: A Group-level Analysis of Venture Capital Syndication [J]. Academy of Management Journal, 2017, 60 (4): 1360-1386.

[②] 风华高科违法虚增利润6200万，三任董事长等26人被罚 [EB/OL]. 中国经济网，2019-11-25.

第一章 引言

影响风险投资家与创业企业家产生合谋行为的因素众多，其中私人关系是非常重要的影响因素之一。在社会交往过程中，相似的人力资本特征能够产生群体身份认同，形成校友、老乡和同事等私人关系。① 而这种私人关系会影响企业融资、投资和并购等一系列企业决策。② 加之，中国是文化底蕴深厚的经济转型国家，个体之间交往更加注重交情和私人关系，关系网络还呈现出"差序格局"的特点，具有典型的"关系型"社会特征。③ 所以，私人关系是风险投资交易中具有典型中国特色的热点问题。风险投资家与创业企业家的私人关系有助于建立彼此的信任与默契，降低互相监督的约束力。合谋行为达成的关键因素在于合谋双方的信任感以及隐性互惠契约的激励约束。而存在私人关系的交易双方更倾向于使用非正式治理机制开展合作，这为诱发风险投资交易中的合谋行为提供了可能性。

私人关系在风险投资交易过程中产生的影响，得到了理论界的高度重视，相关学者从不同角度开展了丰富的研究，但相关结论尚有争议。部分研究结果表明私人关系在风险投资交易过程中产生着积极作用。私人关系形成的社会网络有助于破除信息壁垒，便于风险投资家挖掘企业发展真实状况的软信息，降低交易成本。④ 此外，私人关系网络在企业风险投资交易中能够形成非正式的监督约束机制，抑制风险投资家或者企业家的机会主义行为。⑤

---

① 陈霞，马连福，贾西猛. 独立董事与 CEO 私人关系对公司绩效的影响 [J]. 管理科学，2018，31 (2)：131.
② MARSCHLICH S, INGENHOFF D. Stakeholder Engagement in a Multicultural Context: The Contribution of (Personal) Relationship Cultivation to Social Capital [J]. Public Relations Review, 2021, 47 (4): 102091.
③ 焦媛媛，付轼辉，沈志锋，等. 我国中小企业社会关系网络对其"走出去"意愿的作用机制研究 [J]. 科学学与科学技术管理，2018，39 (1)：127.
④ LEE H S. Peer Networks in Venture Capital [J]. Journal of Empirical Finance, 2017, 41: 19.
⑤ 戴亦一，肖金利，潘越. "乡音"能否降低公司代理成本：基于方言视角的研究 [J]. 经济研究，2016，51 (12)：147.

因此，私人关系有助于提高公司经营绩效和风险投资收益。① 但也有文献表明私人关系在风险投资交易过程中产生消极作用。因为私人关系容易导致风险投资家出现过于乐观的心态和非理性投资行为。② 寿志钢等发现私人关系会降低交易双方相互监督的要求，加大合同灵活性，削弱合同约束作用。③ 在基于私人关系的投资中，风险投资家会依赖关系契约的约束，不会精心设计激励约束机制，签订的投资契约相对宽松，对投资绩效产生不利影响。④ Du 认为具有私人关系的风险投资家联合投资可以降低交易成本，但是限制了学习机会，导致投资收益状况不佳。⑤

中外学者越来越关注公司经营中的合谋行为以及私人关系在风险投资交易中的影响，但现有研究仍存在一定的不足。第一，基于社会认同、委托代理等理论，已有研究关注私人关系在风险资本"投资选择"阶段的积极作用，包括抑制双边道德风险、促进投融资工作展开⑥；但忽视了私人关系在"退出获利"阶段促进风险投资家和创业企业家开展合谋行为的消极效应。第二，公司经营中合谋行为的探讨场景，已有研究重点关注了企业股东、管理层、审计和外部监管等方面的合谋问题，而较少关注风险投资家与创业企业家之间的合谋行为⑦；并且对基于私人关系的风险投资家与创业企业家合

---

① HEGDE D, TUMLINSON J. Does Social Proximity Enhance Business Partnerships? Theory and Evidence from Ethnicity's Role in U. S. Venture Capital [J]. Management Science, 2014, 60 (9): 2355.

② BOTTAZZI L, DA RIN M, HELLMANN T. The Importance of Trust for Investment: Evidence from Venture Capital [J]. Review of Financial Studies, 2016, 29 (9): 2362.

③ 寿志钢，王进，汪涛. 企业边界人员的私人关系与企业间机会主义行为：双刃剑效应的作用机制及其边界条件 [J]. 管理世界, 2018, 34 (4): 162.

④ BENGTSSON O, HSU D H. Ethnic Matching in the U. S. Venture Capital Market [J]. Journal of Business Venturing, 2015, 30 (2): 338.

⑤ DU Q. Birds of a Feather or Celebrating Differences? The Formation and Impacts of Venture Capital Syndication [J]. Journal of Empirical Finance, 2016, 39 (PA): 210-226.

⑥ ED-DAFALI S, BOUZAHIR B. Trust as a Governance Mechanism of the Relationship Between Venture Capitalists and Managers of Venture Capital-Backed Firms in Morocco [J]. Transnational Corporations Review, 2022, 14 (2): 210.

⑦ CHEN D, WEI X, WANG H. Controlling Shareholder's Ownership, Control Rights and Related-party Transactions-analysis of Regulatory Effects Based on Board Characteristics [J]. International Entrepreneurship Management Journal, 2022, 18 (4): 1.

谋行为的形成机制及公司治理措施的相关内容尚须研究与完善。① 第三，对于合谋行为的影响因素，已有研究主要聚焦在经济利益、预期成本以及内外部环境质量方面，而私人关系这一具有鲜明中国特色的因素，在经济下行压力增加的背景下，探究其对合谋行为的影响尤其值得关注。② 因此，深入探讨风险投资家与创业企业家的私人关系及其合谋行为的形成机制与公司治理，无论是对创业企业、政府部门还是投资者都具有十分重要的理论和现实意义。

第二节　研究目的与研究问题

本书基于我国政府促进创新创业活动和维护金融市场稳定的现实背景，结合风险投资中的委托代理关系和中国社会关系网络"差序格局"的特点，基于社会认同理论、社会交换理论和亲关系不道德行为理论，聚焦风险投资交易中的合谋行为。本书研究旨在深入探究在风险投资退出获利阶段，存在私人关系的风险投资家和创业企业家是否更容易产生合谋行为，揭示私人关系视角下，风险投资家和创业企业家合谋行为的形成机制，并从公司治理角度研究如何防范合谋行为。本书有助于为政府及企业提出合谋行为预防及治理的政策及建议，拓展风险投资的"后效"研究。本书的研究逻辑如图1.1所示。

---

① 孙世敏，陈怡秀，刘奕彤. 合谋掏空对高管隐性薪酬及其经济效应影响研究：考虑业绩风险与高管依附性特征 [J]. 管理工程学报，2022，36（2）：109.
② XU Y, LI S, ZHOU X, et al. How Environmental Regulations Affect the Development of Green Finance: Recent Evidence from Polluting Firms in China [J]. Renewable Energy, 2022, 189 (1): 917.

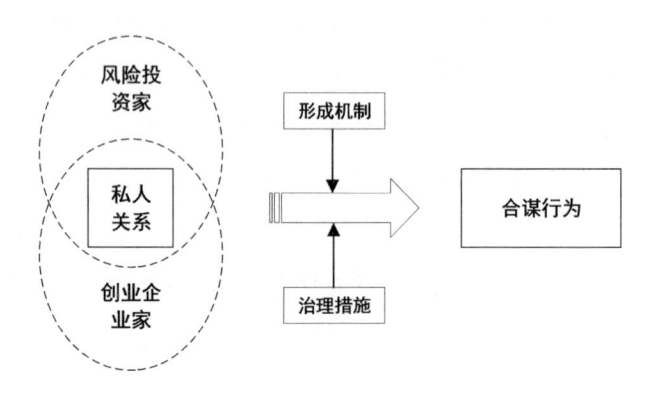

图 1.1 研究逻辑

本书需要解决的关键科学问题主要包含以下三方面。

第一，当风险投资家与创业企业家存在私人关系时，风险投资家与创业企业家在风险投资交易中退出获利阶段是否更容易出现合谋行为？基于社会认同理论，有相同或者相似经历的群体更容易产生社会认同感；同时，具有相似人力资本特征的群体能够促进情感信任机制的形成，在社会、商业活动中更容易结成利益共同体。[1] 基于私人关系，风险投资家与创业企业家是否更容易形成合谋行为？要回答这些问题，本书需要阐释私人关系下风险投资家和创业企业家"开展合谋行为的动机"和"开展合谋行为的能力"，分析私人关系对合谋行为形成的影响。本书基于社会认同理论、社会交换理论以及亲关系不道德行为理论，依托风险投资家与创业企业家的效用目标和收益特点，结合私人关系对信任、合作和道德心理的影响，论证当风险投资家与创业企业家存在私人关系时，风险投资家与创业企业家在风险投资的退出获利阶段是否更容易出现合谋行为。

第二，基于私人关系，风险投资家与创业企业家合谋行为的形成机制是什么？在明确了风险投资家与创业企业家存在的私人关系促使双方产生合谋行为的前提下，探究合谋行为的形成机制，更深刻地理解基于私人关系的合谋行为发生的路径。基于合谋行为主体及合谋行为产生的条件，本书从薪酬

---

[1] PAOLO T. Emotion, Rationality, and Social Identity: A Theoretical-methodological Proposal for a Cognitive Approach [J]. Cognitive Processing, 2021, 22 (4): 579.

契约、参与治理以及隐藏信息三个维度出发，分析创业企业家薪酬业绩敏感性、风险投资家担任企业高管以及企业信息不对称程度在私人关系与合谋行为之间的中介效应，来探究基于私人关系的风险投资家与创业企业家合谋行为的形成机制。

第三，如何治理风险投资家与创业企业家的合谋行为？结合私人关系下合谋行为的形成机制，本书重点从公司治理角度出发，深入分析合谋行为的约束因素，构建多主体参与的治理和决策机制，并通过实证研究检验治理因素的有效性。首先，本书从企业实施股权激励的调节效应出发，提出通过使企业家持有股权来约束私人关系下的风险投资家与创业企业家的合谋行为；其次，本书从股权制衡度的调节效应出发，提出企业通过建立股权制衡机制约束私人关系下的风险投资家与创业企业家的合谋行为；最后，本书从独立董事占比的调节效应出发，提出企业通过提高独立董事占比，利用独立董事的独立性，监督和约束私人关系下的风险投资家与创业企业家的合谋行为。

第三节 研究意义

一、理论意义

第一，本书基于风险投资家和创业企业家互动的研究视角，利用社会认同理论挖掘交易双方关系在风险投资过程中的重要影响，丰富了风险投资和公司治理等相关理论研究。风险投资是创新创业生态系统的重要组成部分，现有文献研究风险投资对新创企业的影响，往往根植于双重委托代理理论，从风险投资利益角度出发展开研究，容易忽略风险投资家和创业企业家之间的互动关系。[1] 而风险投资是一个双向选择的过程，双方关系和沟通会直接

---

[1] Bottazzi L, Da Rin M, Hellmann T. Who are the Active Investors: Evidence from Venture Capital [J]. Journal of Financial Economics, 2008, 89 (3): 488.

影响风险投资作用的发挥。① 社会认同理论认为私人关系有助于交易双方形成身份上的认同，并建立信任的合作关系。② 本书基于此，研究风险投资家与创业企业家存在私人关系对风险投资活动的影响，深入挖掘私人关系下风险投资家与创业企业家开展合谋行为的形成机制及公司治理措施，有助于更全面地认识风险投资交易的过程和结果。

第二，本书基于社会交换理论，分析风险投资家和创业企业家基于私人关系开展的利益交换问题，以及由此带给中小股东及企业经营的消极影响，拓展了私人关系对风险投资活动影响的理论框架。现有文献研究私人关系对风险投资交易的影响，更多关注风险投资交易过程中项目选择阶段的匹配问题，发现私人关系在早期阶段对投资决策、投资效率以及企业价值产生了积极影响。③ 本书关注私人关系对风险投资交易过程中的后期阶段，即退出获利阶段的影响。基于社会交换理论，人际的互动关系会存在利益的交换。④ 风险投资家为获得更高的投资收益有动机与企业家开展"互惠互利"的人情交易。本书揭示了私人关系在风险投资家和创业企业家开展利益交换过程中的重要作用及其对中小股东利益以及企业经营风险的影响。本书进一步研究如何对私人关系的消极影响展开治理，将社会网络理论和公司治理理论进行有机结合。

第三，本书在不道德行为和关系规范理论研究基础上，提出亲关系不道德行为，从道德心理作用机制的解释视角，探寻私人关系引发道德伦理问题的逻辑，拓展了社会关系和不道德行为研究的相关理论。私人关系是社会网络研究中的重要组成部分，但仅从社会网络理论分析私人关系对企业决策的

---

① HEGEMAN P D, SRHEIM R. Why do They do It? Corporate Venture Capital Investments in Cleantech Startups [J]. Journal of Cleaner Production, 2021, 294: 126315.
② TREPTE S, LOY L S. Social Identity Theory and Self–categorization Theory [J]. The International Encyclopedia of Media Effects, 2017: 1.
③ SHEN L, ZHANG C, TENG W. The Double–edged Effects of Guanxi on Partner Opportunism [J]. Journal of Business and Industrial Marketing, 2019, 34 (3): 1313.
④ ABAD D, CUTILLAS-GOMARIZ M F, SÁNCHEZ-BALLESTA J P, et al. Real Earnings Management and Information Asymmetry in the Equity Market [J]. European Accounting Review, 2018, 27 (2): 209.

影响，并不能有效解释私人关系对关系外的利益相关者的影响机制。为了关系网络内成员的利益而损害网络外参与者的利益，本质上属于不道德行为。本书基于前人研究衍生出亲关系不道德行为，指行为人为了维护关系网络内部利益，而做出违背社会价值观、法律或道德准则的行为。基于亲关系不道德行为能够有效分析私人关系下风险投资家和创业企业家的合谋行为，即在双方开展利益交换时，如何损害小股东利益以及增加企业经营风险，有助于更加全面地分析出私人关系的社会网络效应对企业金融决策影响的机理。

二、实践意义

第一，本书有助于政府部门全面识别和防范合谋行为，实现"防风险"和"稳金融"的经济发展目标。随着新《中华人民共和国证券法》的实行，注册制下风险投资在资本市场上的影响力越来越大。风险投资为资本市场带来了发展与活力，极大地支持了国家正大力扶持的高科技创业企业的生存与发展。本书从风险投资家与创业企业家攫取私利的角度，研究风险投资交易中的合谋行为，揭示了风险投资活动对资本市场的负面影响，以及合谋行为的形成机制和公司治理。风险投资家可能会在投资退出获利阶段为了提高风险投资收益，与创业企业家合谋发布不属实信息，侵害中小股东利益，增加企业经营风险，扰乱资本市场秩序。因此该研究有助于政府意识到风险投资在资本市场中发挥作用的两面性。政府既要支持与扩大风险投资带来的积极效应，也需要积极出台相应的法律与政策，防范与治理风险投资过程中的合谋行为对资本市场发展产生的负面影响。

第二，本书有助于新创企业充分认识社会网络和人情关系在风险投资过程中退出获利阶段的消极影响，提醒创业企业利用公司治理相关举措做好私人关系消极效应的防范，合理利用风险投资实现企业健康稳定发展。风险投资在创业企业中颇受欢迎，因为风险投资是创业企业融资的主要来源之一，是创业企业得以生存的重要保障。但是本书就风险投资家与创业企业家私人关系产生的消极影响进行探讨，有助于创业企业理性看待风险投资为企业发展带来的两面性。创业企业不仅应运用风险投资，促进企业价值提升，还应防范好风险投资过程中私人关系的消极效应，促进企业健康经营和长远发展。因此，本书为创业企业是否做出引入风险投资的决策提供了必要的参考和借鉴，同时为管理好风险投资家与创业企业家的私人关系，防止合谋行为的发生发挥了一定的指导作用。

第三，本书为中小投资者开展理性投资决策和加强利益保护提供参考依据。本书利用软性治理因素中的关系治理分析中小投资者的利益保护问题，有助于投资者更好地识别企业内部实施侵害中小股东权益的合谋行为。具体而言，本书发现风险投资家与创业企业家基于私人关系在风险投资过程中的退出获利阶段实施合谋行为，基于委托代理关系，利用信息不对称性侵害中小股东利益。这一结论有助于中小股东意识到风险投资家和创业企业家合谋行为对自身利益的损害，提高辨别能力和风险防范意识。与此同时，本书从公司治理层面提出防范约束合谋行为的措施，包括股权激励、股权制衡和调整独立董事占比等，建议中小股东参与公司治理，加强中小股东利益保护，为防范和约束合谋行为提供了一定的依据。

第四节 研究内容与框架

一、研究思路

第一，结合风险投资活动中的现实问题和相关理论背景，界定本书的主要研究问题包括：当风险投资家与创业企业家存在私人关系时，风险投资家与创业企业家在风险投资的退出获利阶段是否更容易出现合谋行为？基于私人关系的风险投资家与创业企业家合谋行为的形成机制是什么？如何治理和约束该种合谋行为？第二，从社会认同理论、社会交换理论和亲关系不道德行为理论出发，构建私人关系下风险投资家与创业企业家合谋行为的理论逻辑和分析框架。第三，根据理论分析提出研究假设，选择研究样本，说明数据来源，定义研究变量，在此基础上建立合适的回归模型。第四，应用多元回归分析等计量研究方法完成研究目标和研究内容，得到研究结论。第五，根据研究结论提出有助于维护金融市场稳定和企业健康发展的政策建议及决策参考。

二、研究内容

第一章：引言。首先，提出研究背景，总结研究现状及不足，提出研究问题。其次，阐述本书的理论意义与实践意义。在此基础上，理出全书研究内容与框架，列出全书研究方法与技术路线。最后，提出全书研究创新点。

第二章：概念界定、理论基础及文献综述。首先，就全书提到的重要概念进行详细阐述与界定。概念界定涉及全书关键词，如风险投资与风险投资家、创业企业与创业企业家、合谋行为、私人关系等。其次，就全书涉及的相关理论做系统梳理，并分别阐述各个理论对本书研究问题的实际作用。理论基础梳理主要包含贯穿理论框架和研究假设始终的三大重要理论，分别为社会交换理论、社会认同理论与亲关系不道德行为理论。另外还包括关系规范理论、公司治理理论。再次，为更好地厘清风险投资中双重代理问题、风险投资家与创业企业家关系的研究现状，引出本书的理论框架与研究假设，本章做了相应的文献综述。最后，基于上述文献综述，本书进行研究评述，指出现有研究不足，引出全书研究内容。

第三章：私人关系与合谋行为的内涵和理论框架。首先，对本书的解释变量风险投资家与创业企业家的私人关系的内涵进行梳理和界定，包括私人关系和合谋行为的定义、表征及测量。其次，对本书的被解释变量风险投资家与创业企业家的合谋行为的内涵进行梳理和界定，包括合谋行为的定义、成因、表征及测量。最后，基于理论基础、推理演绎，搭建基于私人关系的风险投资家与创业企业家合谋行为研究的全书理论框架。

第四章：私人关系下风险投资家与创业企业家合谋行为的表现。首先，提出私人关系对合谋行为影响的研究假设。其次，实证研究私人关系对企业家自利行为、风险投资家收益、中小股东的收益以及企业经营风险的影响。明确研究中的所有变量，包括自变量、因变量和控制变量。再次，建立回归模型，包括 OLS 模型、xtlogit 模型、固定效应模型等。运用实证模型进行多元统计回归，以验证本章提出的研究假设。通过不同类型的稳健性检验，排除内生性问题，保证回归结果的可重复性与可靠性。最后，本书从风险投资机构产权性质、风险投资机构与被投资企业是否在同一省份、风险投资机构是否存在联合投资这三个维度进行异质性分析。

第五章：私人关系下风险投资家与创业企业家合谋行为的形成机制。本章从薪酬激励、参与治理和隐藏信息三个维度，探讨了私人关系对合谋行为的影响机制。通过实证模型验证了创业企业家薪酬业绩敏感性、风险投资家担任企业高管、企业信息不对称程度三个变量在私人关系与合谋行为中的中介效应。在理论分析提出假设后，利用中介效应模型展开实证分析。

第六章：私人关系下风险投资家与创业企业家合谋行为的治理。本章将从公司治理的角度来深入探讨如何有效地限制风险投资家与创业企业家之间的合谋行为，包括股权结构治理、董事会治理以及高管治理等。通过实证模型，验证股权激励、股权制衡和独立董事在私人关系影响中的调节作用，探讨私人关系影响的边界效应。在理论分析提出假设后，利用调节效应模型展开实证分析。

第七章：结论与展望。本章首先介绍主要研究结论，其次阐述理论贡献与实践指导意义，针对性地提出了政策建议，最后指出本书的局限之处，提出未来研究方向。

三、研究框架

依据本书研究思路和研究内容，形成本书研究框架，如图 1.2 所示。

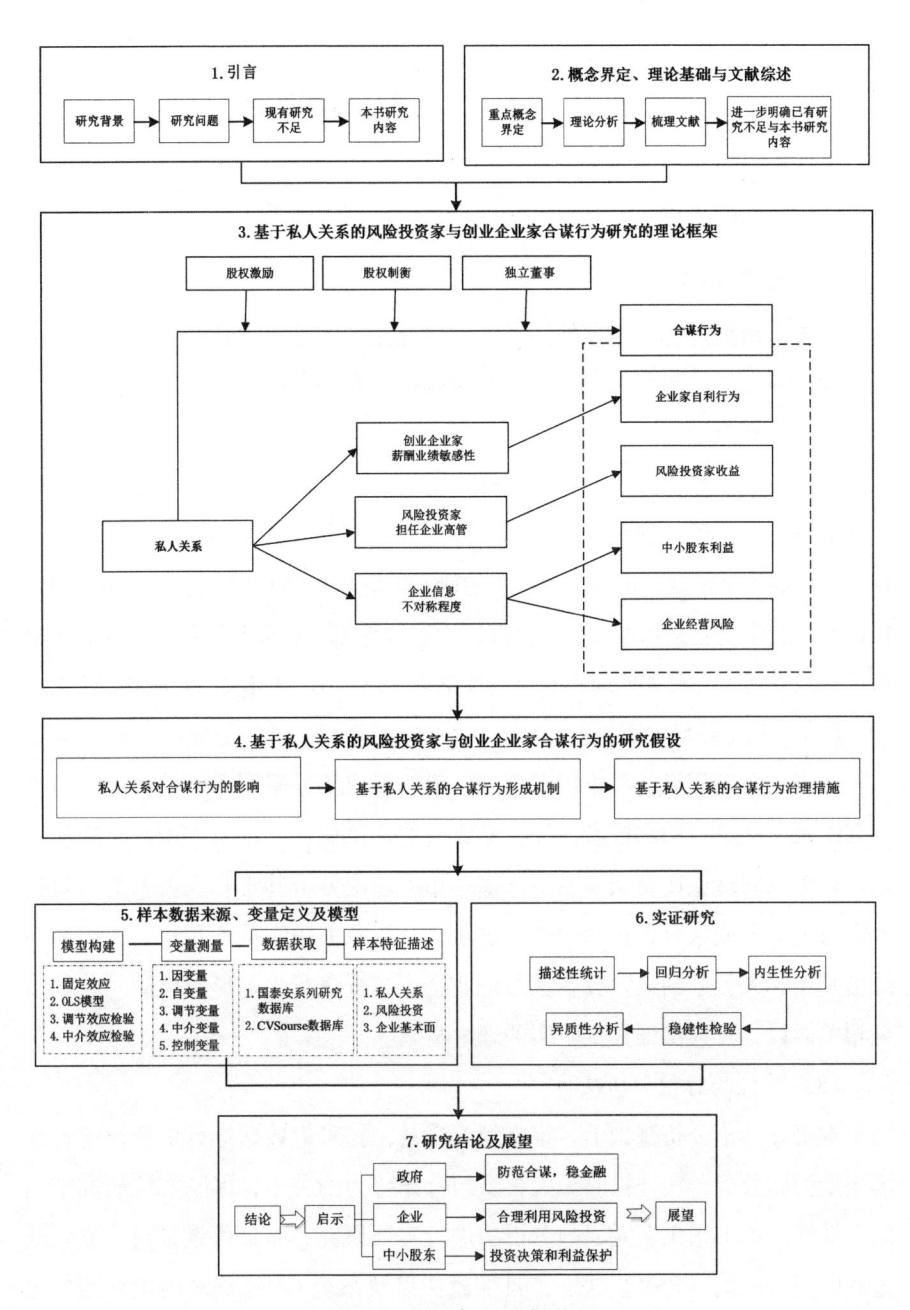

图 1.2　研究框架（概论）

第五节 研究方法与技术路线

一、研究方法

本书在研究过程中主要使用了文献研究法、归纳演绎法、统计与计量分析法和比较分析法等研究方法，下面对这几种方法进行介绍。

（1）文献研究法

本书对基于私人关系的风险投资家与创业企业家合谋行为相关领域的研究文献进行了广泛的搜集、阅读和整理，做了较深入的文献研究，随后提出现有研究的不足之处，进而引出本书的研究问题。本书利用文献研究法对风险投资家与创业企业家私人关系、合谋行为进行界定、表征与测量。同时，本书通过文献查阅，寻找和梳理相关经典理论来支撑本书的理论框架与研究假设。

（2）归纳演绎法

本书在研究假设的提出以及理论框架的形成部分采用了归纳演绎法对现有理论及文献进行归纳或者演绎，形成新的理论假设。本书应用社会交换理论、社会认同理论以及亲关系不道德等相关理论分析基于私人关系的风险投资家与创业企业家合谋行为的理论逻辑，分析私人关系的作用机理，归纳演绎出基于私人关系的风险投资家与创业企业家合谋行为的形成机制及公司治理相关假设，并为实证提供坚实的理论基础。

（3）统计与计量分析法

本书在理论分析基础上，定义相关变量，并采集数据进行单变量统计和多变量回归分析，实证检验私人关系与合谋行为的关系，保障实证研究结论的有效性。本书采用多元回归分析法进行实证研究，验证假设是否成立。通过倾向得分匹配（PSM）法、工具变量法以及系统 GMM 法对内生性问题进行检验，随后通过更换解释变量进行稳健性检验。从风险投资机构产权性质、风险投资机构与被投资企业是否在同一省份以及风险投资机构是否存在联合投资三方面进行异质性分析。

(4) 比较分析法

比较分析法通过不同方面的对比分析，来揭示它们之间的差异。本书在进行风险投资机构是否为国有性质、风险投资机构与被投资企业地理距离、风险投资机构是否联合投资这三种因素的异质性分析时，运用了比较分析法，以便提出更有针对性和个性化的政策建议。

二、技术路线

依据本书研究思路、研究内容及研究方法，形成本书的研究技术路线，如图 1.3 所示。

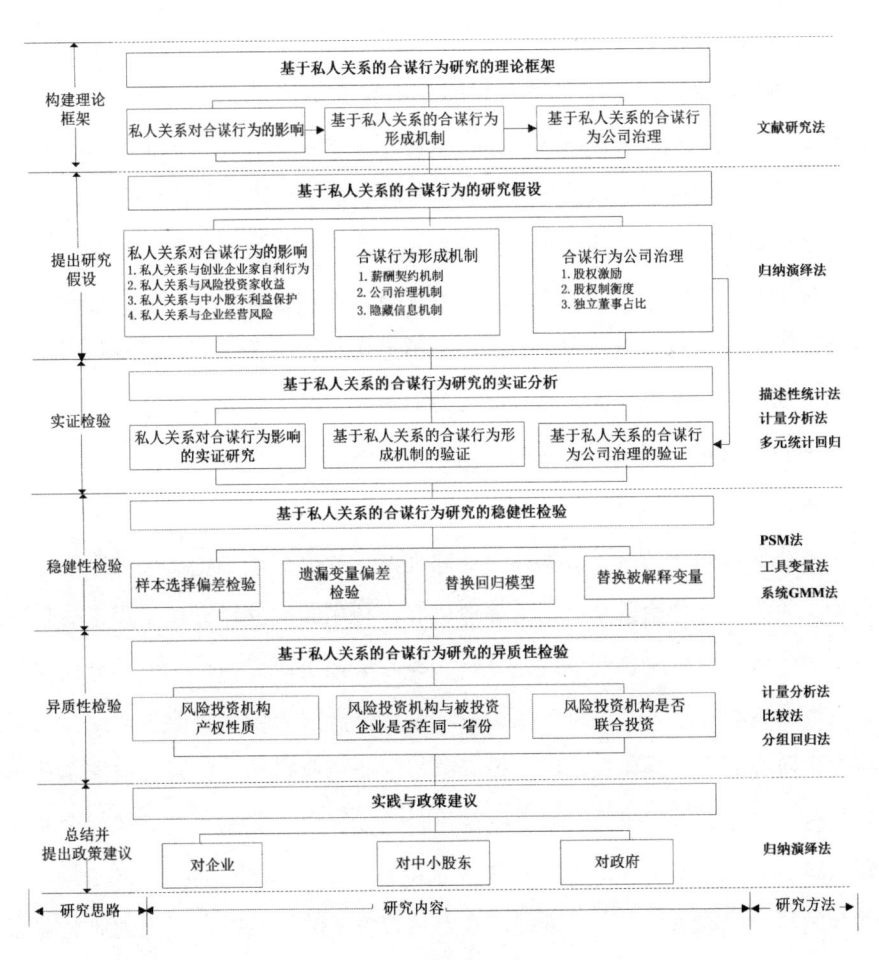

图 1.3 研究技术路线

（一）构建理论框架

本书利用文献分析法以及数据分析法从风险投资市场的快速发展，"稳金融"的经济发展目标以及"差序格局"的社会关系网络特点出发，指出在中国风险投资活动经过三十余年爆发式增长，预计未来会更加繁荣的背景下，风险投资家与创业企业家有可能受私人关系影响提供信赖与默契，降低互相监督的约束力而产生合谋行为。随着世界新一轮技术革命和产业革命的兴起，如果忽视风险投资家与创业企业家的合谋行为，吸引风险投资的政策效果只会适得其反。

基于现实需求的重要性、紧迫性以及研究现状的不足，本书提出的主要研究问题包括：第一，当风险投资家与创业企业家存在私人关系时，风险投资家与创业企业家在风险投资过程的退出获利阶段是否更容易出现合谋行为？第二，基于私人关系的风险投资家与创业企业家合谋行为的形成机制是什么？第三，如何监督及治理风险投资家与创业企业家的合谋行为？

基于以上研究问题构建全书理论框架。本书将研究涉及的核心概念，如风险投资家与创业企业家私人关系、合谋行为的内涵进行了界定，随后根据社会认同理论、社会交换理论、亲关系不道德行为、关系规范理论以及公司治理理论等，围绕私人关系对合谋行为的影响、基于私人关系的合谋行为的形成机制及公司治理构建了理论框架。

（二）提出研究假设

围绕研究问题，本书根据社会认同理论、社会交换理论、亲关系不道德行为、关系规范理论以及公司治理理论等，利用归纳演绎方法、理论分析方法、中介效应分析法、调节效应分析法等方法提出研究假设。该部分内容包含三方面内容：第一，围绕私人关系对风险投资家与创业企业家合谋行为影响提出研究假设。具体包括风险投资家与创业企业家私人关系会增加企业家自利行为、增加风险投资家投资收益，同时侵害中小股东利益，增加企业经营风险。第二，基于合谋行为主体及合谋行为产生条件，本书从薪酬契约、参与治理、隐藏信息三个维度提出基于私人关系的风险投资家与创业企业家合谋行为形成机制的研究假设。具体包括创业企业家薪酬业绩敏感性、风险投资家担任企业高管以及企业信息不对称程度在私人关系以及合谋行为之间的中介效应的研究假设。第三，围绕公司治理理论，提出通过股权激励、股权制衡以及董事会治理手段约束和治理风险投资家与创业企业家合谋行为。具体包括股权激励、股权制衡度以及独立董事占比对私人关系与合谋行为的调节效应的研究假设。

（三）实证检验

1. 样本数据来源

本书以2009—2021年为观测窗口，以2009—2018年在创业板上市且在上市前获得风险资本支持的企业作为研究对象，以企业上市当年以及上市后三年作为观察单元的观测窗口来构造面板数据进行实证回归，验证当风险投资家与创业企业家存在私人关系时，风险投资家与创业企业家在风险投资过程的退出获利阶段是否更容易出现合谋行为，合谋行为的形成机制及对实施公司治理的相关研究假设。

创业板上市公司的基本面数据、创业企业家数据以及公司治理数据从国泰安系列研究数据库（国泰安系列研究）获得。风险投资事件以及风险投资家的相关数据在投中集团CVSource数据库投资事件信息中获取。创业企业家的毕业院校、工作经历、籍贯省份、参加专业协会或组织等信息的介绍来自国泰安系列研究数据库、公司年报、公司网站和通过网络搜索手工收集。

2. 变量定义

因变量合谋行为由四个维度进行表征，分别为创业企业家自利行为、风险投资家收益、中小股东利益、企业经营风险。创业企业家自利行为通过在职消费及超额薪酬进行表征。[①] 在职消费通过办公费、差旅费、业务招待费、通信费、出国培训费、董事会费、小车费和会议费等八个明细项目金额加总后取自然对数获得。[②] 超额薪酬通过创业企业家实际现金薪酬减去市场薪酬

[①] 代彬, 彭程. 国际化董事会是高管自利行为的"避风港"还是"防火墙": 来自中国A股上市公司的经验证据 [J]. 中南财经政法大学学报, 2019 (4): 25.

[②] 陈冬华, 陈信元, 万华林. 国有企业中的薪酬管制与在职消费 [J]. 经济研究, 2005 (2): 92-101.

取自然对数获得。① 风险投资家收益用风险投资机构在退出被投资企业后披露的风险投资家年平均收益率表征。② 中小股东利益用股东大会信息中是否有中小股东网络投票的虚拟变量表征。③ 企业经营风险用连续三年总资产收益率的变异系数衡量。④

自变量风险投资家与创业企业家的私人关系用虚拟变量表征。⑤ 该变量为私人关系种类之和，取值范围为[0,5]的自然数。私人关系包括校友、老乡、同事、政治关系及协会关系。"=0"即不存在私人关系，"=1"即存在1种私人关系，"=2"即存在2种私人关系，依此类推。

中介变量包括了创业企业家薪酬业绩敏感性、风险投资家是否担任企业高管以及企业信息披露水平。调节变量包含了股权激励、股权制衡以及独立董事的独立性。相关详细的变量定义请见第五章第二小节。

3. 模型建立

根据研究内容，本书实证部分包含三个板块。本书在验证私人关系对创业企业家自利行为、中小股东利益以及企业经营风险的影响时，采用固定效应模型；在验证私人关系对风险投资家收益的影响时，采用线性回归的截面数据模型；在验证机制分析时，本书采用温忠麟等提出的中介效应回归模型及检验程序⑥；在验证公司治理措施时，采用温忠麟等提出的调节效应检验

---

① 罗宏，黄敏，周大伟，等. 政府补助、超额薪酬与薪酬辩护[J]. 会计研究，2014(1)：42.

② TAN C，ZHANG J，ZHANG Y. The Mechanism of Team-member Exchange on Knowledge Hiding under the Background of "Guanxi"[J]. Journal of Business Research，2022，148(2)：304.

③ KONG D. Does Corporate Social Responsibility Affect the Participation of Minority Shareholders in Corporate Governance？[J]. Journal of Business Economics and Management，2013，14(1)：168.

④ 何瑛，于文蕾，杨棉之. CEO复合型职业经历、企业风险承担与企业价值[J]. 中国工业经济，2019(9)：155.

⑤ KHEDMATI M，SUALIHU M A，YAWSON A. CEO-director Ties and Labor Investment Efficiency[J]. Journal of Corporate Finance，2020，65：101492.

⑥ 温忠麟，侯杰泰，张雷. 调节效应与中介效应的比较和应用[J]. 心理学报，2005(2)：268.

模型及检验程序。① 在分析工具上,本书采用了 Stata、Excel 与 Origin 等软件。

4. 稳健性检验

首先,本书选取的实验组和对照组的样本数量存在一定的差异,加之两个组的企业层面、创业企业家特征层面、风险投资机构层面和风险投资家特征层面存在差异,导致样本存在选择偏差的可能性,本书采用倾向得分匹配法排除样本选择偏差给研究结论造成的干扰。② 其次,采用工具变量法分析遗漏变量带来的内生性问题。再次,本书的面板数据为动态面板数据,被解释变量会受到被解释变量滞后项的影响,被解释变量的滞后项与误差项的滞后项相关。为了排除动态面板带来的内生性问题,验证回归结果的稳健性,本书采用替换回归模型的方法,将固定效应模型替换为系统 GMM 模型。最后,本书将计数型变量替换为虚拟变量验证回归结果的可靠性。本书利用是否存在私人关系的虚拟变量替换解释变量。当风险投资家与创业企业家存在私人关系时,解释变量标记为1,否则标记为0。

5. 异质性分析

为了探究私人关系对风险投资家与创业企业家合谋行为的影响在不同样本之间是否存在差异,本书从风险投资机构产权性质、风险投资机构与被投资企业是否在同一省份、风险投资机构是否存在联合投资这三个维度进行异质性分析。通过分样本回归,本书将私人关系对风险投资家与创业企业家合谋行为影响的显著性进行对比,并对异质性产生的原因进行分析。

6. 总结并提出政策建议

基于上述研究结果,本书针对政府、企业与中小股东提出实践建议和政策建议。对政府而言,应防范合谋行为破坏政府出台的金融政策带来的利好局面;对企业而言,应合理利用风险投资,减少合谋行为的发生;对中小股东而言,应制定合理的投资决策,保护自身的利益,同时建议董事会加强公

---

① 温忠麟,张雷,侯杰泰. 有中介的调节变量和有调节的中介变量 [J]. 心理学报,2006,38(3):448.
② 杜兴强,熊浩. 董事长—总经理老乡关系与研发投入 [J]. 投资研究,2017,36(9):60.

司治理约束合谋行为。

第六节　研究创新点

本书基于社会认同理论、社会交换理论、亲关系不道德行为理论、关系规范理论和公司治理等理论，从风险投资家与创业企业家私人关系视角，聚焦风险投资退出获利阶段的合谋行为，并以中国创业板上市公司为研究样本，通过实证方法探究私人关系对合谋行为的影响、合谋行为的形成机制和治理措施。在经济工作"稳"字当头的中国大环境下，深入研究私人关系对利益相关者和资本市场的影响机制，具有鲜明的中国特色以及重要的理论与实践指导意义。

第一，在研究视角上，本书基于风险投资家和创业企业家私人关系视角，提出亲关系不道德行为，从道德心理作用机制探寻和解释私人关系引发合谋行为的逻辑，拓展了私人关系对股东和企业价值影响的研究视角。目前，多数研究往往从社会网络、非正式契约等角度分析私人关系对股东和企业价值的影响。[1] 本书在亲组织不道德行为和关系社会学的基础上，提出亲关系不道德行为，探讨私人关系引发道德伦理问题的理论逻辑。从私人关系促进道德认同、出现道德偏见、产生道德推脱的角度，本书有效地解析了风险投资家与创业企业家如何摆脱道德束缚，诠释了私人关系损害其他参与者利益的合谋行为，更全面地分析了私人关系对企业风险投资的影响机理。

第二，在变量表征上，鉴于合谋行为具有隐秘性，相关研究只能通过观察其引起的现象来推断合谋行为的存在，因此本书利用代理变量表征合谋行为，构造合谋行为多主体、多维度、多变量的表征体系，提升了实证研究中合谋行为变量表征的可靠性与全面性，为研究合谋行为的表征提供了新思路。合谋行为是一种私下安排的隐秘行为，参与者往往会谨慎保守地掩盖其

---

[1] 黄芳，张莉芳. 管理层权力、审计委员会主任—高管私人关系与会计信息质量 [J]. 南京审计大学学报，2020，17（1）：25.

真实意图和行动，只能通过观察其所引起的现象来推断合谋行为的存在。[①]现有研究倾向于使用间接代理指标来刻画合谋行为，包括减少研发支出、盈余管理、高管超额薪酬和在职消费以及关联交易规模等。但这样单一的表征手段难以全面反映合谋行为。[②] 本书根据合谋行为定义，考虑了多个参与方之间的博弈行为和激励相容机制，基于创业企业家、风险投资家和中小股东三大主体，从企业家自利行为、风险投资家收益、中小股东利益以及企业经营风险四个维度来表征合谋行为，并利用上市公司数据对合谋行为进行有效测量，进而提升了合谋行为研究结果的可靠性、全面性、科学性。[③]

第三，本书重点关注风险投资家与创业企业家在"退出获利"阶段的"合谋行为"，突破了以往研究聚焦于风险投资家与创业企业家在"投资选择"阶段的"合作关系"，丰富了"合作 or 合谋"相关领域的学术研究内容。以往研究较多关注风险投资家与创业企业家的私人关系在"投资选择"阶段所形成的"合作关系"，以及其对风险投资交易产生的积极影响。[④] 本书提出在风险投资"退出获利"阶段，风险投资家为获得更高的投资收益有动机与创业企业家开展"互惠互利"的人情交易，并揭示了私人关系在风险投资家和创业企业家开展利益交换过程中的重要作用，为风险投资家与创业企业家关系研究提供了新思路，也为"合作 or 合谋"相关领域的学术研究提供了有益的启示。

[①] 张莉，高元骅，徐现祥. 政企合谋下的土地出让 [J]. 管理世界，2013 (12)：43.
[②] 于左，张容嘉，付红艳. 交叉持股、共同股东与竞争企业合谋 [J]. 经济研究，2021, 56 (10)：172.
[③] STIGLER G J. The Economists and the Problem of Monopoly [J]. The American Economic Review, 1982, 72 (2): 1.
[④] HAN B. The Impact of Foreign Venture Capital Intervention on Venture Capital Innovation of Startup Entrepreneurs using Propensity Score Matching Model [J]. Frontiers in Psychology, 2021, 12: 750348.

第二章

概念界定、理论基础及文献综述

第一节 相关概念

一、风险投资与风险投资家

（一）风险投资的定义

作为一种新兴投资方式，风险投资（Venture Capital）可追溯至20世纪中叶，起源于如下背景：有一部分公司规模小且年轻，拥有很少有形资产，并且具有高风险、高收益特点。投资者和企业家在发展经营方面对该类企业往往持有不同观点。因此，该类企业往往因其高风险及经营的不确定性难以获得传统投资者支持。但是通过风险投资机构，这些难以吸引外部资金支持的企业可以获得资本支持。风险投资机构通过购买股权的形式为这些高风险、潜在高回报的项目提供资金。① 所以风险投资机构在金融市场中扮演着非常重要的中介角色。

关于风险投资的定义，部分组织机构从风险投资的投资形式、投资对象、投资类型或者收益方式等方面进行了界定。例如，美国风险投资协会提

---

① GOMPERS P, JOSH L. The Venture Capital Revolution [J]. Journal of Economic Perspectives, 2001, 15 (2): 145.

出风险投资是面对高收益和高风险性创业企业进行的私募股权投资。① 欧洲私募股权和风险投资协会提出风险投资是一种向种子期或启动期企业进行股权投资的私募股权投资。② 澳大利亚统计局将风险投资界定为对刚成立的、具有高风险的、高科技的创业企业或者增长迅速的非上市公司实施中短期投资并获得资本回报的私募股权投资。③ 2005年我国国家发展改革委、科技部、财政部等10个部门联合发布的《创业投资企业管理暂行办法》④，指出风险投资机构是一种通过股权投资的方式对创业企业尤其是高科技创业企业进行投资，待被投资创业企业发展成熟或者上市后，风险投资机构转让股权并退出企业经营范围，同时获得资本增值收益的一种投资方式。也有学者从研究角度对风险投资进行了不同的定义。Block等指出风险投资是管理公司实施有限合伙人融资、筛选目标企业并通过IPO或者股份转让等方式退出获利的基金。⑤ Pradhan等提出风险投资是一种投资于刚成立的或年轻的、私立的企业的股权投资或者股权相关的投资。⑥ 在风险投资活动中，风险投资家扮演着企业高管、管理咨询师、金融中介等多种角色。

（二）风险投资的参与主体

初始投资者是风险投资的资金来源，是资本的拥有者和提供者，分为机

---

① LERNER J, NANDA R. Venture Capital's role in financing innovation: What we know and how much we still need to learn [J]. Journal of Economic Perspectives, 2020, 34 (3): 237.
② GRILLI L, MRKAJIC B, LATIFI G. Venture Capital in Europe: Social Capital, Formal Institutions and Mediation Effects [J]. Small Business Economics, 2018, 51 (1): 393.
③ HSU W-H, OWEN S, SUCHARD J-A. The Value of Ongoing Venture Capital Investment to Newly Listed Firms [J]. Accounting & Finance, 2019, 60 (2): 1327.
④ 十部委联合发布《创业投资企业管理暂行办法》[EB/OL]. 中国政府网, 2005-01-16.
⑤ BLOCK J, FISCH C, VISMARA S, et al. Private Equity Investment Criteria: An Experimental Conjoint Analysis of Venture Capital, Business Angels, and Family Offices [J]. Journal of Corporate Finance, 2019, 58 (10): 329.
⑥ PRADHAN R P, ARVIN M B, NAIR M, et al. Sustainable Economic Growth in the European Union: The role of ICT, Venture Capital, and Innovation [J]. Review of Financial Economics, 2020, 38 (1): 34.

构投资者和个人投资者。① 机构投资者是指具备自有资金，或利用从公众、民间筹集而来的资金进行证券投资的组织，主要包括证券公司、保险公司、养老基金、慈善机构、投资银行、银行控股公司、投资基金公司、大企业和事业单位等。② 个人投资者，通常是富裕的个体，他们具有大数额的空闲资金，期望通过某种运作实现资本的保值和增值，重视投资回报率和具备一定的风险承担能力，一般来说是以自然人的身份参与证券交易、股票买卖和投资基金等。③

风险投资家主要是风险资本的管理者和运作者，是初始投资者选择的代理人，分配、管理和投资由投资者提供的风险资本，在风险投资过程中处于中心环节。④ 创业企业家是新科技、新模式或新工艺的创造者，也是风险资本的最终使用者。

创业企业家作为企业的关键人物，拥有企业的控制权和决策权，企业未来的发展情况取决于创业企业家的努力程度。⑤ 风险投资家需要通过监督或者激励的方式促进创业企业家将风险资本切实地运用到企业经营发展中来，最终实现创业企业快速健康成长。

初始投资者、风险投资家与创业企业家两两之间形成了风险投资交易中的双重委托代理关系。解决好双重委托代理关系，风险投资交易才会健康运行，三个参与主体才会良性地发挥出各自的作用。

(三) 风险投资的四个阶段

风险投资的运作过程主要包括资本募集、资本投融、投后管理和资本退

---

① 吴超鹏，吴世农，程静雅，等．风险投资对上市公司投融资行为影响的实证研究 [J]．经济研究，2012 (1)：105．
② 吴晓晖，郭晓冬，乔政．机构投资者抱团与股价崩盘风险 [J]．中国工业经济，2019 (2)：117．
③ 罗一麟，洪剑峭，倪晨凯，等．个人投资者能否识别经济关联：基于行业内首次盈余公告的分析 [J]．会计研究，2020 (12)：71．
④ CANNICE M V, ALLEN J P, TARRAZO M. What do Venture Capitalists Think of Venture Capital Research? [J]. Venture Capital, 2016, 18 (1): 1.
⑤ JIN X, ZHENG P, ZHONG Z, et al. The Effect of Venture Capital on Enterprise Benefit According to the Heterogeneity of Human Capital of Entrepreneur [J]. Frontiers in Psychology, 2020, 11: 1558.

出四个阶段。①

第一阶段，资本募集阶段就是筹集风险资本的阶段，是风险资本被初始投资者委托给风险投资家的资金转移阶段。融资规模大小为后续风险投资运作和发展提供了切实保障，如果风险资本融资困难和融资渠道单一，那么整个风险投资运行过程都会受到阻碍。如图2.1所示，2021年我国创业投资基金资金规模主要来源于企业、资管计划、居民和政府资金，其中企业资金最多，共有555.23亿元。② 总体来说，与国外相比，国内的风险资本来源渠道不够丰富，还需要进一步拓展融资渠道，提升风险资本的资金规模，加强风险资本的投资能力和风险承担能力。此外，融资阶段还涉及初始投资者和风险投资家之间的利益分配，双方为了追求自身利益的最大化，容易产生风险投资的第一重委托代理问题，即风险投资家与资金托管方的委托代理问题。③ 比如，风险投资家可能获取初始投资者的资金后，为了个人利益而故意投资高风险高收益的项目。

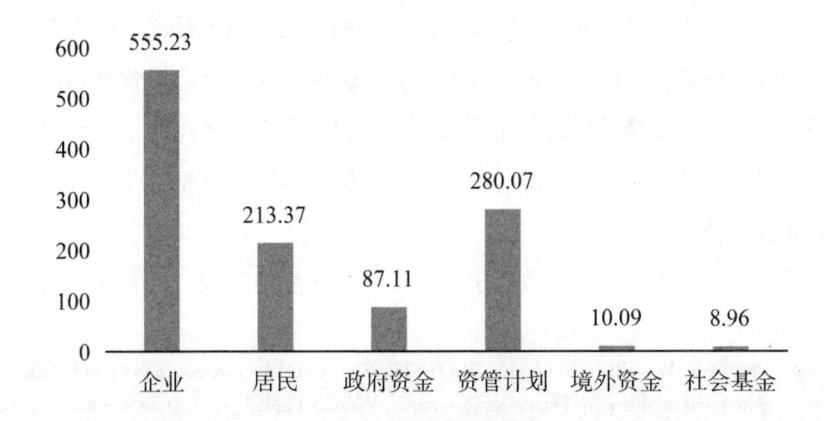

图 2.1　2021年我国创业投资基金资金规模主要来源分布④（单位：亿元）

---

① 安实，王健，赵泽斌．风险投资理论与方法［M］．北京：科学出版社，2005：16．
② 投中统计：2021年中国创业投资及私募股权投资市场统计分析报告［EB/OL］．投中网，2022-01-21．
③ 寿志钢，肖徐哲，杨宏欣．企业边界人员的私人关系与企业绩效：基于中国市场数据的元分析检验［J］．商业经济与管理，2021（4）：65．
④ 协会发布：中国私募证券投资基金行业发展报告（2023）［EB/OL］．中国证券投资基金业协会，2023-09-15．

第二阶段，资本投融阶段是风险资本被风险投资家委托给创业企业家的资金转移阶段，具体而言，是使用风险资本的阶段。专业的风险投资家选择投资的创业企业时，往往要通过项目初步筛选、尽职调查、估值、测算风险、拟定投资条款、谈判等环节来确定。在整个投资过程中风险投资家会着重客观分析企业的管理团队、技术创新和应用及市场发展前景等，最终选择有发展潜力、成长空间和核心竞争力的企业。① 创业企业家利用这笔投资资金进行经营管理，促进企业的快速发展，实现资本的保值增值，这个过程存在着风险投资的第二重委托代理问题。② 比如，当风险投资家未能及时获取或未能完整获取创业企业的真实经营状况和发展信息时，容易出现逆向选择问题。③

第三阶段，投后管理阶段是实现风险资本价值增值的阶段。风险投资家投后管理服务主要包括监管服务和增值服务。④ 监管服务主要通过委派董事或参与被投创业企业的股东代表大会来监督企业的发展情况和决策执行情况，定期检查创业企业的技术研发状况、盈利状况、债务状况、股权变动情况等，确保创业企业健康快速地发展。增值服务主要是风险投资家利用自身管理经验协助创业企业完善公司治理架构，利用资金人脉优势帮助创业企业搭建原料供应链和产品销售链，利用专业分析能力指出创业企业的未来发展战略和规划等。⑤

第四阶段，资本退出阶段是实现投资收益分配的阶段。只有风险投资机

---

① DROVER W, BUSENITZ L, MATUSIK S, et al. A Review and Road Map of Entrepreneurial Equity Financing Research: Venture Capital, Corporate Venture Capital, Angel Investment, Crowdfunding, and Accelerators [J]. Journal of Management, 2017, 43（6）: 1820.

② 蔡宁，徐梦周. 我国创投机构投资阶段选择及其绩效影响的实证研究 [J]. 中国工业经济，2009（10）: 86.

③ LIU Y, MA S, TANG X. Independent Director Networks and Executive Perquisite Consumption "Collusion" or "Coordination" in Governance? [J]. Emerging Markets Finance and Trade, 2022, 58（13）: 1.

④ CAI Y, SEVILIR M. Board Connections and M&A Transactions [J]. Journal of Financial Economics, 2012, 103（2）: 327.

⑤ ENGELBERG J, GAO P, PARSONS C A. Friends with Money [J]. Journal of Financial Economics, 2012, 103（1）: 169.

构成功退出,才能获得高额收益,进而风险投资机构才会开启下一轮新投资,实现投资的良性循环。所以退出阶段在风险投资过程中举足轻重。风险投资机构通常选择首次公开上市(IPO)退出、并购退出、清算退出三种方式退出被投资的创业企业。IPO主要是通过创业企业上市实现风险资本退出,国内通常选择在创业板、科创板或中小板上市,以实现快速退出[1];并购退出主要是通过兼并或收购被投资企业来实现风险资本退出;清算退出是风险资本投资失败的退出方式。[2]

本书中的风险投资是指通过向包括高新技术创业企业在内的快速成长型企业提供股权资本,并为企业提供管理咨询服务和管理经营支持,期待通过股权转让或资本市场获取中长期资本增值的行为。初始投资者、风险投资家与创业企业家三方作为参与主体共同存在于风险投资过程中,并依托这三个利益主体形成了两两之间的双重委托代理关系。因此,风险投资作为重要的资本运营模式,一方面促进了我国高新技术产业和新创企业的快速发展,另一方面也带来了高昂的委托代理成本。

(四) 风险投资家的定义

风险投资家的含义有广义和狭义之分,广义上指包含风险投资公司和风险投资基金在内的风险投资机构[3];狭义上指具有风险资本管理经验,能够敏锐把握风险投资的金融家。[4] 风险投资家会管理并运作从投资者处募集到的资本投资合适的企业。在风险投资初兴时期,一般是资金持有者自行决策,分散投资至各行各业中去。但人们逐渐意识到投资初创企业有着比较严重的信息不对称问题后,具备风险投资管理经验的风险投资家随之而来。相较于资金持有者个体,整合了较多的投资资金的风险投资家不仅能够将考察

---

[1] 付辉. "好风投"更能降低企业IPO抑价率吗? 基于"投、管、退"三部曲的视角[J]. 上海财经大学学报, 2018, 20 (2): 73-88.
[2] 任赫达. 中国风险投资退出机制研究 [J]. 财经研究, 2000, 26 (2): 29.
[3] Jain B A, Kini O. Venture Capitalist Participation and the Post-issue Operating Performance of IPO Firms [J]. Managerial and Decision Economics, 1995, 16 (6): 593.
[4] KAPLAN S N, STRÖMBERG P. Characteristics, Contracts, and Actions: Evidence from Venture Capitalist Analyses [J]. The Journal of Finance, 2004, 59 (5): 2177.

项目的管理成本平摊给各个投资者，其较大的体量还能带来相应的规模效益。①

本书在分析风险投资家与创业企业家私人关系时，采用了狭义的风险投资家定义，即风险投资金融家。风险投资家是风险资本的管理者和运作者，是初始投资者选择的代理人，负责分配、管理和投资由初始投资者提供的风险资本，在风险投资过程中处于中心环节。风险投资家需要运用工作经验和专业能力发现、识别和筛选值得投资的创业企业，促进企业迅猛发展，待创业企业发展成熟后，退出创业企业并取得收益。② 在进行风险投资时，风险投资家的角色又快速由代理人转化为委托人，为了保证自身能顺利退出获利，风险投资家会密切关注企业经营发展情况，监督创业企业家努力参与公司治理，并且提供投后增值服务，协助企业建立合理健全的管理架构，提升企业经营绩效，降低企业经营风险。③

（五）风险投资家背景对投资活动的影响

第一，风险投资家的职业背景会影响投后增值服务。现有文献发现，从业者的职业经历在其发挥管理和决策职能时扮演了至关重要的角色，从事金融行业和实业行业的人员通常展现出不同的管理能力和决策风格。④ 所以，不同职业背景的风险投资家对被投资企业的管理和服务的侧重点不同。具有实业从业背景的风险投资家通常具备丰富的创业管理经验、稳定的供应商链条和优秀的公司治理团队，所以更善于创造企业内部价值。⑤ 而具有金融从业背景的风险投资家则具有优异的财务管理能力、紧密的金融市场关系和更

---

① WANG Q, LAI S, ANDERSON H D. VC Fund Preferences and Exits of Individual Investors [J]. Pacific-Basin Finance Journal, 2021, 67: 101537.
② GOMPERS P, GORNALL W, KAPLAN S N, et al. How do Venture Capitalists Make Decisions? [J]. Journal of Financial Economics, 2020, 135 (1): 169.
③ CANNICE M V, ALLEN J P, TARRAZO M. What do Venture Capitalists Think of Venture Capital Research? [J]. Venture Capital, 2016, 18 (1): 1.
④ 张学勇，张琳. 风险投资家职业背景与投资业绩 [J]. 管理科学学报，2019，22 (12): 84.
⑤ ACHARYA V V, GOTTSCHALG O F, HAHN M, et al. Corporate Governance and Value Creation: Evidence from Private Equity [J]. The Review of Financial Studies, 2013, 26 (2): 368.

多的融资渠道，他们通常更愿意开展独立、跨地区、金额大的投资，所以更强调快速推进企业上市。① 与实业从业背景的风险投资家相比，有金融从业背景的风险投资家所投资的项目成功率和 IPO 退出率更高。

第二，风险投资家的教育背景会对风险投资的运作过程有影响。受教育程度能反映一个人掌握专业知识和核心技能的程度以及一个人的价值取向和认知观念。受过高水平教育的风险投资家具备更专业和系统的投资能力。② 面对复杂多变的投资环境，拥有高学历的风险投资家可以更好地应用所学专业知识，找到更多优质的投资机会，从而有利于风险投资在资本投融阶段筛选到更具发展潜力的高质量创业企业。同时，风险投资家的学历与募资规模之间呈显著正相关，即高水平的教育背景会对潜在投资者产生吸引力，这有利于风险投资在资本募集阶段获取足够的资金，为后续风险投资运作提供切实保障。③

第三，风险投资家的海外背景会对风险投资的投资业绩有影响。拥有海外背景的风险投资家具备更丰富的国际经验和全球视野，能协助被投资企业与世界产业接轨，为国外收购和国际融资活动提供便利，拓宽海外市场。④ 拥有全球信息和良好声誉的风险投资家确实可能会利用先进管理、海外融资和国际市场来提升投资业绩，但是海外背景的风险投资家也可能会对以当地文化为特征的法律法规缺乏深入了解，从而与本土的被投资企业产生文化冲突，降低投资效率和投资业绩。⑤

（六）风险投资家的作用

第一，筹资。风险投资家可以通过业界会议、论坛、社交媒体等途径建

---

① GUO Y, RAMMAL H G, BENSON J, et al. Interpersonal Relations in China: Expatriates' Perspective on the Development and Use of Guanxi [J]. International Business Review, 2018, 27 (2): 455.

② CHAN E H W, SUEN H C. H. Dispute Resolution Management for International Construction Projects in China [J]. Management Decision, 2005, 43 (4): 589.

③ 董静, 赵端仪. 风险投资家人力资本特征与风险投资基金募集关系研究 [J]. 科技进步与对策, 2018, 35 (11): 147.

④ ZHANG L, ZHANG X. The Foreign Experience and Investment Performance of Venture Capitalists [J]. Accounting and Finance, 2021, 62 (S1): 1675.

⑤ DAI N, NAHATA R. Cultural Differences and Cross-border Venture Capital Syndication [J]. Journal of International Business Studies, 2016, 47 (2): 140.

立广泛的人脉关系,并与其他投资者建立联系,从而利用这些投资者为风险投资活动融资。而且,优秀的风险投资家,通常在业内具有一定的影响力和声誉基础,能更容易吸引投资者出资。

第二,寻找潜在的投资机会。研究发现,风险投资公司的投资机会大部分来源于风险投资公司的网络,该网络其实就是由风险投资家的个人关系组成。① 通常,风险投资的运作过程始于风险投资家发现了有前途、高增长、资本匮乏且尚未向公众开放的初创企业。为了确定该初创企业是否属于合适的投资对象,风险投资家会在筛选过程中审查和评估初创企业的商业模式、产品独特性、核心竞争能力和管理团队等。② 其中,风险投资家最看重的是企业的创始团队,初创企业的成功往往取决于创始团队的能力和素质,一个优秀的创始团队具备良好的执行能力、战略眼光、市场敏感度和创新思维等。

第三,连接特定职业提供服务。风险投资家通常会与律师、会计师、审计师、行业研究员、券商、银行家等职业人员建立紧密联系,并且利用这些人员为风险投资活动提供咨询、审查、监督等服务。③ 比如,审计师通过加强风险投资支持的 IPO 招股说明书中披露的信息可信度来提高风险投资支持的 IPO 的价值。④ 行业研究员可以帮助风险投资家评估被投资企业的商业模式是否可靠,是否适合当前市场环境等。

第四,参加被投资企业的管理。首先,风险投资家可以被任命为董事会成员,参与企业的战略决策和重要事项的讨论。在董事会中,他们可以向其他董事提供建议并对企业进行监督。其次,风险投资家可以通过提供战略指

---

① GOMPERS P, GORNALL W, KAPLAN S N, et al. How do Venture Capitalists Make Decisions?[J]. Journal of Financial Economics, 2020, 135 (1): 169.

② JAIN B A. Predictors of Performance of Venture Capitalist‐backed Organizations [J]. Journal of Business Research, 2001, 52 (3): 223.

③ HUMPHERY‐JENNER M, SUCHARD J‐A. Foreign Venture Capitalists and the Internationalization of Entrepreneurial Companies: Evidence from China [J]. Journal of International Business Studies, 2013, 44 (6): 607.

④ MURPHY D S, TUREK J. Audit Response to Money Laundering by Financial Institutions: An Economic Perspective [J]. International Journal of Business Management Invention, 2016, 5 (2): 60.

导来支持被投资企业的发展。这些指导可能涉及市场营销、产品开发、人力资源管理等方面,并且可以帮助企业实现长期增长和更好地竞争。最后,风险投资家可以监督被投资企业的经营管理,并确保其符合良好商业实践和行业标准。① 他们可能会要求管理层提供财务报告、经营计划和其他重要信息,并对这些信息进行审核。

二、创业企业与创业企业家

(一) 创业企业的定义

进入知识经济时代以来,学术界和企业界对创业活动的关注度不断提高,创业活动逐渐成为新的经济增长点,创业企业成为推动经济发展的重要力量。

第一,从企业生命周期角度界定。爱迪思提出企业生命周期理论,将企业的发展与成长动态轨迹分为种子期、初创期、成长期、成熟期和衰退期。② 多数学者将企业处于成熟期之前的阶段视为创业企业。Gartner 提出创业企业主要包括企业的创建前阶段、创建阶段和早期成长阶段,在经历过这些阶段之后企业进入成熟阶段。③

第二,从企业成立时间角度界定。不同机构对创业企业的年限界定不同,在创业环境较积极的国家,成立年限不足 6 年的企业被称为创业企业;而在创业环境较恶劣的国家,则此年限增长为 10 年。我国的创业研究中心将创业企业的年限规定为成立不足 5 年的企业。④

第三,从企业经营受新技术及创意驱动角度界定。Tao 等结合国内外对创业企业的研究状况,提出创业企业是由创新或技术驱动,开拓和培育新市场来创造商机,通过生产和交易创新产品与技术或突破传统的商业思维而建

---

① CANNICE M V, ALLEN J P, TARRAZO M. What do Venture Capitalists Think of Venture Capital Research? [J]. Venture Capital, 2016, 18 (1): 1.
② 爱迪思. 企业生命周期 [M]. 北京: 中国社会科学出版社, 1997: 68.
③ GARTNER W. A Conceptual Framework for Describing the Phenomenon of New Venture Creation [J]. Academy of Management Review, 1985, 10 (4): 696.
④ 吴翠凤, 吴世农, 刘威. 风险投资介入创业企业偏好及其方式研究: 基于中国创业板上市公司的经验数据 [J]. 南开管理评论, 2014 (5): 151.

立全新商业模式的企业。①

结合已有研究,本书将创业企业界定为成立时间较短的、规模较小的、组织结构欠完善,但存在较大成长空间的企业组织。基于样本可观察性和数据可获取性等原因,本书在实证研究环节,选取在中国创业板上市的企业作为创业企业的代表。

(二) 创业企业家的定义及特征

创业企业家是指拥有创业意愿,通过公司运营,将其想法或技术落实,将经济资源投入实际生产的创业者。② 创业企业家往往拥有创业的想法或技术,包含创业激情和企业家精神。创业企业家是新科技、新模式或新工艺的创造者,也是风险资本的最终使用者。在企业的初创阶段,虽然企业因具备核心技术而拥有巨大的发展潜力,但是创业企业家管理经验不足,使企业经常会面临资金短缺和管理混乱的问题。风险资本的注入能够打破创业企业此时遇到的发展瓶颈。创业企业家作为企业的关键人物,拥有企业的控制权和决策权,企业未来的发展情况取决于创业企业家的努力程度。③ 在风险投资家监督或者激励方式的促进下,创业企业家将风险资本切实地运用到企业经营发展中来,最终实现创业企业快速健康成长。

创业企业家拥有一些共同的特征。例如,他们能够感知并抓住不确定环境中的机会,勇于承担风险;能够建立公司蓝图,促进企业发展;能够创新性开发产品,建立商业模式;善于利用社会资源,达成个人与企业的目标。④ 企业创业之初,规模一般很小,经营业务简单。这时的创业者大多承担具体的生产或销售活动,掌握着企业发展所需要的关键知识,如关键技术、重要

---

① TAO Q, SUN Y, ZHU Y, et al. Political Connections and Government Subsidies: Evidence from Financially Distressed Firms in China [J]. Emerging Markets Finance and Trade, 2017, 53 (8): 1854.

② WITT P. Entrepreneurs' Networks and the Success of Start-ups [J]. Entrepreneurship and Regional Development, 2004, 16 (5): 391.

③ JIN X, ZHENG P, ZHONG Z, et al. The Effect of Venture Capital on Enterprise Benefit According to the Heterogeneity of Human Capital of Entrepreneur [J]. Frontiers in Psychology, 2020, 11: 1558.

④ 杨俊,张玉利. 基于企业家资源禀赋的创业行为过程分析 [J]. 外国经济与管理, 2004, 26 (2): 2.

客户信息等,因此责任与决策制定过程一般是集权化的,个人的努力即可推动企业运转。但随着业务量、销售收入和员工人数快速增长,顾客与竞争对手数量增加,企业规模的扩大带来对授权的需求。创业企业家要通过将权力分派给其他人以完成组织中日益增加的活动,变个人推动成长为组织推动成长,这是组织变革的趋势。①

创业企业家人力资本特征会影响企业创业意愿与绩效,主要体现在以下四方面:一是强权企业家可提升企业创新与创业意愿。因为强权企业家能加强团队的内部协作和沟通,充分发挥团队效能,从而有助于推动创新活动的开展。② 二是创业企业家与团队成员的年龄差距小有助于提升企业创新与创业意愿。创业企业家与团队成员的年龄差异大不利于与团队的信息交流和整合,无法充分挖掘团队信息的多元性,不利于激发创新意愿。③ 三是创业企业家知识异质程度高有助于提升企业创新与创业意愿。创业企业家知识异质程度高,能实现知识跨领域融合,拓展技术的研究层次和路径,充分提升创新能力。四是创业企业家丰富的社会网络结构能够显著提高企业绩效与创新力。这是由于社会网络是联系人与人关系的脉络,能够传递情感、资源和信息。④ 强大的社会关系网络能够帮助创业企业家获取资金、客户、供应、人力和政策等信息与资源,从而充分帮助创业企业研发技术、开拓市场和获取融资,提升创业企业的创新绩效。⑤

在创业板上市的创业企业中,多数公司的创始人继续担任公司管理者,包括董事长或者总经理等职务。本书基于创业板上市的创业企业研究私人关系下风险投资家与创业企业家的合谋行为,因此将创业企业的董事长或者总

---

① 陈颉,张玉利. 企业成长中的授权动因与障碍分析 [J]. 经济管理,2004 (22):24.
② 周勇,龚海东. 创新型企业家人力资本特征与企业绩效的实证研究 [J]. 科技管理研究,2014,34 (2):96.
③ 刘鹏程,李磊,王小洁. 企业家精神的性别差异:基于创业动机视角的研究 [J]. 管理世界,2013 (8):126.
④ 蔡宁,何星. 社会网络能够促进风险投资的"增值"作用吗:基于风险投资网络与上市公司投资效率的研究 [J]. 金融研究,2015 (12):178.
⑤ TAO Q, LI H, WU Q, et al. The Dark Side of Board Network Centrality: Evidence from Merger Performance [J]. Journal of Business Research, 2019, 104 (1): 215.

经理认定为创业企业家。

三、私人关系

(一) 私人关系的定义

关于私人关系，不同学者给出的定义略有区别。总的来说，私人关系是指现实社会中，人们通过交往形成的一种心理和行为联结，这种联结使双方更容易建立起亲密感与信任感。Luhtanen 等根据社会网络理论，提出私人关系是由社会经济特征相似的个体之间通过长期交往和互动发展起来的强关系。① Tortoriello 等指出在社会交往过程中，相似的人力资本特征能够产生群体身份的认同和亲近的社会关系，形成如校友、老乡和同事等私人关系。② 庄贵军等提出私人关系又称人际关系，是现实社会中人们通过交往活动而形成的人与人之间的一种心理联结。③ 王世权等认为私人关系是相对亲密和封闭的社会关系，这种关系更具稳定性和忠诚性，能够提高获取信息及资源的效率，改善信息及资源获取的效果，缓解信息不对称问题，减少不必要的交易成本。④

本书的私人关系是指拥有类似社会资本特征与人力资本特征的社会成员，通过一定日常来往与沟通协作而形成的强关系。这种关系更具稳定性和忠诚性，能够帮助双方提高获取信息及资源的效率，缓解信息不对称问题，减少不必要的交易成本。

(二) 私人关系的特点及作用

第一，Park 等指出私人关系具有互惠互利的特点，"人情"是双面的，

---

① LUHTANEN R, CROCKER J. A Collective Self-esteem Scale: Self-evaluation of One's Social Identity [J]. Personality and Social Psychology Bulletin, 1992, 18 (3): 302.
② TORTORIELLO M, KRACKHARDT D. Activating Cross-boundary Knowledge: The Role of Simmelian Ties in the Generation of Innovations [J]. Academy of Management Journal, 2010, 53 (1): 167.
③ 庄贵军, 席酉民. 中国营销渠道中私人关系对渠道权力使用的影响 [J]. 管理科学学报, 2004, 7 (6): 52-62.
④ 王世权, 王丹, 武立东. 母子公司关系网络影响子公司创业的内在机理: 基于海信集团的案例研究 [J]. 管理世界, 2012 (6): 133.

私人关系建立之初便默认双方需承担无形的义务，在一方需要的时候另一方需提供帮助。① 当然，双方的关系也会因为其中一方没有尽到偿还人情的义务而受损。

第二，在中国，私人关系在人际交往原则和意识中占据了重要的位置。多数中国人都倾向于维持和谐、稳定的关系。② 此外，私人关系是中国文化背景下保持商业运转的润滑剂，被描述为"相互依存的关系"。因此，嵌入在社会中发展的中国企业会面临更多的人情关系，在这种背景之下开展私人关系的研究会体现出更多中国特色。

第三，有学者指出私人关系不仅是一种情感表达，还具有一定的功利性质，这一点在商业活动中表现得更为明显。③ 例如，利用与外界利益相关者的私人关系往往是企业内部人员提升企业绩效的常用手段。④

私人关系在中国影响深远的原因如下：首先，中国社会源远流长的儒家文化强调强大的社会与私人关系，这是获取资源和降低交易成本的有效途径。⑤ 因此，在中国个体之间交往会更加注重交情和关系。此外，中国社会的关系网络还呈现出"差序格局"的特点，具有典型的"关系型"社会特征。⑥ 例如，在公司接受外部审计时，拥有政治背景和地缘优势的公司更容易与注册会计师形成私人关系。⑦ 其次，中国在从政府干预向市场经济转型的过程中，负责监管商业活动的机构发展仍不够完善，商业合同可执行性往

---

① PARK S H, LUO Y. Guanxi and Organizational Dynamics: Organizational Networking in Chinese Firms [J]. Strategic Management Journal, 2001, 22 (5): 455.

② 庞芳兰, 庄贵军, 王亚伟, 等. 私人关系对组织间关系的影响机制研究 [J]. 管理科学, 2019, 32 (1): 114.

③ PARK S H, LUO Y. Guanxi and Organizational Dynamics: Organizational Networking in Chinese Firms [J]. Strategic Management Journal, 2001, 22 (5): 455.

④ TAN C, ZHANG J, ZHANG Y. The Mechanism of Team-member Exchange on Knowledge Hiding under the Background of "Guanxi" [J]. Journal of Business Research, 2022, 148 (2): 304.

⑤ CHAN E H W, SUEN H C. H. Dispute Resolution Management for International Construction Projects in China [J]. Management Decision, 2005, 43 (4): 589.

⑥ 寿志钢, 肖徐哲, 杨宏欣. 企业边界人员的私人关系与企业绩效：基于中国市场数据的元分析检验 [J]. 商业经济与管理, 2021 (4): 65.

⑦ 段洪波, 魏熙. 审计中的"人和地利"：政治背景、私人关系与地缘偏好 [J]. 财会通讯, 2021 (11): 34.

往留有漏洞,被称为"机构空白",这也是新兴市场经济体中普遍存在的现象。① 而私人关系作为一种非正式的制度,可以通过个人提供商业信息和市场机会,填补中国市场的制度空白。

私人关系在中国商业社会中的作用如下:首先,在缺乏外界约束时,私人关系可以提供建立信任机制的渠道。② 其次,私人关系可以提供获得商业信息的渠道。信息可以通过私人关系构建的关系网络进行传递,而这也正是企业获取部分商业信息的渠道。③ 再次,基于私人关系能够建立长期谋利机会的渠道。一段良好的私人关系经过长期经营之后,关系双方能够形成稳定的沟通和合作,在带来更高合作效率和更长合作期限的同时,也能为双方带来稳定的收益。④ 因为私人关系有助于建立利益共同体,解决合作中的各类冲突,约束双方的商业行为。⑤

四、合谋行为

(一) 合谋行为的定义

合谋行为的研究发源于 20 世纪 20 年代学者对卡特尔的垄断价格维持的研究。20 世纪 80 年代,美国经济学家 Stigler 和 Buchanan 等研究政府管制经济学时提出了合谋行为这一概念,认为合谋行为是指两个或两个以上的经济

---

① MILLER D, LEE J, CHANG S, et al. Filling the Institutional Void: The Social Behavior and Performance of Family VS Non-family Technology Firms in Emerging Markets [J]. Journal of International Business Studies, 2009, 40 (5): 802.
② XIE B, LI M. Coworker Guanxi and Job Performance: Based on the Mediating Effect of Interpersonal Trust [J]. Technological Forecasting and Social Change, 2021, 171: 120981.
③ OZMEL U, YAVUZ D, TROMBLEY T, et al. Interfirm Ties between Ventures and Limited Partners of Venture Capital Funds: Performance Effects in Financial Markets [J]. Organization Science, 2020, 31 (3): 535.
④ YANG H, LI H. Trust Cognition of Entrepreneurs' Behavioral Consistency Modulates Investment Decisions of Venture Capitalists in Cooperation [J]. Entrepreneurship Research Journal, 2017, 8 (3): 1.
⑤ ABOSAG I, YEN D A-W, BARNES B R, et al. Rethinking Guanxi and Performance: Understanding the Dark Side of Sino-U.S. Business Relationships [J]. International Business Review, 2021, 30 (4): 101775.

主体从个人利益最大化出发而相互勾结对第三方利益造成损害的一种非正当行为,该行为通常因损害第三方的利益而私下进行。① Buchanan 等指出,在政治决策过程中,利益集团和政治代理人之间可能发生合谋行为,这种行为旨在通过影响政策制定来实现各自的经济利益。② Tirole 定义了委托—监督—代理层次结构下的合谋行为。③ 他指出当监督人和代理人的利益与委托人的利益均不一致时,监督人与代理人之间可能存在联盟行为,这种联盟行为如果不利于委托人,则称为合谋行为。Faure-Grimaud 等提出合谋指的是参与各方基于自身利益进行勾结,并损害其他人利益的行为。④

国内外学者根据合谋行为研究场景的不同赋予了合谋行为不同的定义。Chamberlin 指出寡头企业在价格竞争中的合谋行为是指在生产同类产品的寡头垄断行业中,寡头垄断企业会意识到它们之间的相互依赖性,避免进行价格战,而是以一种纯粹非合作的方式进行勾结,达成合谋,从而维持垄断价格。⑤ 申慧慧等提出企业内部高管与审计师发生合谋行为,是公司管理层与审计师的勾结效应,双方利用虚假资产、收入和利润,夸大负债、费用等欺诈手段粉饰公司经营成果,欺骗投资者和其他利益相关者。⑥ Faure-Grimaud 等提出组织内部有两种类型的合谋行为,分别为代理人与代理人之间的合谋行为以及监管者与代理人之间的合谋行为。⑦ 具体来说,代理人与代理人之

---

① STIGLER G J. The Economists and the Problem of Monopoly [J]. The American Economic Review, 1982, 72 (2): 1.
② BUCHANAN J M, LEE D R. Private Interest Support for Efficiency Enhancing Antitrust Policies [J]. Economic Inquiry, 1992, 30 (2): 218.
③ TIROLE J. Hierarchies and Bureaucracies: On the Role of Collusion in Organizations [J]. Journal of Law Economics and Organization, 1986, 2 (2): 181.
④ FAURE-GRIMAUD A, LAFFONT J-J, MARTIMORT D. Collusion, Delegation and Supervision with Soft Information [J]. The Review of Economic Studies, 2003, 70 (2): 253.
⑤ CHAMBERLIN E H. Duopoly: Value Where Sellers Are Few [J]. The Quarterly Journal of Economics, 1929, 44 (1): 63.
⑥ 申慧慧,汪泓,吴联生. 本地审计师的合谋效应 [J]. 会计研究, 2017 (2): 83.
⑦ FAURE-GRIMAUD A, LAFFONT J-J, MARTIMORT D. Collusion, Delegation and Supervision with Soft Information [J]. The Review of Economic Studies, 2003, 70 (2): 253.

间的合谋行为是指效率不同的代理人之间可能会结成联盟侵害委托人利益。①监管者与代理人之间的合谋行为是指当给予代理人的激励不够时，在获取信息方面占据优势地位的监管者与代理人会结成联盟侵害委托人利益。②

合谋行为广泛存在于组织间以及组织内部。不同学者就组织间与组织内部的合谋展开了积极研究。就组织间的合谋行为而言，已有研究包括企业间的价格竞争中出现的默契合谋行为，在拍卖活动中卖主与竞拍者出现的合谋行为。由此带来的问题，诸如政府、银行和企业三方合谋导致"僵尸贷款"的问题，政府、企业合谋导致环境污染治理不善的问题等③；就组织内部合谋行为而言，已有研究包括经理和工人合谋侵吞外部股东利益，大股东和经理合谋对付小股东和工人以攫取超额利益，企业与媒体通过媒体炒作拉升股价合谋损害投资人利益，董事长与高管合谋导致企业过度投资等。④

本书综合前人研究成果，将合谋行为定义为两个或两个以上的经济主体从个人利益最大化出发而相互勾结对第三方利益造成损害的一种非正当行为，该行为通常因损害第三方的利益而私下进行。

（二）合谋行为的类型

公司治理作为委托代理关系的一种监督制衡体系，其中存在的合谋行为一直是无法回避的问题。⑤ 在委托—监督—代理层次结构下，委托关系中的组织内合谋行为类型主要包含如下几种。分别为监管者与代理人之间的合谋行为、委托人与代理人之间的合谋行为以及委托人与委托人之间的合谋行为。

第一，监管者与代理人之间的合谋行为是指当代理人所给予的激励不够

---

① 吕怀立，李婉丽. 多个大股东是否具有合谋动机：基于家族企业非效率投资视角 [J]. 管理评论，2015，27（11）：107.
② 郑志刚. 公司治理机制理论研究文献综述 [J]. 南开经济研究，2004（5）：26.
③ CHAMBERLIN E H. Duopoly: Value Where Sellers Are Few [J]. The Quarterly Journal of Economics, 1929, 44（1）：63.
④ 申慧慧，汪泓，吴联生. 本地审计师的合谋效应 [J]. 会计研究，2017（2）：83.
  吕怀立，李婉丽. 多个大股东是否具有合谋动机：基于家族企业非效率投资视角 [J]. 管理评论，2015，27（11）：107.
⑤ 董志强，蒲勇健. 掏空、合谋与独立董事报酬 [J]. 世界经济，2006，29（6）：71.

时，在获取信息方面占据优势地位的监管者之间可能会结成联盟。该类合谋行为具体表现是董事会与高管层合谋行为、审计合谋行为以及财务舞弊等大量合谋行为。[①] 董事会与高管层会通过合谋行为满足自身利益而使公司利益受到侵害。例如，朱滔从董事长是否在上市公司领薪为依据，证实了在董事长和管理层之间存在合谋行为的情况下，企业存在过度投资与过度负债现象，公司价值会受到负面影响。[②] 审计合谋行为指公司管理层与审计师的勾结效应，双方会利用虚假资产、收入和利润，夸大负债、费用等欺诈手段粉饰公司经营成果，让公司的收益管理保持在一个较高水平。[③]

第二，委托人与代理人之间的合谋行为，具体表现为大股东与高管联合侵害中小股东利益的隧道效应，与此同时是高管巨额的不正当收益。研究表明，试图通过并购掏空上市公司的控股股东，会从与之合伙的高管处获得便利，并许诺收益回报，高管将得到大额不合理的额外收入。[④] 赵国宇提出为达成合谋行为，大股东会使用隐式合同取代明确合同给高管更多的在职消费和分享共谋租金等隐藏性收入。[⑤] 陈文强提出民营企业中容易发生大股东与管理层合谋。[⑥] 特别在私人控股股东参与程度比较高时，股权激励会加剧大股东的合谋行为。

第三，大股东、连锁股东与机构投资者等委托人与委托人之间的合谋行为多表现为掏空。多位学者经实证研究发现，在家族上市公司中，多个大股东合谋行为会导致企业出现非效率投资现象。此外，机构投资者之间抱团合

[①] 潘越，刘承朔，林淑萍，等. 风险资本的治理效应：来自 IPO 暂停的证据 [J]. 中国工业经济，2022（5）：121.
[②] 朱滔. 国有企业董事长领薪安排与管理层薪酬激励：基于"委托—监督—代理"三层代理框架的研究 [J]. 当代财经，2020（7）：124.
[③] 申慧慧，汪泓，吴联生. 本地审计师的合谋效应 [J]. 会计研究，2017（2）：83.
[④] 孙世敏，李玲格，刘奕彤. 合谋掏空、业绩预期与高管薪酬契约有效性 [J]. 管理工程学报，2020，34（6）：57.
[⑤] 赵国宇. 大股东控股、报酬契约与合谋掏空：来自民营上市公司的经验证据 [J]. 外国经济与管理，2017，39（7）：105.
[⑥] 陈文强. 控股股东涉入与高管股权激励："监督"还是"合谋"？[J]. 经济管理，2017，39（1）：114.

谋行为也会影响公司治理效应。① 为了在行业中获取超额报酬与面对来自非共同持股企业的竞争和冲突，共同机构投资者有动机与能力主导建立"合谋同盟"，推动企业进行盈余管理，从而导致行业信息不对称，扭曲其他投资者的投资决策。

第二节　理论基础

一、社会认同理论

社会认同理论由 Tajfel 等人在 1970 年左右提出。② 他们将在社会上认识到自身属于特定群体的感觉定义为社会认同感。拥有社会认同感的人群通常会意识到其群体成员身份所带来的情感价值与意义，包括他们成功和失败的直接或间接经验。该理论的提出促进了社会心理学的发展，尤其是群体心理学的发展。群体认同是社会认同的源头，即独立的个体主观认识到自身是群体的成员。社会认同感主要包括认知、评价和情感三方面。③ 其中，认知是指个体属于某一群体的身份意识，即自我分类；评价是指个体对这一身份的正面或负面评价，即群体自尊；情感是指个体对群体和其他成员的情感，即情感归属感。现有文献表明群体分类、群体熟悉度、群体成员同质性、外部群体的存在、群体价值、群体区分性和群体声誉可以提高个体的社会认同。④

---

① 吴晓晖，郭晓冬，乔政. 机构投资者抱团与股价崩盘风险 [J]. 中国工业经济，2019（2）：117.
② TAJFEL H. Social Psychology of Intergroup Relations [J]. Annual Review of Psychology, 1982, 33: 1.
③ ELLEMERS N, KORTEKAAS P, OUWERKERK J W. Self-categorisation, Commitment to the Group and Group Self-esteem as Related but Distinct Aspects of Social Identity [J]. European Journal of Social Psychology, 1999, 29 (23): 371.
④ REN Y, HARPER F M, DRENNER S, et al. Building Member Attachment in Online Communities: Applying Theories of Group Identity and Interpersonal Bonds [J]. Mis Quarterly, 2012, 36 (3): 846.

第二章 概念界定、理论基础及文献综述

根据社会认同理论，当自我与一个群体的特征相一致时，就会产生群体好感和偏好，形成对彼此身份的认同和信任。① 当群体具有共同信念、价值观和行动取向时，就会增强凝聚力并影响个人行为和感知。一般来说，人们希望以一种积极的方式来看待自我定义。在更好的自我形象和更高的自尊方面，积极的社会认同可以使个体获得积极的自我定义。② 同时，个体的相关属性和社会认同有助于个体形成自我定义，这将影响个体在特定情况下的认知、行为和经验。③ 个人的社会关系作为一种非正式制度，对组织行为以及组织间的关系建立有着不可忽视的影响。

私人关系是由籍贯、毕业学校等特征相似的个人形成的群体关系。群体成员若拥有共同或相似的信念、价值观和行动取向，可以增强凝聚力，进而影响个人的感知和决策。④ 从社会认同理论出发，风险投资家与创业企业家如果存在私人关系，就有助于增强凝聚力及彼此间的信任，做决策时会朝着对双方共同有利的方向进行，或者有一方在为自己争取利益时，另一方采取庇护、默许的态度。

有关研究利用社会认同理论研究风险投资家与创业企业家基于私人关系建立信任的现象，发现基于私人关系，风险投资家与创业企业家之间会增强凝聚力，并降低对彼此的监督。例如，黄福广等提出校友身份会引发人们的认同感，易于产生信任。⑤ 当风险投资家与创业企业家有校友关系时，双方通过群体识别建立信任，这可以提高信息交换的效率、降低交易成本，从而更容易产生投资行为。Gompers 等研究发现，具有相同种族、教育背景或职

---

① LUHTANEN R, CROCKER J. A Collective Self-esteem Scale: Self-evaluation of One's Social Identity [J]. Personality and Social Psychology Bulletin, 1992, 18 (3): 302.
② HENNESSY J, WEST M A. Intergroup Behavior in Organizations: A Field Test of Social Identity Theory [J]. Small Group Research, 1999, 30 (3): 361.
③ TREPTE S, LOY L S. Social Identity Theory and Self-categorization Theory [J]. The International Encyclopedia of Media Effects, 2017, 10 (2): 1.
④ 范良聪, 刘璐, 张新超. 社会身份与第三方的偏倚: 一个实验研究 [J]. 管理世界, 2016 (4): 70.
⑤ 黄福广, 贾西猛. 校友关系、信任与风险投资交易 [J]. 经济管理, 2018, 40 (7): 161.

41

业背景的风险投资家更有可能建立合作关系。[1] 因此,根据社会认同理论,私人关系有利于风险投资家与创业企业家之间产生认同感,继而形成利益共同体,达成合谋行为。

二、社会交换理论

社会交换理论是管理学以及社会学、社会心理学等相关领域最突出的概念视角之一。该理论的历史可以追溯到20世纪50年代,它是一个广泛的概念范式,跨越了许多社会科学学科,如管理学、社会心理学和人类学。[2] 在巴甫洛夫的条件反射理论和斯金纳的操作性条件反射理论有了一定基础后,社会交换理论才发展起来。社会交换理论的基本内容是人们在遵循社会准则时,往往会预期到相互的利益并希望实现互惠互利,例如情感、信任、感谢、经济奖励等。从成本收益的角度来看,人们会通过社交互动来使自己的收益和回报最大化,并将其付出的成本降到最低。

社会交换理论是西方现代社会学的一个重要分支,它的理论发展历程主要分为三个阶段,分别经历了"交换行为主义"(Exchange Behaviorism)、"交换结构主义"(Exchange Structuralism)和"交换网络理论"(Exchange Network)三大理论发展阶段。[3] 社会交换理论在其理论内涵及理论外延方面均有较大的发展。Thibaut进一步定义了影响交互行为的两个因素:影响互动中代价成本的因素属于交互过程中的内部因素;影响互动中报酬奖励的因素属于交互行为之外的外部因素。[4] Hall总结了以往的研究成果,归纳出了包括交换者、交换网络、交换资源、交换结构和交换过程等几个方面的社会交

---

[1] GOMPERS P, KAPLAN S N, MUKHARLYAMOV V. What do Private Equity Firms Say They do? [J]. Journal of Financial Economics, 2016, 121 (3): 449.

[2] HOMANS G C. Social Behavior as Exchange [J]. American Journal of Sociology, 1958, 63 (6): 597.

[3] LEE C-W, YU H-Y. Examining Cross-industry Collaboration in Sharing Economy Based on Social Exchange and Social Network Theories [J]. Advances in Management and Applied Economics, 2020, 10 (6): 29.

[4] THIBAUT J W. The Social Psychology of Groups [M]. New York: Routledge, 2017: 337.

换理论的重要概念，为把社会交换理论运用到信息科学研究中提供了依据。①

社会交换理论是对人与人之间关系分析的一个重要角度。该理论指出人与人之间的交流和互动是一个过程，当参与者进行有关的活动时，他们可以互相换取有价值的资源。② 该理论的中心思想是：人与人的关系要遵守互惠互利的原则。在这个过程中，交换奖励既有物质奖励，也有心理奖励，如支持、信任、自尊和威望等。③ 人际的互动关系存在社会交换，信任和互惠在降低交易成本、缓解矛盾冲突、避免机会主义行为等方面尤为重要。④

企业家的创业活动都是嵌入社会网络关系中的，相较于正式关系，企业更依赖亲密关系或非正式关系，这被称为关系主导逻辑。⑤ 尤其在中国，私人关系网络具有较高凝聚力和封闭性，有助于形成以人伦关系为基础的社会交换关系。在本书中，如果风险投资家与创业企业家存在私人关系，根据社会交换理论，私人关系更容易形成信任，有利于风险投资家及创业企业家双方各自提供外显性报酬和内隐性报酬进行交换，维系并强化社会交易。因此，根据社会交换理论，私人关系有利于风险投资家与创业企业家发生合谋行为，实现互惠互利的局面。

三、亲关系不道德行为

目前关于不道德行为的研究有很多。其中，亲组织不道德行为广泛受到学界的关注。亲组织不道德行为（Pro-organizational unethical behavior）是指个人故意做出违反社会核心价值观、法律和道德的行为，虽然这种行为有违

---

① HALL H. Borrowed Theory: Applying Exchange Theories in Information Science Research [J]. Library and Information Science Research, 2003, 25 (3): 287.
② ABAD D, CUTILLAS-GOMARIZ M F, SÁNCHEZ-BALLESTA J P, et al. Real Earnings Management and Information Asymmetry in the Equity Market [J]. European Accounting Review, 2018, 27 (2): 209.
③ 刘小平. 员工组织承诺的形成过程：内部机制和外部影响：基于社会交换理论的实证研究 [J]. 管理世界, 2011 (11): 92.
④ BLAU P M. Justice in Social Exchange [J]. Sociological Inquiry, 1964, 34 (2): 193.
⑤ BOSSE D A, PHILLIPS R A. Agency Theory and Bounded Self-Interest [J]. Academy of Management Review, 2016, 41 (2): 276.

道德，但是能够有助于组织有效运作以及提高组织内成员的工作效率。[1] 亲组织不道德行为的概念可以分为两方面：第一，亲组织不道德行为属于不道德行为之一，即这种行为违背道德；第二，亲组织不道德行为同时还关注不道德行为的内在动机，这种行为以维护团队利益或个人利益为目的，是一种有意行为。[2]

本书在亲组织不道德行为和关系社会学的基础上，延伸出亲关系不道德行为（Pro-relationship unethical behavior），该行为指行为人为了维护关系网络内部利益，而做出违背社会价值观或道德准则的行为。私人关系内部会形成稳定且特殊的道德标准和行为规范，有助于内部成员获取资源，也会形成软约束，惩罚违背关系道德的成员。[3] 相对而言，内部成员不在意关系以外的声誉，尤其是关系内外部利益存在矛盾时，内部成员为了避免被关系网络排斥和惩罚，容易通过损害他人或者社会利益的不道德行为，维护自己在关系网络中的利益和声誉。这一过程中，行为人会因为维护了关系利益而产生道德推脱，降低了损害他人利益时的负疚感，削弱了社会道德准则的约束。[4] 这区别于出于自利而做出的不道德行为，以及员工为维护组织利益而产生的亲组织不道德行为。

本书提及的风险投资家与创业企业家也存在亲关系不道德行为。风险投资家与创业企业家因私人关系而形成相互依赖、相互庇护的信任关系。私人关系内部会形成稳定且特殊的道德标准和行为规范，有助于内部成员获取资

---

[1] UMPHRESS E E, BINGHAM J B, MITCHELL M. Unethical Behavior in the Name of the Company: The Moderating Effect of Organizational Identification and Positive Reciprocity Beliefs on Unethical Pro-organizational Behavior [J]. Journal of Applied Psychology, 2010, 95 (4): 769.

[2] ROTTIG D, KOUFTEROS X, UMPHRESS E. Formal Infrastructure and Ethical Decision Making: An Empirical Investigation and Implications for Supply Management [J]. Decision Sciences, 2011, 42 (1): 163.

[3] FAIRCHILD R. Fairness Norms and Self-interest in Venture Capital/Entrepreneur Contracting and Performance [J]. International Journal of Behavioural Accounting and Finance, 2011, 2 (1): 4.

[4] 赵红丹，周君. 企业伪善、道德推脱与亲组织非伦理行为：有调节的中介效应 [J]. 外国经济与管理，2017，39 (1): 15.

源，也会形成软约束，惩罚违背私人关系的成员。一旦风险投资家与创业企业家中的一方发生自利行为，另一方为了维护关系及其长久的利益，担心受到关系圈子的排斥，会与发生自利行为的一方勾结，维护其行为。在这一过程中，双方的合谋行为可能会侵害中小股东利益。行为人会因为维护了关系利益而产生道德推脱，降低了损害他人利益时的负疚感，削弱了社会道德准则的约束。

四、关系规范理论

关系规范是一种由社会关系和隐性规范所约束的准则，它能保证协作双方之间的信任与合作，令双方依靠关系信念和基于共同利益来开展信息共享、深度合作、解决利益冲突等行动。① 关系治理也正是在这种规范和合作的基础上发挥组织间的交流和管理作用，通过补充正式契约，加强协调，降低交易成本，提升合作绩效。个体成员间通过发展长期联系，在交流中确立一种关系准则，这就是关系规范。关系规范体现了个体成员间的共同价值和社会准则，统一其利益和行为，在不稳定的环境中起到了缓冲作用，遏制了机会主义行为的发生。② 关系规范也是指公司通过交易中的共同预期来指导彼此的行为，基于全面交流和相互信任，让交易成员相信他们拥有共同的商业观念和商业利益，从而促进双方今后的长期合作，激励双方为共同利益奋斗。③ 总之，组织间的交易是嵌入社会关系网络之中的。因此，要想实现有效合理的交易管理，既要通过正式契约来约束，也要依靠以关系管理为主体的非正式制度。

关系规范有两种形成路径，分别是关系内生和关系外生。关系内生是指

---

① POPPO L, ZHOU K Z, ZENGER T R. Examining the Conditional Limits of Relational Governance: Specialized Assets, Performance Ambiguity, and Long-standing Ties [J]. Journal of Management Studies, 2008, 45 (7): 1195.
② TANGPONG C, HUNG K-T, RO Y K. The Interaction Effect of Relational Norms and Agent Cooperativeness on Opportunism in Buyer-supplier Relationships [J]. Journal of Operations Management, 2010, 28 (5): 398.
③ 钱丽萍，罗小康，杨翩翩. 渠道控制机制如何抑制关系退出倾向：兼论竞争强度的调节作用 [J]. 外国经济与管理, 2015, 37 (6): 83.

关系契约在实施过程中形成的内在准则，比如，交易双方产生的行为准则和道德规范。① 而关系外生是外部社会引发的，交易双方为了符合所处的外部环境的规则要求，就会产生对应的规范准则，比如，双方不愿意违反法律法规，那么法律法规就会转化为其日常交易的行为准则。② Heide 等通过灵活性、信息交流和团结三个维度来刻画关系规范。③ 其中灵活性定义了随着环境变化而做出适应的行为；信息交流是指各方主动提供对合作方有用的信息，比如，有关生产、市场需求等信息，可以降低交易风险；团结则体现了双方的关系和行为，体现出团体意识，避免为了个人私利而做出不利于整体的行为，是一种对合作主体的保障。

关系规范通常被视作合同等正式制度的替代品，正式合同的存在实际上会破坏人与人之间的关系规范，因为合同的制定与签订基于理性与控制，这会使双方没有被信任与认可的感受，与关系规范中人与人之间的信任感与理解相背离。④ 与此同时还有另一种观点认为关系规范与正式合同两种机制之间是互为补充的关系，在这一问题上学界暂未得出一致结论，但有不少学者研究了关系规范治理效力的影响因素。⑤ Zhou 等在制度和交易成本经济学的基础上提出，法律环境影响关系规范的治理效力，当管理者认为法律制度不可信时，他们不太可能使用合同等正式制度，而是依靠关系规范来保证合作的顺利进行。⑥

---

① 张运华，王美琳，吴洁. 产学研合作中关系规范控制对知识流动绩效的影响：分配公平的中介作用与契约控制的调节作用［J］. 科技进步与对策，2017，34（3）：128.
② 王颖，王方华. 关系治理中关系规范的形成及治理机理研究［J］. 软科学，2007（2）：67.
③ HEIDE J B, JOHN G. Do Norms Matter in Marketing Relationships? ［J］. Journal of Marketing, 1992, 56 (2): 32.
④ GHOSHAL S, MORAN P. Bad for Practice: A Critique of the Transaction Cost Theory ［J］. The Academy of Management Review, 1996, 21 (1): 13.
⑤ POPPO L, ZENGER T. Do Formal Contracts and Relational Governance Function as Substitutes or Complements? ［J］. Strategic Management Journal, 2002, 23 (8): 707.
⑥ ZHOU K Z, POPPO L. Exchange Hazards, Relational Reliability, and Contracts in China: The Contingent Role of Legal Enforceability ［J］. Journal of International Business Studies, 2010, 41 (5): 861.

私人关系作为一种非正式关系,关系型治理在其中发挥了巨大的作用。在私人关系中,双方基于相同的目标与价值观念建立合作关系,关系规范反映了双方共同的理解与期待,会减少各方为了追逐自己的利益而损害合作的行为,会促使双方为了共同的目标做出努力①,比如,主动维护关系、配合对方的行动、克服双方的分歧、自觉履行职责、降低各自机会主义的倾向,从而保证合作的顺利进行。②

五、公司治理理论

公司治理是为了处理股东、债权人、管理者和员工等利益相关者之间的关系而产生的一套完整的规章制度,其内容主要包括对公司控制权的分配与实施、对董事会和管理层的监督、对员工的激励与评价等。③ 本质上,公司治理是要处理股东和管理层之间的问题,是解决所有权和控制权分离的委托代理问题。Denis 在文章中表达公司治理包括一套制度和市场机制,这些机制诱使自私自利的管理者代表其股东最大化公司的剩余现金流的价值。④ 公司治理有助于缩小管理者和股东利益之间的差距,对公司业绩和价值产生重大影响。Srivastava 等指出公司治理的根本问题是如何确保资金提供者在投资中获得回报,解决让管理者把利润的一部分返还给投资者、保证管理者不会滥用投资者所提供的资金、合理约束管理者等问题。⑤

公司治理分为内部公司治理和外部治理。内部公司治理主要通过董事会、激励合约、债务融资等举措实现。Hermalin 等提出在某些情况下,规模较小的董事会和外部董事比例更大的董事会能促使管理层更关注股东利益,做出有利于股东利益的行为,因为这两种类型的董事会更有罢免表现不佳的

---

① 周俊,薛求知. 交易专用性投资效应及治理机制研究评介 [J]. 外国经济与管理,2009,31 (9): 18.
② 任星耀,朱建宇,钱丽萍,等. 渠道中不同机会主义的管理:合同的双维度与关系规范的作用研究 [J]. 南开管理评论,2012,15 (3): 12.
③ 郑红亮. 公司治理理论与中国国有企业改革 [J]. 经济研究,1998,33 (10): 21.
④ DENIS D K. Twenty-five Years of Corporate Governance Research and Counting [J]. Review of Financial Economics, 2001, 10 (3): 191.
⑤ SRIVASTAVA V, DAS N, PATTANAYAK J K. Corporate Governance: Mapping the Change [J]. International Journal of Law and Management, 2018, 60 (3): 19.

管理层的权力。① 郑志刚提出激励合约是投资者与管理者之间签订的合约，将管理者的努力程度与公司业绩挂钩，通过高薪酬、股权、期权等手段激励管理层为股东利益行事。② 对于风险厌恶型的管理者，合约里要让投资者承担更多风险，补偿形式最好选择现金补偿。Denis 提出债务融资有利于缓解管理层和股东的冲突。因为管理层有义务在特定时间内偿还债务，否则将面临丧失控制权的风险，所以管理层被迫努力经营公司来偿还债务。

外部治理主要通过法律制度、媒体监督、控制权市场等方式实现。Shleifer 等认为在为企业提供资金的时候，投资者往往会得到一定的权利，而这种权利往往是受到法律法规保护的。规章要求上市公司披露信息和遵守会计准则，使投资者获取必要资料行使股息分配、投票选举董事、召开特别股东大会等权利。③ 李培功等在文章中对媒体在公司治理中的作用进行了实证研究，结果显示媒体会借助舆论的力量引起有关部门的重视，进而发挥显著的积极治理作用。④ 媒体的曝光能推动公司纠正违法违规行为和维护投资者权益，并且对投资者权益严重损害的报道体现出更强的外部治理效果。Kini 等证实了控制权市场起到的公司治理作用。⑤ 当公司内部控制机制薄弱或无效时，控制权市场将是发挥外部治理作用的重要机制。因为当控制权市场积极活跃时，企业并购业绩不佳的 CEO 更有可能被取代，这能在一定程度上约束管理者的行为，促进其努力为企业工作，创造企业价值。

本书中提到的公司治理主要指内部公司治理。大量学者研究发现，个人

---

① HERMALIN B E, WEISBACH M S. Boards of Directors as an Endogenously Determined Institution: A Survey of the Economic Literature [J]. Economic Policy Review, 2003, 9 (1): 7.
② 郑志刚. 公司治理机制理论研究文献综述 [J]. 南开经济研究, 2004 (5): 26.
③ SHLEIFER A, VISHNY R W, PORTA R L, et al. Investor Protection and Corporate Governance [J]. Journal of Financial Economics, 2000, 58 (1-2): 3.
④ 李培功，沈艺峰. 媒体的公司治理作用：中国的经验证据 [J]. 经济研究, 2010, 45 (4): 14.
⑤ KINI O, KRACAW W, MIAN S. The Nature of Discipline by Corporate Takeovers [J]. The Journal of Finance, 2004, 59 (4): 1511.

经历、私人关系、社会网络等非正式制度在公司治理中也发挥着举足轻重的作用。① 除此之外，在中国独特的制度环境之下，公司边界人员与外部合作伙伴之间建立的私人关系可以通过促进企业之间的信任减少公司合作伙伴之间的投机行为，继而可以保障公司的利益不受侵害，这一作用在市场化程度更高且受儒家思想影响更深远的地区更为显著。② 陈运森等研究发现董事倾向于通过现有和以往的职业和教育背景、职位兼任等建立网络关系。③ 董事与管理层的私人连带关系会表现出消极影响，比如，降低董事会的独立性，实行管理层机会主义。

第三节 文献综述

一、风险投资双重代理问题原因及治理

风险投资是指以资金流动为桥梁，从资金提供者向资本操作者转移，再由风险投资家通过对风险投资项目的辨别和选拔，将资金投向具有发展空间的初创企业，通过初创企业的运营和发展，风险资本的价值增值流回风险投资机构，风险投资机构将获得的利润再用来回报投资者的过程。在这一运行机制中，投资者、风险投资家和创业企业家为三方参与主体。风险投资中的双重代理包括投资者和风险投资家之间的委托代理，以及风险投资家与创业者之间的委托代理。国内外学者主要利用代理理论、契约理论、信号理论，

---

① 蔡宁，何星. 社会网络能够促进风险投资的"增值"作用吗：基于风险投资网络与上市公司投资效率的研究 [J]. 金融研究，2015（12）：178.
② 寿志钢，王进，汪涛. 企业边界人员的私人关系与企业间机会主义行为：双刃剑效应的作用机制及其边界条件 [J]. 管理世界，2018, 34（4）：162；夏春玉，张志坤，张闯. 私人关系对投机行为的抑制作用何时更有效：传统文化与市场经济双重伦理格局视角的研究 [J]. 管理世界，2020, 36（1）：130.
③ 陈运森，谢德仁，黄亮华. 董事的网络关系与公司治理研究述评 [J]. 南方经济，2012（12）：84.

研究风险投资的双重代理问题。①

(一) 风险投资中第一重委托代理问题产生原因及治理

在风险投资过程中,第一重代理问题形成于投资者(委托人)与风险投资家(代理人)之间。第一重代理问题产生的原因,一方面是风险投资基金的所有权和经营权分离,投资者和风险投资家存在高度的信息不对称性。②具体表现在投资者不太明晰和信任风险投资家的能力和资信,投资者对于风险投资家选择的被投资企业的经营情况缺乏了解以及对被投资企业的创业者个人能力认识不足,投资者无法得知风险投资家是如何选择投资对象的,也无法知道他们的行为过程,仅能知道最终的收益结果。另一方面是投资者与风险投资家的财务目标不完全一致而引发道德风险问题。③

针对第一重委托代理问题,学者从不同维度提出了一些行之有效的治理方案。第一,投资者可以通过构建信号模型和声誉评价体系,真实客观地评价风险投资家的能力和经验,减少逆向选择问题。④ 其中风险投资家的投资成功率、专业背景和社会网络都是重要信号。⑤ 第二,信任对投资意愿也有积极影响。明确的合同建立、投资者与风险投资家的人力资本相似程度、投资者进行尽职调查过程中的开放程度都会增强投资者和风险投资家之间的信

---

① ARTHURS J D, BUSENITZ L W. The Boundaries and Limitations of Agency Theory and Stewardship Theory in the Venture Capitalist/Entrepreneur Relationship [J]. Entrepreneurship Theory and Practice, 2003, 28 (2): 145.

② LERNER J. Venture Capitalists and the Decision to Go Public [J]. Journal of financial Economics, 1994, 35 (3): 293; MILOSEVIC M. Skills or Networks? Success and Fundraising Determinants in a Low Performing Venture Papital Market [J]. Research Policy, 2018, 47 (1): 49.

③ GOMPERS P, LERNER J. An Analysis of Compensation in the U. S. Venture Capital Partnership [J]. Journal of Financial Economics, 1999, 51 (1): 3.

④ Akerlof G. The Market for Lemons: Quality Uncertainty and the Market Mechanism [J]. Uncertainty in Economics, 1970, 84 (3): 488.

⑤ GOMPERS P, KOVNER A, LERNER J. Specialization and Success: Evidence from Venture Capital [J]. Journal of Economics & Management Strategy, 2009, 18 (3): 817; MILOSEVIC M. Skills or Networks? Success and Fundraising Determinants in a Low Performing Venture Papital Market [J]. Research Policy, 2018, 47 (1): 49.

任程度，从而缓解道德风险。① 第三，投资者也可以通过有效的金融契约和薪酬契约，包括制定收益分配规则、监督和激励条款等让风险投资家和投资者一起承担风险，减少投资中的道德风险问题。② 例如，谈毅提出对投资者而言，设计约束激励机制并让风险投资家承担一定范围的风险，有利于风险投资家的效益最大化。③ 田增瑞提出风险投资家应承担无限责任，并应建立信誉机制，同时风险投资家和企业家之间应签订可转换优先股的契约，以转移风险。④

（二）风险投资中第二重委托代理问题产生原因及治理

第二重委托代理问题是风险投资家和创业企业家在风险投资选择和投后管理过程中形成的代理问题。在投资之前，创业企业初期缺乏完善的管理，可能出现无法提供足够且正规的数据和信息来反映自身价值的情况，企业的真实经营情况外界也难以捕捉，这时风险投资机构就难以准确评估创业企业的发展前景。被投资企业信息不对称程度高，并且估值不能反映优质企业的真实价值，投资报价不能真实反映全部投资信息，优质企业会选择其他投资，导致风险投资家面临逆向选择的问题。⑤

在投资之后，创业企业家作为实际控制人，可以利用企业发展过程中的信息不对称增加交易的道德风险。⑥ 创业企业家可以将创业企业获取的资金和工作重心转移到风险投资家不能直接观察到的自利活动上。由于没有切实

---

① KOLLMANN T, KUCKERTZ A, MIDDELBERG N. Trust and Controllability in Venture Capital Fundraising [J]. Journal of Business Research, 2014, 67 (11): 2411.

② CUMMING D, JOHAN S. Demand-driven Securities Regulation: Evidence from Crowdfunding [J]. Venture Capital, 2013, 15 (4): 431; KAPLAN S N, STROMBERG P. Financial Contracting Theory Meets the Real World: An Empirical Analysis of Venture Capital Contracts [J]. Review of Economic Studies, 2003, 70 (2): 281.

③ 谈毅. 风险投资家的代理风险表现与控制机制 [J]. 科研管理, 2000, 21 (6): 32.

④ 田增瑞. 创业资本在不对称信息下博弈的委托代理分析 [J]. 中国软科学, 2001 (6): 22.

⑤ BUTLER A W, GOKTAN M S. On the Role of Inexperienced Venture Capitalists in Taking Companies Public [J]. Journal of Corporate Finance, 2013, 22: 299.

⑥ BOTTAZZI L, RIN M D, HELLMANN T. What is the Role of Legal Systems in Financial Intermediation? Theory and Evidence [J]. Journal of Financial Intermediation, 2009, 18 (4): 559.

参与创业企业的日常运营，风险投资家在追踪企业家的努力程度和资本配置方面面临着困难，同时这也会加大风险投资机构的成本。① 或者，风险投资为了鼓励创业企业创新和发展，给予企业高管更多的控制权和自由时，高管会利用"特权"谋取超额的在职消费和职位晋升等福利，并且减少努力程度，导致企业内部控制体系失效。一旦内部控制缺陷被披露，会引起股票价格动荡，投资回报降低，引发道德风险。②

随着研究的深入，越来越多的学者注意到在第二重委托代理关系中，风险投资家与创业企业家存在双边道德风险问题，即风险投资家可以利用控制权和话语权，采取机会主义行为提高风险投资收益、损害企业家利益。③ 由于风险投资基金存在经营业绩和经营年限的双重考核，需要在期满时返还投资者本金和收益。④ 快速退出投资项目有助于风险投资家建立业界声誉，因此风险投资家可能会追求短期收益而损害企业长期的发展，例如，让不成熟的企业过早上市、提高企业盈余管理水平、损害企业创利创现能力，导致企业IPO绩效和长期业绩下滑。⑤

面对逆向选择问题时，风险投资家需要在项目筛选阶段开展尽职调查，与创业企业家不断接触沟通获取企业成长潜力和投资价值的软信息，包括市场、战略、技术、产品、服务、管理团队的质量和经验等。⑥ 当确认投资意向后，风险投资家会设计投资契约控制或者分担投资风险，例如，使用复合

---

① BELLAVITIS C, KAMURIWO D S, HOMMEL U. Mitigation of Moral Hazard and Adverse Selection in Venture Capital Financing: The Influence of the Country'S Institutional Setting [J]. Journal of Small Business Management, 2019, 57 (4): 1328.

② BRAUN R, JENKINSON T, SCHEMMERL C. Adverse Selection and the Performance of Private Equity Co-Investments [J]. Journal of Financial Economics, 2020, 136 (1): 44.

③ FU H, YANG J, AN Y. Contracts for Venture Capital Financing with Double-sided Moral Hazard [J]. Small Business Economics, 2019, 53 (1): 129.

④ 张剑. 风险投资是认证信息、追逐名声还是获取短期利益：基于倾向值配比的实证分析 [J]. 金融评论, 2013, 5 (3): 129.

⑤ KATTI S, RAITHATHA M. Governance Practices and Agency Cost in Emerging Market: Evidence from India [J]. Managerial and Decision Economics, 2018, 39 (6): 712.

⑥ BERNSTEIN S, KORTEWEG A, LAWS K. Attracting Early-Stage Investors: Evidence from a Randomized Field Experiment [J]. The Journal of Finance, 2017, 72 (2): 509.

<<< 第二章　概念界定、理论基础及文献综述

式的投资工具、设计最优的股权分配方案、采取分阶段投资和联合投资的投资策略。①面对道德风险问题时，风险投资家要对创业企业家采取监督和管控行为，包括进入企业董事会、完善公司内部控制、提高投资效率、惩戒业绩不佳的管理者。②

面对双边道德风险问题时，需要防范创业企业家和风险投资家的道德风险。防范创业企业家的道德风险可通过以下途径实现：一是分期投资，一旦创业企业家出现机会主义行为或者努力投入不达标，风险投资家将通过停止后续投资来施加压力③；二是参与管理，通过合同中赋予的一票否决权或其他特别条款，监测企业的经营发展、人事变动、资产重组等④；三是使用可转换债券，给予风险投资家优先清偿的权利，并能从企业的快速成长中获益，企业的经营绩效越好，风险投资家换取的股份越少，创业企业家获得的股份越多，从而起到激励创业企业家的作用。⑤

防范风险投资家的道德风险，可以通过以下途径实现：一是可以通过可积累红利的可转换优先股来解决，使被投资企业在初期的几年内无须向投资者支付红利，而是等到企业的经营绩效满足一定要求后再一次性偿还，促使风险投资家必须提供优质的投后服务，帮助企业提升自身业绩，从而使企业上市后获取更高收益⑥；二是可以通过声誉机制来解决，风险投资家为了在

---

① 吴育辉，吴翠凤，吴世农．风险资本介入会提高企业的经营绩效吗：基于中国创业板上市公司的证据［J］．管理科学学报，2016，19（7）：85．
② GOMPERS P, GORNALL W, KAPLAN S N, et al. How do Venture Capitalists Make Decisions? [J]. Journal of Financial Economics, 2020, 135 (1): 169.
③ MILOSEVIC M. Skills or Networks? Success and Fundraising Determinants in a Low Performing Venture Papital Market [J]. Research Policy, 2018, 47 (1): 49.
④ OBRIMAH O A. How Important Is Innovation for Venture Capitalists' (VCs') Market Reputation? [J]. The Quarterly Review of Economics and Finance, 2016, 61 (c): 64-76.
⑤ 雷光勇，曹雅丽，齐云飞．风险资本、制度效率与企业投资偏好［J］．会计研究，2017（8）：48．
⑥ TAN C, ZHANG J, ZHANG Y. The Mechanism of Team-member Exchange on Knowledge Hiding under the Background of "Guanxi" [J]. Journal of Business Research, 2022, 148 (2): 304.

风投市场中立足，必须展现出强劲的专业能力[1]；三是可以通过股权回购来解决，当风险投资家出现违约行为或者机会主义行为时，创业企业家可以回购股权，淘汰能力不足的风险投资家[2]；四是风险投资的初始契约中加入违约补偿也能缓解双边道德风险，一旦一方有违约行为，将给予另一方一定数额的违约补偿，从而降低违约意愿，约束双方行为，抑制风险投资家和创业企业家的道德风险。[3]

二、私人关系对企业经营管理的影响

中国作为一个注重人与人之间关系的社会，人们的相互交往行为嵌入关系之中，形成"差序格局"现象。根据社会网络理论，私人关系是由社会经济特征相似的个体之间通过长期交往和互动发展起来的强关系，有助于资源、信息以及隐性知识的获取。[4] 私人关系可以对两个组织产生积极影响，有助于增加双方信任，提高经营效率。在传统的熟人社会中，人们交往遵从内心感情和熟人关系，这是"伦理感性"模式。私人关系使交易双方认为对方是"自己人"，建立了"拟亲缘关系"，这种关系会使沟通变得顺畅、高效，增加合作的可能性。然而，当公司治理环境较差时，私人关系会产生勾结、合谋的情况，对企业经营管理产生负面影响。

（一）私人关系对企业风险投资交易行为的影响

私人关系在风险投资交易过程中发挥着重要作用。部分研究认为私人关系在企业的风险投资交易中会产生积极影响。私人关系以互惠为基础，风险投资家与创业企业家对于自身投入都会期望获得回报。私人关系增加了双方

---

[1] 夏琼，李姚矿，朱卫东. 创业投资公司投资经理的道德风险问题研究[J]. 华东经济管理，2005，19（5）：22.

[2] 余峰燕，傅颖诗，卜林，等. 股票承销市场中的个人社会关系研究：基于承销双方、承销团成员多重关系视角[J]. 经济学（季刊），2021，21（6）：2083.

[3] ASGARI N, TANDON V, SINGH K, et al. Creating and Taming Discord: How Firms Manage Embedded Competition in Alliance Portfolios to Limit Alliance Termination [J]. Strategic Management Journal, 2018, 39 (12): 3273.

[4] LUHTANEN R, CROCKER J. A Collective Self-esteem Scale: Self-evaluation of One's Social Identity [J]. Personality and Social Psychology Bulletin, 1992, 18 (3): 302.

进行合作的长期倾向，双方在合作过程中对彼此有较深的了解，增加了一方对另一方行为的可预测性。① 风险投资家可以通过私人关系时常与企业进行非正式沟通，帮助风险投资家及时掌握被投资企业的相关信息，促进企业与风险资本项目的匹配。

具体表现为，首先，私人关系能够促进创业企业家和投资者双方的沟通和交流，关于企业发展情况的各类信息更容易被识别和捕捉，从而降低交易成本。② 梁婧姝等以2009—2020年中国创业板上市公司为研究样本，发现与风险投资形成紧密且相互信任的合作关系的企业能在经济波动时获得风险投资的更多支持。③ Clercq等提出风险投资人和创业者在社交场合的互动会正向影响风险投资家的投资绩效。④ 其次，私人关系形成的社会网络具有更好的信息共享性，有助于破除信息壁垒，缓解交易中的信息不对称问题。黄福广等发现当企业家与风险投资家存在校友关系时，能够产生信任合作，降低信息不对称，从而促进高新技术企业获取风险投资。⑤ 最后，私人关系网络能够形成非正式的监督约束机制，带来赏罚效应。⑥ 若企业家实施机会主义行为，这一负面信息会迅速被同一网络中的投资者知晓，导致企业家在整个私人关系网络中声誉崩溃，所以为了企业声誉，企业家会约束自利行为，积极为企业的风险投资交易服务。⑦

---

① SHEN L, ZHANG C, TENG W. The Double-edged Effects of Guanxi on Partner Opportunism [J]. Journal of Business and Industrial Marketing, 2019, 34 (3): 1313.
② LEE H S. Peer Networks in Venture Capital [J]. Journal of Empirical Finance, 2017, 41: 19.
③ 梁婧姝, 刘涛雄. 企业创新韧性及风险投资的影响: 理论与实证 [J]. 科学学研究, 2024, 42 (1): 1.
④ CLERCQ D D, SAPIENZA H J. Effects of Relational Capital and Commitment on Venture Capitalists' Perception of Portfolio Company Performance [J]. Journal of Business Venturing, 2006, 21 (3): 326.
⑤ 黄福广, 贾西猛. 校友关系、信任与风险投资交易 [J]. 经济管理, 2018, 40 (7): 161.
⑥ 戴亦一, 肖金利, 潘越. "乡音"能否降低公司代理成本: 基于方言视角的研究 [J]. 经济研究, 2016, 51 (12).
⑦ FAIRCHILD R. Fairness Norms and Self-interest in Venture Capital/Entrepreneur Contracting and Performance [J]. International Journal of Behavioural Accounting and Finance, 2011, 2 (1): 4.

但也有相关文献表明私人关系在企业的风险投资交易中会产生消极影响。一方面,私人关系可能会增加机会主义。在基于私人关系的投资中,往往依赖关系契约的约束,不会精心设计激励约束机制,签订的投资契约也会相对宽松。① 同时,私人关系降低了风险投资对企业的控制和监督,这就为企业边界人员的"腐败"提供了温床。寿志钢等运用案例研究的方法,研究企业边界人员的私人关系对企业间机会主义的影响,发现当企业的激励机制不公平或企业所处的政治环境执法效率较低时,企业边界人员的私人关系更可能导致风险投资机构放松对被投资企业的监督和控制,增加机会主义的产生概率。② 另一方面,私人关系可能会增加企业的非理性投资。根据社会认同理论,存在私人关系的交易双方会形成身份上的认同,个体会偏好与自己拥有相同身份的群内成员。③ 风险投资家为了高额收益会提出高风险的投资决策,而企业家出于群体认同,会支持不理性的投资决策,导致投资决策不是根据未来收益状况而定,从而产生非理性决策行为,最终负面影响企业的发展水平。④

(二) 私人关系对企业内部管理的影响

相关文献表明私人关系会对组织运营产生积极影响。根据交易成本理论,企业与联盟企业共同进行商业活动时总是自发寻找那些既能降低交易成本,又能控制交易风险的方法与手段。高管团队的私人关系可在某种程度上建立信任,促使双方亲密合作,提高企业绩效。李擘研究表明高管私人关系以联盟企业员工间的信任为中介变量,可以显著提高企业创新能力。⑤ 企业边界人员之间的私人关系能对组织间的关系产生影响,主要作用机制为私人

---

① BENGTSSON O, HSU D H. Ethnic Matching in the U. S. Venture Capital Market [J]. Journal of Business Venturing, 2015, 30 (2):338.
② 寿志钢,王进,汪涛. 企业边界人员的私人关系与企业间机会主义行为:双刃剑效应的作用机制及其边界条件 [J]. 管理世界, 2018, 34 (4):162.
③ TAJFEL H. Social Psychology of Intergroup Relations [J]. Annual Review of Psychology, 1982, 33:1.
④ DING S, KIM M, ZHANG X. Do Firms Care about Investment Opportunities? Evidence from China [J]. Journal of Corporate Finance, 2018, 52:214.
⑤ 李擘. 高管团队成员社会关系、联盟伙伴间信任与创新能力的关系 [J]. 中国科技论坛, 2016 (4):114.

关系促进企业间形成关系规范，继而能对组织间的关系产生影响。边界人员的私人关系还可以促进组织间的认同，私人关系越好，两个组织成员间的人际信任程度就越高，这有助于促进企业间进行信息交流，有利于双方获取更多有关对方企业的价值观、规范等知识，从而促进双方组织间的认同。[1]

Bermiss 等从社会嵌入的视角，探讨了个体层面的嵌入关系对组织间关系消解的作用。[2] 研究发现，与客户形成密切人际关系的经理可以稳定市场关系。基金经理与公司领导者之间如果存在校友关系，基金经理能够获取更多有利信息。[3] 张涛等研究发现在分销商投机较多的情境中，私人关系要比 IT 资源更能促进交易双方的合作。[4] 陈霞等发现公司董事会内部的私人关系能够发挥软性治理作用，降低机会主义行为，增加团队凝聚力，对公司治理和公司绩效产生积极作用。[5] 夏春玉等研究发现在受儒家思想影响较深、市场化水平较高的地区以及在企业领导对边界人员支持力度较大的企业中，私人关系能够抑制投机行为。[6]

然而，私人关系也可能为组织运营带来消极影响。独立董事与高管间的私人关系会破坏独立董事的独立性，降低独立董事的监督意愿，形成所谓的"橡皮图章"，从而降低董事会工作效率、丧失设立独立董事的初衷。[7] 陆瑶等发现 CEO 与董事存在老乡关系会使企业经营风险水平提高，违规倾向增

---

[1] 庞芳兰，庄贵军，王亚伟，等. 私人关系对组织间关系的影响机制研究 [J]. 管理科学，2019, 32 (1): 114.

[2] BERMISS Y S, GREENBAUM B E. Loyal to Whom? The Effect of Relational Embeddedness and Managers' Mobility on Market Tie Dissolution [J]. Administrative Science Quarterly, 2016, 61 (2): 254.

[3] 申宇，赵静梅，何欣. 校友关系网络、基金投资业绩与"小圈子"效应 [J]. 经济学（季刊），2016, 15 (1): 403.

[4] 张涛，张闯. 私人关系、IT 资源与渠道合作：分销商投机的权变影响 [J]. 管理评论，2018 (10): 106.

[5] 陈霞，马连福，贾西猛. 独立董事与 CEO 私人关系对公司绩效的影响 [J]. 管理科学，2018, 31 (2): 131.

[6] 夏春玉，张志坤，张闯. 私人关系对投机行为的抑制作用何时更有效：传统文化与市场经济双重伦理格局视角的研究 [J]. 管理世界，2020, 36 (1): 130.

[7] FRACASSI C, TATE G. External Networking and Internal Firm Governance [J]. The Journal of Finance, 2012, 67 (1): 153; 黄芳，张莉芳. 管理层权力、审计委员会主任—高管私人关系与会计信息质量 [J]. 南京审计大学学报，2020, 17 (1): 25.

加，甚至违规后会相互包庇。① 申宇等发现若交易双方通过私人关系传递内幕消息，实施非法交易，会对公平公正的市场秩序造成严重损害。② 除了高管与董事之间的私人关系对组织有消极的影响，审计师与客户之间的关系也会对组织有消极影响。另外，利用私人关系构建自己的关系网的同时，也容易造成路径依赖，每天接触同质化的信息和资源，容易忽视更大范围内的多样性。Butt 研究发现企业经理偏好与具有私人关系的供应商合作，导致企业不会积极地寻找更优质的产品和服务供应商，增加了企业的机会成本。③ 寿志钢等发现当企业内部激励不公平或企业所处制度环境较差时，私人关系会增加交易对象的投机行为。④ Shen 等探讨了私人关系对机会主义的双刃剑效应，以及法律可执行性和合伙人资产专用性的调节效应。⑤ 研究结果表明边界从业者之间的关系与企业间的机会主义呈倒 U 型关系；在法律可执行性较低、合伙人资产专用性较高的情况下，私人关系的利与弊都更显著。

三、合谋行为的成因及防范治理

（一）合谋行为的成因

合谋行为的形成受到诸如经济收益、预期成本以及公司治理机制的好坏等多种因素的影响。

第一，早期关于合谋行为的动机及影响因素研究大多聚焦于经济收益。早期国外有学者研究双头垄断时提出，卖方会在定价上发生合谋行为，以此

---

① 陆瑶，胡江燕. CEO 与董事间"老乡"关系对公司违规行为的影响研究［J］. 南开管理评论，2016，19（2）：52.
② 申宇，赵静梅，何欣. 校友关系网络、基金投资业绩与"小圈子"效应［J］. 经济学（季刊），2016，15（1）：403.
③ BUTT A S. Personal Relationships in Supply Chains［J］. International Journal of Integrated Supply Management，2019，12（3）：193.
④ 寿志钢，王进，汪涛. 企业边界人员的私人关系与企业间机会主义行为：双刃剑效应的作用机制及其边界条件［J］. 管理世界，2018，34（4）：162.
⑤ SHEN L，ZHANG C，TENG W. The Double‑edged Effects of Guanxi on Partner Opportunism［J］. Journal of Business and Industrial Marketing，2019，34（3）：1313.

来获取超额收益。① He 等提出存在交叉持股的公司会在产品价格上进行合谋，从而提高产品价格，获取更高的市场利润。② Azar 等研究发现连锁股东的存在会使得企业通过减少产品市场竞争来达成合谋行为，以取得私人利益。③ 才国伟等研究中国上市公司的再融资运作行为时，得出结论：企业会跟媒体发生合谋行为以获取额外收益，主要体现在释放更多正面消息吸引投资者购买股票，提升股票价格。④

第二，预期成本也是合谋行为发生与否的重要影响因素。众所周知，经济收益会驱动合谋行为的发生，但是，合谋行为成本也会直接影响合谋行为的意愿和实施。如果合谋行为发生的预期成本过高，合谋行为会受到阻碍，但达成后更易于实施；反之，预期成本低，在经济效益的驱动下，双方合谋行为意愿更强。⑤ Laffont 等提出当信息可证实且不可伪造时，合谋行为被发现的概率明显上升，预期成本很高，合谋行为不容易达成⑥；当信息是可证实且可伪造的信息，或者是不可证实且可伪造的信息时，合谋行为被发现的概率降低，预期成本减少，合谋行为更容易出现。在国内，有学者提出当政府防范合谋行为的成本太高以及政府更注重短期利益时，当地政府会选择跟企业达成合谋，这种政企合谋行为为中国经济高速增长做出了贡献，所以合谋行为的最终目标仍然是经济利益。⑦

第三，合谋行为容易发生在公司治理机制弱，比如，内外部治理环境

---

① CHAMBERLIN E H. Duopoly：Value Where Sellers Are Few［J］. The Quarterly Journal of Economics，1929，44（1）：63.
② HE J，HUANG J. Product Market Competition in a World of Cross-ownership：Evidence from Institutional Blockholdings［J］. Review of Financial Studies，2017，30（8）：2674.
③ AZAR J，SCHMALZ M C，TECU I. Anticompetitive Effects of Common Ownership［J］. The Journal of Finance，2018，73（4）：1513.
④ 才国伟，邵志浩，徐信忠. 企业和媒体存在合谋行为吗？：来自中国上市公司媒体报道的间接证据［J］. 管理世界，2015（7）：158.
⑤ STIGLER G J. The Economists and the Problem of Monopoly［J］. The Econometric Society，1982，72（2）：1.
⑥ LAFFONT J-J，MARTIMORT D. Collusion under Asymmetric Information［J］. Econometrica，1997，65（4）：875.
⑦ 聂辉华. 从政企合谋到政企合作：一个初步的动态政企关系分析框架［J］. 学术月刊，2020，52（6）：44.

差、组织内部激励不足的情况下。一方面，对于宏观环境，就市场而言，如果政府出台的法律及政策存在漏洞，在合谋行为缺乏监管、制约和处罚能力的情况下，合谋行为更容易发生，反之，合谋行为不容易发生。① 另一方面，对企业而言，如果企业的内外部治理环境太差，合谋行为发生的概率较高。当企业的公司治理较差时，大股东可能形成合谋行为掏空公司利益而侵害中小股东利益，控股股东也可能会收买高管进行合谋。② 基于中国特有的创业板上市公司，欧建猷等探讨了风险投资是否会通过合谋行为掏空来侵害中小股东利益，研究中提出当风险投资家拥有创业企业的超额控制权，就会利用这一权力来使自己获益。③ 当风险投资家处于需要资金的境遇之下时，也会表现出合谋行为。于左等以滴滴出行和 Uber 的并购案例进行研究，发现企业之间交叉持股，或者存在共同股东时，也容易滋生合谋行为，具体表现为在市场设定垄断高价。④ 基于此，本书认为合谋行为的形成通常取决于合谋双方的获利程度以及达成合谋行为的难易程度。基于合谋行为主体及合谋行为的产生条件，本书从薪酬契约、参与治理、隐藏信息三个维度探讨基于私人关系的风险投资家与创业企业家合谋行为的形成机制，薪酬契约与参与治理衡量合谋双方的获利，隐藏信息机制衡量达成合谋行为的难易程度。

（二）合谋行为的防范与治理

防范合谋行为已经引起研究者和相关机构的关注，现有研究主要是从监管机构和公司治理两个维度展开。监管机构维度的治理与防范更多聚焦在外部治理层面，侧重于加强法律监督、改善营商环境。公司治理与防范更多侧重在加强监管者激励、减少合谋行为收益、提高合谋行为交易成本这几个方面。

第一，合谋行为大多发生在内外部治理环境薄弱的情况下，因此，通过

---

① 杨青，高铭，YURTOGLU B B. 董事薪酬、CEO 薪酬与公司业绩：合谋还是共同激励？[J]. 金融研究，2009（6）：111.
② 赵国宇. 大股东控股、报酬契约与合谋掏空：来自民营上市公司的经验证据[J]. 外国经济与管理，2017，39（7）：105.
③ 欧建猷，张荣武. 风险投资会损害中小股东利益吗？：基于合谋掏空视角[J]. 财会通讯，2019（26）：3.
④ 于左，张容嘉，付红艳. 交叉持股、共同股东与竞争企业合谋[J]. 经济研究，2021，56（10）：172.

改善外部治理环境，例如，加强法律法规及工商环境的监督与处罚措施能有效防止合谋行为的发生。① 陈艳等探究了会计舞弊发生的原因及治理措施，结果显示通过建设"硬"和"软"的约束机制，提高激励机制，改善法律监管与处罚层面可更好地发挥会计欺诈监督的有效性。② Bian 等研究发现分析师覆盖度作为一种外部监督机制，可以改善企业信息环境，从而调节和约束控股股东与高管之间的股利隧道行为。③

第二，在公司治理方面，在"硬信息"条件下，委托人可加强对监管者的激励，减少合谋行为收益，以及提高合谋行为交易成本来防范合谋行为。④ 杨慧辉等研究表明，合理选择管理层股权激励契约要素，有利于降低管理层参与合谋行为的动机。⑤ 朱滔研究得出需加强对高管薪酬水平及决定机制的信息披露，强化公司监督约束机制建设，使董事长充分发挥监督作用。⑥ Ouyang 等发现拥有多个大股东的公司比非多个大股东的公司更少参与避税活动，表明多个大股东对企业存在监督效应，且通过降低避税的非税成本对企业价值做出了积极贡献。⑦

第三，增加联合机构所有权、减少股东操纵也能治理合谋行为。共同所有权是指同一机构投资者同时持有多家企业股份。在资本市场上，同一家机

---

① 才国伟, 邵志浩, 徐信忠. 企业和媒体存在合谋行为吗?: 来自中国上市公司媒体报道的间接证据 [J]. 管理世界, 2015 (7): 158.
② 陈艳, 高智林. 会计舞弊监管必须用强制手段吗?: 基于行为经济学的分析框架 [J]. 财经问题研究, 2017 (7): 81.
③ BIAN H, KUO J-M, PAN H, et al. The Role of Managerial Ownership in Dividend Tunneling: Evidence from China [J]. Corporate Governance an International Review, 2023, 31 (2): 307.
④ FAURE-GRIMAUD A, LAFFONT J-J, MARTIMORT D. Collusion, Delegation and Supervision with Soft Information [J]. The Review of Economic Studies, 2003, 70 (2): 253.
⑤ 杨慧辉, 潘飞, 刘钰莹. 控制权变迁中的权力博弈与股权激励设计动机: 基于上海家化的案例分析 [J]. 财经研究, 2019, 45 (8): 140.
⑥ 朱滔. 国有企业董事长领薪安排与管理层薪酬激励: 基于"委托—监督—代理"三层代理框架的研究 [J]. 当代财经, 2020 (7): 124.
⑦ OUYANG C, XIONG J, HUANG K. Do Multiple Large Shareholders Affect Tax Avoidance? Evidence from China [J]. International Review of Economics and Finance, 2020, 67: 207.

构同时持有多家企业股份的现象已经非常普遍,这有助于同一行业中各企业之间的联系变得紧密和协调,提升公司治理效率。[1] Ramalingegowda等研究表明联合机构所有权加强了其他股东对财务报告的监督作用,同时减少了控股股东对收益进行操纵的空间。[2] 杜勇等实证检验了联合机构所有权对企业盈余管理的协同治理效应和合谋舞弊效应,发现共同机构所有权发挥了协同效应,改善了上市公司盈余信息质量,强化了公司治理效应。[3]

综上所述,本书认为对风险投资家与创业企业家合谋行为的防范与治理主要从风险投资过程中双方的动机与能力两方面开展。围绕公司治理理论中的高管治理、股权结构治理和董事会治理,本书提出从股权激励、董事会治理、股权制衡三个维度分析合谋行为的公司治理措施。股权激励赋予创业企业家更多的主人翁意识,以此降低其合谋自利而损害公司利益的动机;董事会治理用于加强对创业企业家及风险投资家的管理监督,提高合谋成本;股权制衡用于牵制和分散创业企业家的绝对领导权和控制权,来预防合谋行为。

四、风险投资对公司治理的影响

风险投资作为一种有效的投资手段,在推动企业健康发展、优化资源配置等方面起到了积极的作用。国内外学者针对风险投资与公司治理相关领域开展了一系列研究,探究了风险投资对董事会结构、高管激励、公司业绩、股票崩盘风险、盈余管理、创新投入等方面的影响。[4] 部分学者认为风险投资能够对公司治理产生积极影响,部分学者认为风险投资对公司治理有消极

---

[1] HE J, HUANG J, ZHAO S. Internalizing Governance Externalities: The Role of Institutional Cross-ownership [J]. Journal of Financial Economics, 2019, 134 (2): 408.

[2] RAMALINGEGOWDA S, UTKE S, YU Y. Common Institutional Ownership and Earnings Management [J]. Contemporary Accounting Research, 2021, 38 (1): 208.

[3] 杜勇,孙帆,邓旭. 共同机构所有权与企业盈余管理 [J]. 中国工业经济, 2021 (6): 155.

[4] HASAN I, KHURSHED A, MOHAMED A, et al. Do Venture Capital Firms Benefit from a Presence on Boards of Directors of Mature Public Companies? [J]. Journal of Corporate Finance, 2018, 49: 125.

影响或者无影响，尚未形成统一的结论。

（一）风险投资介入公司治理的方法

风险投资机构多数情况下会积极介入公司治理：一方面，风险投资机构需要解决委托代理问题，缓解信息不对称的问题，在投资后，风险投资机构还要面临道德风险问题，所以风险投资机构必须介入被投资企业的公司治理过程，了解、监督和扶持被投资企业的经营管理活动。[1] 另一方面，当风险投资机构投资创业企业后，如果扮演好公司治理者的角色，能获得更多有关企业的发展前景和经营风险的信息，有利于决定后续资金的投入情况，并且通过积极提供管理和增值服务，提高创业企业的经营绩效，更快帮助创业企业上市，从而获取更多的投资回报。[2] 根据现有的研究，风险投资介入公司治理的方法主要有开展联合投资、运用金融工具、开展分期投资、参与董事会和激励管理层。

第一，联合投资是多家风险投资机构根据合同或协议共同出资开展同一项投资活动。联合投资可以为风险投资机构减少风险，为初创企业提供更多的增值服务。每个风险投资机构都有自己的专长，其可以在联合投资中，着重关注自己的优势领域，比如，融资、市场、营销、技术开发、企业管理等不同方面，为创业企业提供不同的公司治理服务，带来更多的价值。风险投资机构也可以实现资源互补，共同为创业企业提供资金来源、人力资源、客户资源等，以更全面的方式为创业企业搭建起供应链、价值链和关系网络链。[3] 在联合投资中，风险投资机构能够互相监督，更加及时有效地参与被投资企业的治理和服务，积极提供增值服务。[4]

第二，风险投资机构经常通过使用金融工具来约束和激励被投资的创业

---

[1] 彭涛，黄福广，李少育. 风险资本对企业代理成本的影响：公司治理的视角 [J]. 管理科学，2018，31（4）：62.

[2] 周嘉南，苏嫄. 私募股权投资的行业专业化与被投资企业的绩效表现 [J]. 珞珈管理评论，2019（4）：39.

[3] 陈德球，孙颖，王丹. 关系网络嵌入、联合创业投资与企业创新效率 [J]. 经济研究，2021，56（11）：67.

[4] BAYAR O, CHEMMANUR T J, TIAN X. Peer Monitoring, Syndication, and the Dynamics of Venture Capital Interactions: Theory and Evidence [J]. Journal of Financial and Quantitative Analysis, 2019, 55（6）：1875.

企业，其中，可转换优先股是最常用的金融工具。可转换优先股能够解决风险投资家和创业企业家双边道德风险的问题。① 当创业企业经营状况良好、业绩和利润较高时，创业者可以获得一定比例的普通股，风险投资家也可以将自身的优先股转化为普通股，和创业企业家共享收益。一旦创业企业的经营业绩差劲，风险投资家可以通过优先股获得固定股息，清算时也有仅次于债权者的清算权。② 这可以很好地激励创业企业家努力工作，也激励风险投资家积极监督创业企业家并参与创业企业的公司治理，促进创业企业不断完善自身经营架构。

第三，风险资本通过开展分期投资来介入被投资企业的公司治理。分期投资是指风险投资向创业企业逐步支付资本，而非一次性支付清楚。当创业企业与风险投资机构之间的地理距离较远时，风险资本往往会融资更多的轮次，并且风险投资融资轮次的数量与创业企业上市的倾向、IPO当年的经营业绩以及IPO后的存活率呈正相关。③ 可见，对创业企业来说，为了获取后续投资，必然会认真参与企业日常经营、努力提升企业业绩和持续开展技术创新；对风险投资机构来说，分期投资有利于进一步发挥监督职能，风险资本只有动态关注创业企业的管理情况和经营绩效，才能决定是否开展后续投资以及投资金额的大小。④

第四，参与董事会是风险投资介入被投资企业公司治理的普遍手段。董事会是由董事组成的，管理着企业的重要事务，负责执行企业的经营决策，对股东大会负责并汇报工作。当风险投资机构对初创公司进行投资后，都会

---

① 王宇，朱翡，罗悦. 政府补贴对风险投资项目的激励影响与福利分析研究［J］. 系统工程理论与实践，2019，39（10）：2549.
② 陆瑶，胡江燕. CEO与董事间"老乡"关系对公司违规行为的影响研究［J］. 南开管理评论，2016，19（2）：52.
③ 董静，汪江平，翟海燕，等. 服务还是监控：风险投资机构对创业企业的管理：行业专长与不确定性的视角［J］. 管理世界，2017（6）：82.
④ MILOSEVIC M. Skills or Networks? Success and Fundraising Determinants in a Low Performing Venture Papital Market［J］. Research Policy，2018，47（1）：49；陈艳，罗正英. 分阶段投资策略对技术创新成果的影响：基于DID模型的研究［J］. 苏州大学学报（哲学社会科学版），2018，39（1）：107.

向被投资公司的董事会派驻人员并占据其董事会的一席之地。① 风险投资机构会通过董事会参与创业企业的经营管理，监督创业企业的重要决策的执行情况，比如，融资活动、高管招聘和解雇、未来战略定位等，充分开展投后管理和增值服务，显著提高投资绩效。② 有些风险投资机构在参与公司治理时会享有一票否决权，即创业企业的重大决策事项必须经过风险资本的审核和批准才能实施，这样可以进一步保障风险资本的投资权益。

第五，风险投资通过激励管理层来避免投资过程中遇到的道德风险。高管的最主要职责就是负责企业的日常管理，但是高管可能会出现自利行为和机会主义行为，这不利于创业企业的日常经营和长远发展，也不利于风险资本的投资收益。所以，风险资本会通过薪酬激励或股权激励将高管薪酬与业绩挂钩③，也可以通过提高高管合法得当的在职消费来鼓励高管参与公司治理，提高管理绩效。④ 甚至，创业企业的内部管理秩序混乱时，风险投资机构可以直接挑选具备丰富管理经验和专业能力的人才进入创业企业的管理层，协助企业完善公司治理制度和体系，提升企业的经营绩效。⑤

（二）风险投资对公司治理的积极影响

国内外大多数学者认为风险投资能够通过参与管理和资源传递等途径对公司治理产生积极作用，促进企业股权结构、投融资管理、IPO 活动和创新活动的发展和优化。

第一，风险投资具有监督和管理功能。专业化的信息获取与分析是降低执行风险、提高决策效益手段的重要组成部分。为了避免投资失败，风险投

---

① 黄福广，彭涛，邵艳. 地理距离如何影响风险资本对新企业的投资 [J]. 南开管理评论，2014，17（6）：83.
② 韩瑾，陈敏灵. 派遣董事对创业投资机构投资、募资的影响研究 [J]. 经济经纬，2022，39（2）：99.
③ 黄福广，王建业. 风险资本、高管激励与企业创新 [J]. 系统管理学报，2019，28（4）：601；王秀军，李曜，龙玉. 风险投资的公司治理作用：高管薪酬视角 [J]. 商业经济与管理，2016（10）：35.
④ 刘鹏林，谷文臣. 风险投资、代理成本与高管在职消费 [J]. 财会月刊，2022（12）：65.
⑤ 蔡宁，徐梦周. 我国创投机构投资阶段选择及其绩效影响的实证研究 [J]. 中国工业经济，2009（10）：86.

资机构在风险投资协议中会对风险投资介入公司内部管理、被投资单位定期的财务信息汇报进行相关约定,希望能够实现对企业运营和治理的全面了解和监督。① 风险投资通过投入资本进行控股从而介入被投资企业内部的经营和管理,积极参与公司发展战略规划制定、经营策略决策、财务信息监管等重要事项。Bertoni等发现具有风险投资背景的公司具有更好的投融资结构和更低的资产负债率。② 另外,风险投资通过参与监督和管理,能够提高管理层利益,攫取不当利益与信息掩藏的成本,减少管理层道德风险及逆向选择的情况,缓解信息不对称问题,降低股价崩盘风险。③

第二,风险投资具有增值和服务功能。风险投资机构往往会利用自己的专业知识和丰富经验,为初创公司提供更多的增值服务。比如,利用社会资本提供后续融资服务、引进人才提供专业化服务、参与公司治理创造新的价值等,这些都有利于创业企业完善公司治理架构,提升企业业绩。④ 具有风险投资背景的企业具有人力资源、企业成本管控机制等方面的经验和资源优势,风险投资的参与能够实现管理经验和优势资源的传递,从而提高企业的管理水平和增值潜力,促进被投资企业更好发展。⑤ 另外,风险投资会提高企业顾客的稳定性,风险资本具有高声誉、积极参与董事会以及采取联合投资的情况下,顾客稳定性更好,这有利于提高企业的风险承担能力,提高企业的经营效率。⑥ 同时,通过风险投资的介入和风险投资机构网络,也能够

---

① GORMAN M, SAHLMAN W A. What do Venture Capitalists do?[J]. Journal of Business Venturing, 1989, 4 (4): 231.
② BERTONI F, FERRER M A, MARTÍ J. The Different Roles Played by Venture Capital and Private Equity Investors on the Investment Activity of Their Portfolio Firms[J]. Small Business Economics, 2013, 40 (3): 607.
③ 高昊宇,杨晓光,叶彦艺. 机构投资者对暴涨暴跌的抑制作用:基于中国市场的实证[J]. 金融研究, 2017 (2): 163.
④ 董静,汪江平,翟海燕,等. 服务还是监控:风险投资机构对创业企业的管理:行业专长与不确定性的视角[J]. 管理世界, 2017 (6): 82.
⑤ 吴超鹏,吴世农,程静雅,等. 风险投资对上市公司投融资行为影响的实证研究[J]. 经济研究, 2012 (1): 105.
⑥ 张广冬,邵艳. 风险投资与公司客户稳定性[J]. 会计研究, 2022 (4): 179.

加速内外部资源的整合和信息共享，推动企业创新水平的不断提高。[①]

第三，风险投资具有声誉效应和认证作用。声誉是风险投资的一种无形资产，它反映了投资者对风险投资机构过去表现的认可度和对未来的展望。一方面，声誉具有信号传递作用，能够向外界传递自身的投资能力，从而获取更多的资源和建立良好的网络关系；另一方面，声誉具有认证效应，只有好企业才能通过高声誉风险投资的筛选，双方的合作也会更具价值。Nahata 从声誉效应角度切入，发现具有较高声誉的风险投资机构能够提高被投资企业的 IPO 成功率，缩短上市前的准备时间，促进企业业绩的提升。[②] 吴超鹏等研究发现高声誉、联合投资或非国有背景的风险投资机构，能够通过关系网络和监督职能促进被投资企业的投融资决策改善，抑制被投资企业的过度投资。[③] 刘娥平等研究指出高声誉风险资本具有较强的融资渠道，有利于吸引潜在投资者，提高公司融资能力，降低企业风险项目的融资成本。[④] 高声誉风险资本具有较强的治理动机与能力，为了维持其信誉、保证顺利退出项目，会积极加强公司治理，提升企业风险承担能力和市场价值。

（三）风险投资对公司治理的消极影响

部分学者认为风险投资可能会对公司治理产生消极影响，主要体现在削弱高管的执行效果、操纵信息和抛售股票等行为以及提前上市等方面。第一，部分学者认为风险投资过度参与公司治理会削弱公司高管的执行效果，对被投资企业的经营管理起反作用。[⑤] 风险投资机构参与管理可能会产生企业利益目标分歧，如果风险投资参与程度过大容易导致企业内部管理决策冲

[①] 黄福广，贾西猛，田莉. 风险投资机构高管团队知识背景与高科技投资偏好 [J]. 管理科学，2016，29（5）：31.

[②] NAHATA R. Venture Capital Reputation and Investment Performance [J]. Journal of Financial Economics，2007，90（2）：127.

[③] 吴超鹏，吴世农，程静雅，等. 风险投资对上市公司投融资行为影响的实证研究 [J]. 经济研究，2012（1）：105.

[④] 刘娥平，钟君煜，赵伟捷. 风险投资对企业风险承担的影响研究 [J]. 科研管理，2022，43（8）：1.

[⑤] YITSHAKI R. Venture Capitalist–entrepreneur Conflicts：An Exploratory Study of Determinants and Possible Resolutions [J]. International Journal of Conflict Management，2008，19（3）：262.

突，降低企业运营效率。如果是多家风险投资机构共同投资于一家创业企业，虽然能够提供不同资源，但是由于风险投资背景和动机各不相同，会产生冲突和矛盾，企业内部混乱，业绩不佳。① 陈德萍等研究发现参与程度与风险投资机构的回报率没有显著关系，当参与程度过大时很可能会对企业发展产生不利影响。② 而且，如果创业企业过度依赖风险投资的管理和资源，企业家不会努力培养和发展内部资源，导致企业仅满足短期利益而抹杀长期利益和企业创新。风险投资为了谋取私利可能采取掠夺行为损害企业创新能力和正常经营。例如，风险投资会通过稀释创业企业家的股权或直接替换CEO，主导创业企业研发创新活动，甚至将创新产品和核心技术出售给关联企业以谋取暴利。③

第二，由于风险投资机构"逐名效应"的存在，特别是那些小型的风险投资机构，他们更愿意为被投资公司提供援助，进行信息操纵，帮助企业进行盈余管理，企业内外部信息传递效率降低，加剧股票崩盘风险，降低企业盈余质量，损害中小投资者利益。④ 潘越等通过实证研究也发现从高管更换的视角来看，风险投资可能与被投资单位管理层产生合谋行为效应，降低高管更替与公司业绩的联系。⑤ 邵艳等则指出当风险投资因"逐名动机"仅关注短期内的高额回报和快速建立声誉时，其投资理念与社会责任的长期价值投资理念背道而驰，风险投资会选择通过经营决策来减少对社会责任的投入，导致风险投资对企业履行社会责任具有负向影响。⑥ 徐成凯等从研发投入的角度说明，因为高额的研发支出会影响到企业的当期收益，占用风险投

---

① WANG L, JIANG M S. Effect of Power Source Mismatch on New Venture Performance [J]. Chinese Management Studies, 2018, 12（3）：833.
② 陈德萍，陈永圣. 股权集中度、股权制衡度与公司绩效关系研究：2007—2009 年中小企业板块的实证检验 [J]. 会计研究, 2011（1）：38.
③ 温军，冯根福. 风险投资与企业创新："增值"与"攫取"的权衡视角 [J]. 经济研究, 2018, 53（2）：185.
④ 吴晓晖，郭晓冬，乔政. 机构投资者抱团与股价崩盘风险 [J]. 中国工业经济, 2019（2）：117.
⑤ 潘越，戴亦一，魏诗琪. 机构投资者与上市公司"合谋"了吗：基于高管非自愿变更与继任选择事件的分析 [J]. 南开管理评论, 2011, 14（2）：69.
⑥ 邵艳，张广冬，李西文. 风险投资对社会负责吗：基于投资理念的分析 [J]. 山西财经大学学报, 2021, 43（1）：100.

资的大量资金，使投资风险增大，而且研发投资具有长期性和不确定性，与风险投资的短期理念不符，所以风险投资持股的高科技企业研发操纵行为更为频发，最后导致企业上市后业绩"变脸"现象严重。①

第三，由于委托代理问题的存在，风险投资具有逐利性，风险投资机构也存在抛售股票套取现金或是提前推动上市以加快退出获取利益的动机，在企业经营质量和管理能力不足的情况下会降低企业的绩效和运行效率，不利于企业的长远持续发展。② 同时，大多数风险投资机构采取多样化投资，对于单个投资企业的投入和持股比例并不高，导致风险投资难以有效发挥监督作用。③ 当风险投资支持的企业暂停上市时，会加剧风险资本所投资的已上市企业的过度投资行为。因为在这个过程中，风险投资会"分心"，将更多时间和精力倾注于延期上市的企业，减少对已上市企业的监督和关注。比如，减少召开董事会会议次数、选择委托他人进行意见表决等，并且风险投资家在上市企业中扮演的治理者角色越重要，则"分心"效应越明显，这其实不利于上市企业的发展。④

第四节　相关研究评述

当前国内外文献针对风险投资双重代理问题原因及治理，合谋行为的类型、成因及治理，风险投资家与创业企业家合作关系，私人关系对企业经营管理的影响，风险投资对公司治理的影响等问题展开了丰富的研究。这些研究揭示了以下几点。

第一，风险投资家与创业企业家存在委托代理关系，会产生相应的委托

---

① 徐成凯，金宇，富钰媛. 私募股权投资与企业研发操纵：监督还是合谋：基于高技术企业的实证分析 [J]. 山西财经大学学报，2020，42（8）：114.
② 赵静梅，傅立立，申宇. 风险投资与企业生产效率：助力还是阻力？[J]. 金融研究，2015（11）：159.
③ COFFEE J C. Liquidity versus Control：The Institutional Investor as Corporate Monitor [J]. Columbia Law Review，1991，91（6）：1277.
④ 潘越，刘承翊，林淑萍，等. 风险资本的治理效应：来自 IPO 暂停的证据 [J]. 中国工业经济，2022（5）：121.

代理风险。风险投资机构与创业企业需要建立促进各利益主体相互协调、相互制约的激励与约束机制，克服信息不对称带来的风险，才能有效解决委托代理风险问题。在这一活动中，双方的信任发挥着非常重要的作用。

第二，风险投资家与创业企业家建立合作关系，将信任的正向作用发挥在风险投资的"投资选择"阶段可以有效地提高融资效率，促进创业企业实现绩效增长。但是信任也有可能发挥负向作用，导致投资决策不理性，容易增加联合投资风险。

第三，在委托代理的层次结构下，委托关系中的合谋行为方式主要包括监管者与代理人之间的合谋行为、委托人与代理人之间的合谋行为以及委托人与委托人之间的合谋行为。风险投资家与创业企业家存在委托代理关系，在一定因素的影响下，二者有可能出现合谋行为。合谋行为的产生受合谋双方追求自身利益、合谋成本不高、激励不足以及公司治理环境较差等因素的影响。

第四，风险投资家与创业企业家的私人关系会对企业经营管理产生正效应，但是也有可能触发道德风险产生负面影响。私人关系使交易双方认为对方是"自己人"，建立了"拟亲缘关系"，这种信任会使沟通变得顺畅，增加合作的可能性，对企业经营管理产生正效应。然而，当公司治理环境较差时，私人关系会产生勾结、合谋的情况，对企业经营管理产生负面影响。

第五，风险投资机构会参与被投资企业的公司治理，会对董事会结构、高管激励、公司业绩、股票崩盘风险、盈余管理、创新投入等方面产生影响。部分学者认为风险投资能够对公司治理产生积极影响，部分学者认为风险投资对公司治理有消极影响或者无影响，尚未形成统一的结论。

通过文献梳理，发现在相关领域的研究方面，仍然存在一些薄弱之处，主要体现在以下几个方面。

第一，现有风险投资家与创业企业家关系研究中，多数研究关注在"投资选择"阶段，信任合作对开展风险投资交易具有积极意义，但是对在"退出获利"阶段，风险投资家与创业企业家基于私人关系产生信任催生合谋行为，危害企业经营管理的相关研究明显不足。[①] 风险投资家与创业企业家存在代理问题，风险投资家与创业企业家的合作关系在"退出获利"阶段，有可能基于私人关系产生彼此信任，在追求自我利益驱动下滋生合谋行为。而这种合谋行为的形成机制及治理措施，在前期的研究中，受到合谋行为的隐秘性和数据获取可行性等因素影响，相关实证研究较少，需要进一步深入探究。

第二，公司经营中的合谋行为的探讨场景，已有研究重点关注在企业股东、管理层、审计和外部监管等方面，而较少关注风险投资家与创业企业家之间的合谋行为。[②] 伴随着中国风险投资市场的快速发展和金融市场的持续完善，风险投资家与创业企业家之间的合谋行为对风险投资活动和金融市场稳定的影响逐步受到关注。

第三，已有合谋行为的影响因素，已有研究主要聚焦在经济利益、预期成本以及内外部环境质量方面，而对于私人关系这一具有鲜明中国特色的影响因素，相关实证研究较少，在经济工作"稳"字当头的中国大环境下，探究其对合谋行为的影响尤其值得关注。[③]

上述研究的薄弱之处为本书提供了启发，本书拟解决的一些关键性问题主要包括以下几点。

第一，当风险投资家与创业企业家存在私人关系时，风险投资家与创业企业家在风险投资退出获利阶段是否更容易出现合谋行为？基于社会认同理论，有相同或者相似经历的群体间更容易产生社会认同，具有相似人力资本特征的私人关系能够促进情感信任机制的形成，在社会活动、商业活动中，更容易结成利益共同体。在风险投资家与创业企业家存在代理问题的前提下，私人关系有可能催生风险投资家和创业企业家道德风险，发生双方"互惠互利"但损坏中小股东利益，增加企业经营风险的合谋行为。

第二，基于私人关系，风险投资家与创业企业家合谋行为的形成机制是

[①] 梁婧姝，刘涛雄. 企业创新韧性及风险投资的影响：理论与实证 [J]. 科学学研究，2024，42（1）：1.

[②] CHEN D, WEI X, WANG H. Controlling Shareholder's Ownership, Control Rights and Related-party Transactions-analysis of Regulatory Effects Based on Board Characteristics [J]. International Entrepreneurship Management Journal, 2022, 18 (4): 1.

[③] AZAR J, SCHMALZ M C, TECU I. Anticompetitive Effects of Common Ownership [J]. The Journal of Finance, 2018, 73 (4): 1513.

什么？探究基于私人关系下风险投资家与创业企业家合谋行为的形成机制有助于本书更清晰地刻画合谋行为实施的具体路径，有助于明确私人关系影响合谋行为的边界条件，为研究合谋行为治理因素提供清晰思路。

第三，如何治理风险投资家与创业企业家的合谋行为？风险投资家与创业企业家的合谋行为会侵害中小股东利益，增加企业经营风险，因此需要提出合理的治理方案，对合谋行为进行防范与治理。

本书将研究聚焦于风险投资家与创业企业家的合谋行为，基于私人关系视角，探讨风险投资家与创业企业家合谋行为的形成机制与公司治理措施，拓展风险投资的"后效"研究，具有重要的理论意义和实践价值。在研究内容方面，以往研究更多关注合作关系，本书关注合谋行为；从风险投资"募、投、管、退"的投资过程来看，以往研究关注风险投资家和创业企业家关系对"投"和"管"阶段的影响，本书重点关注风险投资的"管"和"退"阶段，有交叉也有区别；从理论解释的角度来看，以往研究基于委托代理、社会认同、组织关系等理论，本书在前人研究的基础上，增加亲关系不道德行为进行分析，拓展研究的理论视角。综上，以往研究与本书重点研究内容如图2.2所示。

以往研究	本书研究
风险投资(家)与创业企业(家)"合作关系"	基于私人关系的风险投资家与创业企业家的"合谋行为"

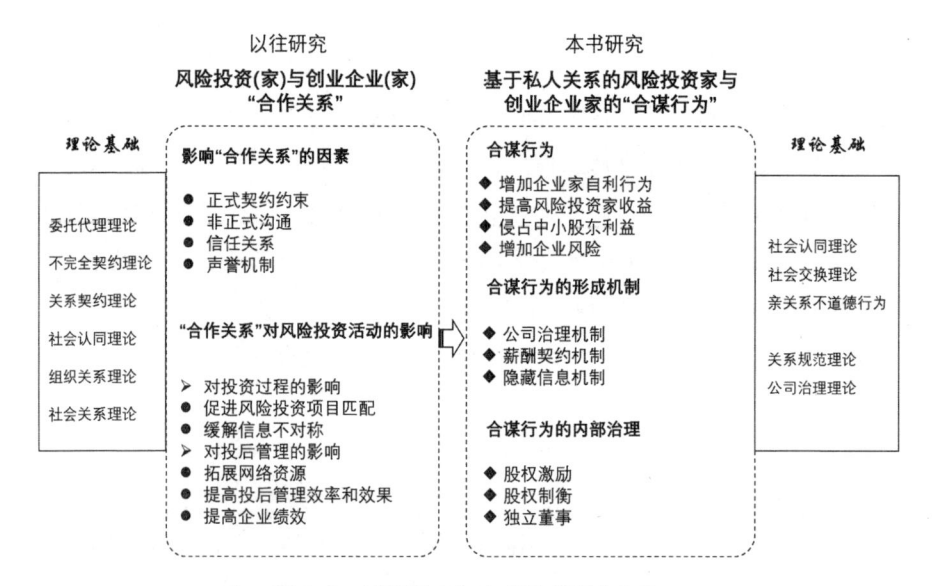

理论基础	影响"合作关系"的因素	合谋行为	理论基础
委托代理理论	◆ 正式契约约束	◆ 增加企业家自利行为	社会认同理论
不完全契约理论	◆ 非正式沟通	◆ 提高风险投资家收益	社会交换理论
关系契约理论	◆ 信任关系	◆ 侵占中小股东利益	亲关系不道德行为
社会认同理论	◆ 声誉机制	◆ 增加企业风险	
组织关系理论	"合作关系"对风险投资活动的影响	合谋行为的形成机制	关系规范理论
社会关系理论	➤ 对投资过程的影响	◆ 公司治理机制	公司治理理论
	➤ 促进风险投资项目匹配	◆ 薪酬契约机制	
	➤ 缓解信息不对称	◆ 隐藏信息机制	
	➤ 对投后管理的影响	合谋行为的内部治理	
	➤ 拓展网络资源	◆ 股权激励	
	➤ 提高投后管理效率和效果	◆ 股权制衡	
	➤ 提高企业绩效	◆ 独立董事	

图2.2 以往研究与本书重点研究内容

第三章

私人关系与合谋行为的内涵和理论框架

第一节 风险投资家与创业企业家私人关系的内涵

一、风险投资家与创业企业家私人关系的定义

在中国文化的人际关系概念中,常常有关系和私人关系的说法,且二者很容易混淆。但现在普遍的观点是:关系和私人关系是完全不同的,存在关系却不一定产生私人关系。关系是两个或多个实体之间存在的心理或行动上的一种联系,属于社会关系的内容,这些联系发生的形式可能是组织与组织之间的交往,也可能是个人与组织、个人与个人之间的交往。Fan 认为中国私人关系是关系中的一种,关系是人与人之间的联系,属于社会关系的内容,但是这种联系并不一定产生中国的私人关系。① 中国私人关系是两个人之间一种特殊的关系,这种特殊关系基于自然关系(血缘、地缘、工作和学习等自然形成)和获得关系(朋友、主动结交等)而形成。关系是一种存在事实,而私人关系是为了某一有意的目的而产生的行为方式,具有情感或者利益的交流。根据场景不同,私人关系往往隐含着"互惠",含利益交换的友谊关系。陈霞等希望探究到包含中国情景下的主要的私人关系,同时避免私人关系泛化,将独立董事与 CEO 私人关系定义为独立董事与 CEO 存在校

---

① FAN Y. Questioning Guanxi: Definition, Classification and Implications [J]. International Business Review, 2002, 11 (5): 543.

友、共同工作经历、老乡或专业协会成员的关系。①

本书的私人关系概念界定基于 Fan 以及陈霞等提出的观点,认为风险投资家与创业企业家之间的私人关系是一种特殊的,基于地缘、工作和学习等自然形成的,具有坚实的情感基础,愿意共享资源、互换利益的关系。风险投资家与创业企业家会以老乡、校友、同事等身份建立坚实、具有信任感的私人关系,而这种私人关系可在合作过程中发挥互惠互利、资源交换的作用。基于私人关系形成的社会网络属于强联结,有助于提高资源和信息交换的效率,能够保障关系内部交易双方经济性目标的实现。强联结属于相对封闭和亲密的社会关系,是相对稳定的"圈子"。强联结中的群体存在较稳定的关系基础,更容易建立相互信任的合作关系,对未来的期望也更稳定。

本书借已有研究,结合中国风险投资交易的实际情况并避免私人关系泛化,将风险投资家与创业企业家的私人关系定义为通过校友、老乡、同事、政治关系及协会关系建立起的信任、默契、稳定、互惠的关系。如果风险投资家与创业企业家毕业于同一所院校,则界定为存在校友关系;如果风险投资家与创业企业家来自同一个城市,则界定为存在老乡关系;如果风险投资家与创业企业家曾就职于同一家企业或机构(不包含政府及协会),则界定为存在同事关系;如果风险投资家与创业企业家曾在同一个城市的政府部门工作过,则界定为存在政治关系;如果风险投资家与创业企业家曾在同一个城市的协会工作过,则界定为存在协会关系。由于风险投资家与创业企业家之间可能存在多种类型的私人关系,同时一家创业企业也可能会与多家风险投资机构合作,因此,同一家创业企业中,风险投资家与创业企业家之间可能会存在多种私人关系。

本书提及的风险投资家与创业企业家的私人关系具有以下特点:

第一,外生性。风险投资家与创业企业家的私人关系依赖于求学、工作、政治和地缘等外生性因素的主导而天然形成。这些因素使风险投资家与创业企业家存在共同语言或者类似的价值观,加之存在利益联结而很容易建

---

① 陈霞,马连福,贾西猛. 独立董事与 CEO 私人关系对公司绩效的影响 [J]. 管理科学,2018,31(2):131.

立起信任、默契和互惠的情感链接。

第二，私密性。风险投资家与创业企业家的私人关系主要发生在两个独立个体之间，风险投资家与创业企业家的私人关系的建立和维护往往是依靠关系主体之间私下的、非正式的沟通交往实现的，这一过程是不透明的和复杂的，具有私密性和封闭特征。

第三，功利性。风险投资家与创业企业家的私人关系建立之初并不带有明确的功利目的，但随着关系的逐步深入发展，信息、渠道、资源共享成为私人关系主体维持的助推剂和催化剂。

第四，互惠性。风险投资家与创业企业家的私人关系会形成关系强联结，双方为了持续从关系网络内部获得资源，必须遵循互惠原则，维护好私人关系，进行资源或者利益交换，给予对方最大程度的帮助；否则，容易在关系网络中受到排斥甚至惩罚。一旦双方的信任受到损害，关系破裂后的负面效应较高。

二、风险投资家与创业企业家私人关系的表征与测量

关于私人关系的测量，研究情景不同，学者关注的研究问题不同，私人关系的维度划分与测量也多种多样。由于私人关系具有泛化的社会属性特征，难以使用量化数据表征，所以大多数研究通过调查问卷的形式对私人关系进行刻画。私人关系的测量维度主要有单维度、二维度、三维度以及多维度。以单维度对私人关系进行测量时，往往聚焦于私人关系的品质，如私人关系、业务关系、关系导向以及关系感知等[1]。除此之外，也有学者根据社会资本理论将私人关系划分为商业关系和政治关系两个维度[2]。当然，部分学者以中国为研究情景，根据人际关系理论将私人关系分为人情、感情、面

---

[1] 庄贵军，席酉民. 中国营销渠道中私人关系对渠道权力使用的影响[J]. 管理科学学报，2004，7（6）：52.

[2] SHENG S, ZHOU K Z, LI J J. The Effects of Business and Political Ties on Firm Performance: Evidence from China [J]. Journal of Marketing, 2011, 75 (1): 1.

子三个维度①，或者划分为人情、感情、信任三个维度。② 近几年，部分学者侧重以校友关系、老乡关系为依托研究私人关系对企业绩效以及基金投资业绩的影响。他们通过虚拟变量的形式表征私人关系，如陆瑶等以 CEO 与董事会成员籍贯是否相同来定义是否存在"老乡"关系，以董事会当中与 CEO 籍贯相同的董事人数除以董事会总人数衡量"老乡"关系的强度。③ 黄福广等将创业企业创始人与风险投资人有相同的求学经历定义为校友，教育经历包括中专及以下、专科、本科、硕士和博士。④ 当风险投资人与创始人存在校友关系时，变量私人关系取值为 1，否则为 0。陈霞等利用独立董事与 CEO 在校友、共同工作经历、老乡和专业协会成员四方面刻画私人关系。⑤

本书对私人关系变量采用虚拟变量的形式进行表征，具体表征手段借鉴陈霞等的做法。本书涉及的风险投资家与创业企业家私人关系包括校友关系、老乡关系、同事关系、政治关系及协会关系这五种关系，由于一家企业会同时与多家风险投资机构合作，因此会存在多种私人关系。本书用观测年被观测企业中风险投资家与创业企业家存在的私人关系种类数量表征自变量私人关系。当不存在私人关系时，变量标记为 0；当存在一种私人关系时变量标记为 1，当存在两种私人关系时变量标记为 2，依次类推，私人关系的取值范围为 [0，5] 的自然数。取值越大，说明被观测企业中风险投资家与创业企业家存在的私人关系程度越深。

---

① 王娟茹，杨瑾．干系人私人关系、知识共享行为对复杂产品研发绩效的影响 [J]．科研管理，2014，35 (8)：16．
② 夏春玉，田敏，张闯．契约型农业中私人关系对投机行为的影响：农户感知公平的作用 [J]．北京工商大学学报 (社会科学版)，2015，30 (1)：4．
③ 陆瑶，胡江燕．CEO 与董事间的"老乡"关系对我国上市公司风险水平的影响 [J]．管理世界，2014 (3)：131．
④ 黄福广，贾西猛．校友关系、信任与风险投资交易 [J]．经济管理，2018，40 (7)：161．
⑤ 陈霞，马连福，贾西猛．独立董事与 CEO 私人关系对公司绩效的影响 [J]．管理科学，2018，31 (2)：131．

第二节　风险投资家与创业企业家合谋行为的内涵

一、风险投资家与创业企业家合谋行为的定义

本书的风险投资家与创业企业家的合谋行为是放置于组织内部委托代理关系下进行讨论，属于组织内合谋。根据合谋行为的定义"两个或两个以上的经济主体从个人利益最大化出发而相互勾结对第三方利益造成损害的一种非正当行为"，本书所研究的风险投资家与创业企业家合谋行为，具体指风险投资家与创业企业家利用信息优势，通过公司治理、股利操纵、隐藏信息等各种手段相互勾结、结成联盟，以牺牲公司中小股东利益、增加企业经营风险为代价来获得自身利益最大化的行为。

在风险投资过程中，风险投资家与创业企业家具有委托代理关系。风险投资家对创业企业家经营战略及过程具有指导和监督的作用。由于信息不对称性，创业企业家可能会利用信息优势和权力，通过在职消费、超额薪酬、股权质押等谋取私利，损害投资人的利益。而风险投资家非常关注如何在风险资本退出时提高收益率，因为与固定工资相比，附带权益对于风险投资家更具有激励效应。风险投资家会利用对企业经营指导和监督的权利，在风险投资机构退出时，通过操纵企业上市节奏以及股价为风险投资获取最大化的权益。但是风险投资家与创业企业家的自利行为会受到公司治理的监督与约束，实施自利行为有一定的风险。

已有研究表明合谋行为发生的因素包括合谋双方具有追求自身利益的动力，合谋成本不高，公司治理环境较差，激励不足，双方具备充分的信任。[①]当风险投资家与创业企业家存在私人关系时，双方会因为私人关系建立信任与默契，双方利用职权之便，基于互惠互利的观念，本着"肥水不流外人

[①] 赵国宇，禹薇. 大股东股权制衡的公司治理效应：来自民营上市公司的证据 [J]. 外国经济与管理，2018，40（11）：60.

田"的互惠心理，降低监管，发生合谋行为。风险投资家与创业企业家在相互的庇护和帮助之下，追求自身利益。创业企业家增加在职消费，实行超额薪酬，风险投资家与创业企业家联合操纵股价，以良好的股价为依托实现了风险投资机构的稳步退市，退市后，股价回落，损害了中小股东利益，企业经营风险增加。

二、风险投资家与创业企业家合谋行为的表征与测量

合谋行为是一种私下安排的隐秘行为[①]，不会写在正式契约中，无法通过契约直接被观察到，因此，如何科学表征和度量合谋行为是实证研究的一个难题。现有实证文献寻找合谋行为指标的核心思想是，当一些事件出现的时候，我们认为现实中发生合谋行为的概率更高，因此这些定性或定量的事件可以作为合谋行为的代理指标。[②] 基于利用代理指标刻画合谋行为的测量思想，大量学者就不同领域内的合谋行为提出不同的表征与测量方法。不少学者用减少固定资产、无形资产[③]，减少研发支出、并购支出等行为[④]，以及使用盈余管理操控公司业绩等指标衡量合谋行为。[⑤] 合谋行为会表现在企业一些非正常行为上，用财务报表中的非正常数据可有效反映合谋行为。

在企业与审计事务所合谋行为中，学者使用审计事务所是否为本地事务所或者审计师与企业高管是否拥有同一教育经历、高出市场价格的审计费用等指标来衡量合谋行为。[⑥] 在企业与媒体的合谋行为中，使用媒体正面报道

[①] 张莉，高元骅，徐现祥．政企合谋下的土地出让 [J]．管理世界，2013 (12)：43.
[②] 聂辉华，蒋敏杰．政企合谋与矿难：来自中国省级面板数据的证据 [J]．经济研究，2011，46 (6)：146.
[③] 刘俊海．公司自治与司法干预的平衡艺术：《公司法解释四》的创新、缺憾与再解释 [J]．法学杂志，2017，38 (12)：35.
[④] 潘越，汤旭东，宁博，等．连锁股东与企业投资效率：治理协同还是竞争合谋 [J]．中国工业经济，2020 (2)：136.
[⑤] 董丽萍，张军．管理层薪酬激励与盈余管理关系：基于大股东治理视角 [J]．中国流通经济，2018，32 (12)：73.
[⑥] 饶育蕾，郭连，彭叠峰．本地经理人更倾向于选择本地事务所吗：从审计合谋的视角 [J]．审计研究，2022 (1)：82.

倾向来衡量媒体与企业合谋行为。① 因为媒体的正面报道可以影响股民情绪，继而拉升股票价格，企业也会在股市上获取额外收益。在政府与企业的合谋行为中，学者使用地方官员是否为本地人，地方官员是否用获得本地晋升作为政企合谋行为的代理变量。② 因为出生于本地的地方官员更容易与企业达成合谋行为，更容易获得企业的利益输送。③

在大股东与管理层发生合谋行为掏空公司资产的情形中，学者们使用其他应收款占公司总资产的比值、关联交易的规模、应收账款与预付账款的规模等作为合谋行为的代理变量。④ 因为以上变量可以从侧面反映出通过侵占挪用公司资金以及明显不同于正常市场交易的关联交易等多种利益输送方式恶意掏空公司资产、获取不法利益的合谋行为。⑤ 也有学者使用高管超额薪酬与隐性消费来表征合谋行为。⑥ 因为大股东为促使高管参与合谋行为，会降低高管薪酬业绩敏感性。⑦ 另外，合谋也会导致高管超额薪酬与在职消费的增加。⑧

---

① 才国伟，邵志浩，徐信忠. 企业和媒体存在合谋行为吗?：来自中国上市公司媒体报道的间接证据 [J]. 管理世界，2015（7）：158.
② PETRA P, ZHURAVSKAYA E. Elite Influence as a Substitute for Local Democracy: Evidence from Backgrounds of Chinese Provincial Leaders [J]. SSRN Electronic Journal, 2012: 1.
③ 聂辉华，蒋敏杰. 政企合谋与矿难：来自中国省级面板数据的证据 [J]. 经济研究，2011，46（6）：156.
④ 李增泉，孙铮，王志伟. "掏空"与所有权安排：来自我国上市公司大股东资金占用的经验证据 [J]. 会计研究，2004（12）：3.
⑤ 刘少波，马超. 经理人异质性与大股东掏空抑制 [J]. 经济研究，2016，51（4）：129.
⑥ 刘星，苏春，邵欢. 家族董事席位超额控制与股价崩盘风险：基于关联交易的视角 [J]. 中国管理科学，2021，29（5）：1.
⑦ ANTÓN M, EDERER F, GINÉ M, et al. Common Ownership, Competition, and Top Management Incentives [J]. Journal of Political Economy, 2023, 131（5）：1294.
⑧ 孙世敏，陈怡秀，刘奕彤. 合谋掏空对高管隐性薪酬及其经济效应影响研究：考虑业绩风险与高管依附性特征 [J]. 管理工程学报，2022，36（2）：109.

本书的风险投资家与创业企业家合谋行为同样具有隐性互惠，难以通过契约等方式直接观察和测量，但是最终体现在结果上，会产生风险投资家与创业企业家互惠互利，而使委托人蒙受损失、企业经营风险增加的局面。本书依托合谋行为的定义，考虑了多个参与方之间的博弈行为和激励相容机制，从创业企业家、风险投资家和中小股东三大主体出发，从企业家自利行为、风险投资家收益、中小股东利益保护以及企业经营风险四个维度来表征合谋行为，并利用上市公司数据对合谋行为进行有效测量，进而提升了合谋行为研究结果的可靠性、全面性、科学性。① 四个表征维度的具体测量方式如下：

（1）企业家自利行为

企业家自利行为分为显性自利行为和隐性自利行为。显性自利行为用超额薪酬衡量，隐性自利行为用在职消费衡量。② 在职消费和超额薪酬可反映出创业企业家是否提高了创业企业家的个人收益或者隐性消费。

（2）风险投资家收益

该变量可反映风险投资家是否提高了风险投资家的个人收益。具体而言，风险投资家收益利用风险资本退出年平均投资收益率衡量。③ 收益率越高，风险投资家附带权益越高。

（3）中小股东利益保护

中小股东通过网络投票等方式参与公司决策是近年来保护中小股东利益的公司治理的重要变革之一。④ 中小股东通过网络平台直接参与投票，避免了传统的股东大会形式上的不便和信息不对称问题，使投票过程更加公开和

---

① STIGLER G J. The Economists and the Problem of Monopoly [J]. The American Economic Review，1982，72（2）：1.
② 代彬，彭程. 国际化董事会是高管自利行为的"避风港"还是"防火墙"：来自中国 A 股上市公司的经验证据 [J]. 中南财经政法大学学报，2019（4）：25.
③ COPLEY P，DOUTHETT E，ZHANG S. Venture Capitalists and Assurance Services on Initial Public Offerings [J]. Journal of Business Research，2021，131：278.
④ 孔东民，刘莎莎. 中小股东投票权、公司决策与公司治理：来自一项自然试验的证据 [J]. 管理世界，2017（9）：101.

透明。因此，该变量用股东大会信息中是否有网络投票表征。[①] 若有，该变量定义为 1，否则为 0。

（4）企业经营风险

由于风险投资家与创业企业家之间的勾结，中小股东利益受到侵害，公司经营风险增加。具体而言，本书选取连续三年总资产收益率（ROA）的变异系数作为经营风险的衡量指标。

第三节　基于私人关系的合谋行为研究的理论框架

本章基于社会认同理论、社会交换理论、亲关系不道德行为等理论，提出私人关系对风险投资家与创业企业家合谋行为的影响，基于私人关系的风险投资家与创业企业家合谋行为的影响形成机制以及公司治理三方面的理论框架。全书总体理论框架如图 3.1 所示，具体包括：

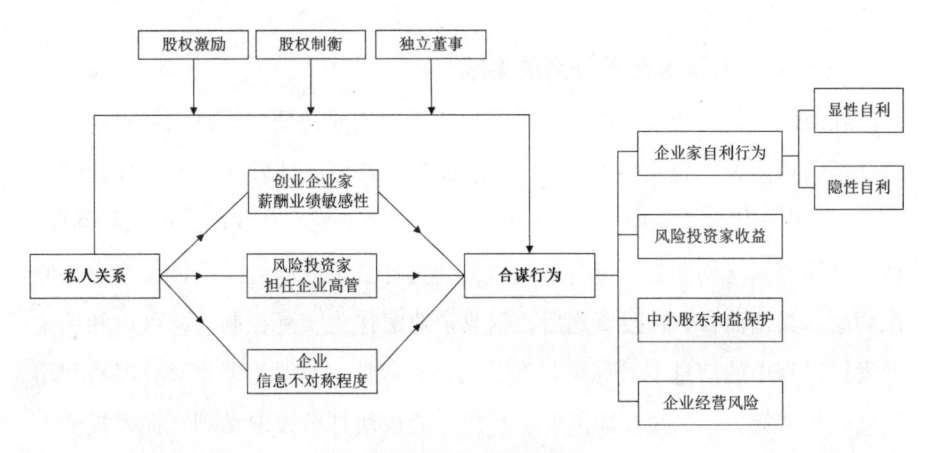

图 3.1　全书总体理论框架

[①] KONG D. Does Corporate Social Responsibility Affect the Participation of Minority Shareholders in Corporate Governance? [J]. Journal of Business Economics and Management, 2013, 14 (1): 168.

第一，研究私人关系对风险投资家与创业企业家合谋行为的影响，探究私人关系与合谋行为之间的主效应。鉴于合谋行为具有隐秘性，相关研究只能通过观察其引起的现象来推断合谋行为的存在，本书利用代理变量来表征风险投资家与创业企业家合谋行为，具体包括企业家自利行为、风险投资家收益、中小股东利益保护以及企业经营风险四个维度。

第二，基于合谋行为主体及合谋行为产生条件，本书从薪酬契约、参与治理以及隐藏信息三个维度探究基于私人关系的风险投资家与创业企业家合谋行为的形成机制，具体包括探究创业企业家薪酬业绩敏感性、风险投资家担任企业高管以及企业信息不对称程度在私人关系与合谋行为之间的中介效应。

第三，围绕公司治理理论中的高管治理、股权结构治理和董事会治理，本书从股权激励、股权制衡以及独立董事三个维度提出基于私人关系的风险投资家与创业企业家合谋行为的公司治理措施，探究股权激励、股权制衡度以及独立董事占比对私人关系与合谋行为关系的调节效应。

一、私人关系对合谋行为的影响

在风险投资市场中，由于被投资企业处于创业初期，具有无形资产比重高、经营风险大、规模小等特征，风险投资通常面临比较严重的委托代理问题。[1] 在委托代理关系中，风险投资家与创业企业家存在双边道德风险问题，即风险投资家与创业企业家有空间和机会为各自争取利益而不惜侵害中小股东利益。具体而言，在投资之后，创业企业家作为实际控制人，可以利用企业发展过程中的信息不对称增加交易的道德风险。[2] 创业企业家更容易利用信息优势和权力，通过在职消费、薪酬、股权质押等谋取私利，损害投资人

---

[1] BURCHARDT J, HOMMEL U, KAMURIWO D S, et al. Venture Capital Contracting in Theory and Practice: Implications for Entrepreneurship Research [J]. Entrepreneurship Theory and Practice, 2016, 40 (1): 25.

[2] BOTTAZZI L, RIN M D, HELLMANN T. What is the Role of Legal Systems in Financial Intermediation? Theory and Evidence [J]. Journal of Financial Intermediation, 2009, 18 (4): 559.

的利益。① 由于没有切实参与创业企业的日常运营，风险投资家在追踪企业家的努力程度和资本配置方面面临着困难，这为创业企业家产生自利行为提供了条件。② 或者，风险投资为了鼓励创业企业创新和发展，给予企业高管更多的控制权和自由，高管会利用"特权"谋取超额的在职消费和职位晋升等福利，并且减少努力程度，导致企业内部控制体系失效。③

与此同时，鉴于风险投资基金面临经营业绩和存续期限的压力，必须在期限内向投资者返还本金及收益。④ 投资项目快速退出获利有助于风险投资家在行业中树立声誉，但是也会导致他们为了短期利益而牺牲企业长远发展。⑤ 风险投资家通过掌握控制权和话语权，可能会采取机会主义行为以提升风险资本的回报。⑥ 然而，在企业实际运营过程中，由于创业企业家的自利行为以及风险投资家追求短期收益行为会给企业经营带来风险，为企业中小股东带来损失，因此双方的自利行为是受到企业公司治理制度的监督和管理的。风险投资家为了保障风险资本投资获利，会通过投资契约条款和投后管理活动，对创业企业家行为进行监督和管控。⑦ 但是，风险投资家与创业企业家有过校友关系、老乡关系、同事关系等私人关系，双方会很容易达成情感信任，形成利益共同体。因为私人关系背后承载的是一定程度上相同的

---

① YANG T, BAO J, ALDRICH H. The Paradox of Resource Provision in Entrepreneurial Teams: Between Self-interest and the Collective Enterprise [J]. Organization Science, 2020, 31 (6): 1336.

② BELLAVITIS C, KAMURIWO D S, HOMMEL U. Mitigation of Moral Hazard and Adverse Selection in Venture Capital Financing: The Influence of the Country'S Institutional Setting [J]. Journal of Small Business Management, 2019, 57 (4): 1328.

③ BRAUN R, JENKINSON T, SCHEMMERL C. Adverse Selection and the Performance of Private Equity Co-Investments [J]. Journal of Financial Economics, 2020, 136 (1): 44.

④ 张剑. 风险投资是认证信息、追逐名声还是获取短期利益：基于倾向值配比的实证分析 [J]. 金融评论, 2013, 5 (3): 84.

⑤ KATTI S, RAITHATHA M. Governance Practices and Agency Cost in Emerging Market: Evidence from India [J]. Managerial and Decision Economics, 2018, 39 (6): 712.

⑥ FU H, YANG J, AN Y. Contracts for Venture Capital Financing with Double-sided Moral Hazard [J]. Small Business Economics, 2019, 53 (1): 129.

⑦ GOMPERS P, GORNALL W, KAPLAN S N, et al. How do Venture Capitalists Make Decisions? [J]. Journal of Financial Economics, 2020, 135 (1): 169.

价值观、爱好、具有交集的社会关系。① 基于人力资本相似的特征,私人关系很容易帮助风险投资家与创业企业家建立情感信任,形成互惠互利的心态。② 此时,风险投资家有可能与创业企业家发生合谋行为,双方给予对方方便,互相帮助对方的同时达到谋取个人利益最大化的目的。

第一,根据社会认同理论,私人关系容易引发创业企业家自利行为的放任。私人关系形成的社交网络往往具有共同的价值观念、兴趣爱好。③ 由于人力资本特征的相似性,这种关系能够促进风险投资家与创业企业家之间形成互惠共赢。④ 双方会利用个人的权职之便帮助自己和对方实现利益增值。在保护风险资本利益的前提下,风险投资家会默许或者无视,甚至帮助创业企业家实施自利行为,放任创业企业家的在职消费、超额薪酬等自利行为。⑤ 但是,这种合谋行为无法体现在正式契约上,双方有没有足够的信任和默契是合谋行为能否成功的关键。

第二,根据社会交换理论,私人关系能够增加风险投资家的收益。风险投资家与创业企业家之间的关系遵循互惠原则,双方的互动关系存在社会交换,信任和互惠在降低交易成本、缓解矛盾冲突、避免机会主义行为等方面尤为重要。我国股票二级交易市场并不完善,散户占比极高,投机氛围较浓,股价难以反映公司价值。⑥ 因此,对风险资本而言,IPO 退出既能取得

---

① ANDERSON S L, ADAMS G, PLAUT V C. The Cultural Grounding of Personal Relationship: The Importance of Attractiveness in Everyday Life [J]. Journal of Personality and Social Psychology, 2008, 95 (2): 152.

② OPPER S, NEE V, HOLM H J. Risk Aversion and Guanxi Activities: a Behavioral Analysis of CEOs in China [J]. Academy of Management Journal, 2017, 60 (4): 1504.

③ ANDERSON S L, ADAMS G, PLAUT V C. The Cultural Grounding of Personal Relationship: The Importance of Attractiveness in Everyday Life [J]. Journal of Personality and Social Psychology, 2008, 95 (2): 193.

④ OPPER S, NEE V, HOLM H J. Risk Aversion and Guanxi Activities: a Behavioral Analysis of CEOs in China [J]. Academy of Management Journal, 2017, 60 (4): 1504.

⑤ 蔡宁,邓小路,程亦沁. 风险投资网络具有"传染"效应吗:基于上市公司超薪酬的研究 [J]. 南开管理评论, 2017, 20 (2): 17.

⑥ 宋慧琳,彭迪云,黄欣. 证券公司的研究报告与股票短期异常收益之间关系的实证研究:来自中国 A 股市场的经验证据 [J]. 管理评论, 2020, 32 (5): 53.

极高的资本得利,也无须花费大量时间提升企业价值。本着"肥水不流外人田"的原则,风险投资家有动机与创业企业家达成合谋行为,通过操纵二级市场股价增加投资回报,进一步提高风险投资家个人收益。再者,为了维护私人关系,本着实现关系网络的良性循环的目的,尽量不做对关系网络产生负面效应的事情。在这样的背景下,存在私人关系的风险投资家与创业企业家更倾向于维持合谋关系,较多关注风险投资的利益回报,对于企业的经营决策、发展战略等,给予较少关注。

第三,根据亲关系不道德行为理论,私人关系会侵害中小股东利益。私人关系更容易让内部人对群体伦理规则产生道德认同,形成维护群体利益的道德直觉,更看重关系维系下的共同体利益。当存在私人关系时,风险投资家与创业企业家更容易在利益和资源有限的情况下维护彼此利益,侵害中小股东的利益。在开展不道德行为时,行为人为了摆脱道德的束缚,会产生道德推脱。[①] 通过心理加工,风险投资家和创业企业家会强化不道德行为的合理性,认为侵害中小股东利益是为了维护关系而产生的行为,忽视行为违背金融伦理的事实。

第四,根据公司治理理论,私人关系容易增加企业经营风险。如果风险投资家与创业企业家因私人关系产生合谋行为,而治理结构有疏漏,就难以从制度上保证公司业绩的稳定发展。[②] 上市公司治理结构不完善,会使风险投资家与创业企业家为了追逐个人利益,乘机操纵利润,无视经营质量,损害股东利益,从而降低企业的经营效率,增加企业的股价波动,降低外部投资者的信任。

综上分析,私人关系对风险投资家与创业企业家的合谋行为的影响主要体现在以下四方面,分别是私人关系会放任创业企业家的自利行为,私人关系会提高风险投资家收益,私人关系会侵害中小股东利益和私人关系会增加企业经营风险。相关的理论框架如图3.2所示。

[①] 赵红丹,周君.企业伪善、道德推脱与亲组织非伦理行为:有调节的中介效应[J].外国经济与管理,2017,39(1):15.
[②] LIAO W M, LU C-C, WANG H. Venture Capital, Corporate Governance, and Financial Stability of IPO Firms [J]. Emerging Markets Review, 2014, 18: 19-33.

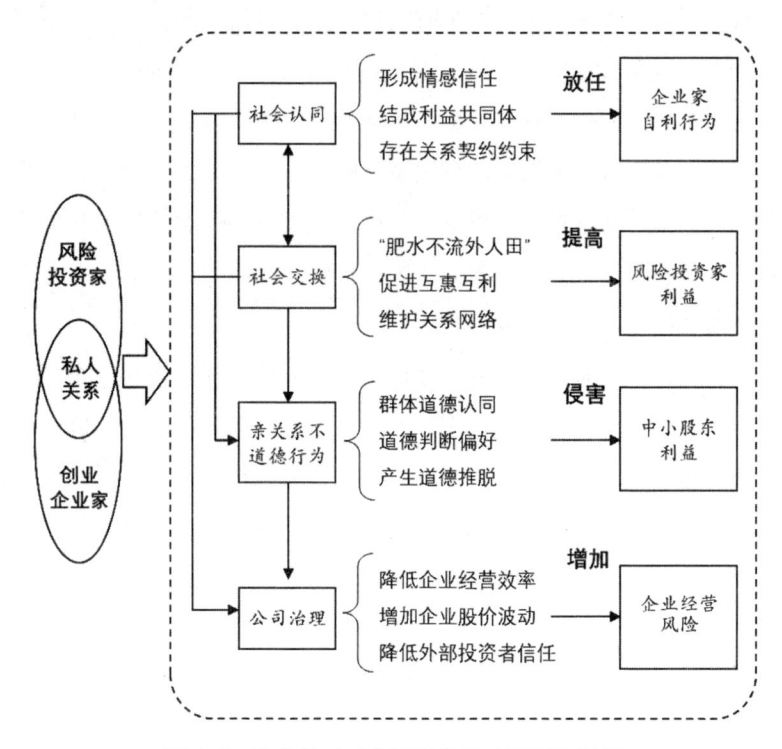

图 3.2　私人关系对合谋行为影响的理论框架

二、基于私人关系的合谋行为的形成机制

基于合谋行为主体及合谋行为的产生条件，本书提出通过薪酬契约、参与治理以及隐藏信息三个维度探究私人关系下合谋行为的形成机制。从这三个维度出发探究，结合合谋行为产生的原因和主体特点进行分析，例如，合谋行为的产生需要风险投资家与创业企业家产生互惠互利行为，那么互惠互利行为往往依赖于创业企业家调整薪酬契约机制、风险投资家参与企业经营、调整公司治理范围，同时中小股东利益往往因信息不对称性高而受到损害。

第一，从薪酬契约维度出发，根据管理层权力理论，本书提出私人关系会降低创业企业家薪酬业绩敏感性，进而促进风险投资家与创业企业家的合谋行为发生。由于存在委托代理关系，创业企业家在经营企业时会为了实现个人私利最大化而牺牲公司整体利益,会利用职权之便为自己谋取利益。为了有效缓解委托代理现象,企业会通过加强内部控制质量,例如,使创业企业家持股,使薪酬和业绩挂钩等措施规范和约束创业企业家自利行为。[①] 然而,当风险投资家与创业企业家存在私人关系时,内部控制质量会下降,甚至出现缺陷。内部控制缺陷的局面会促使创业企业家制定有利于维护自身利益的薪酬体系,力求在付出最少的情况下得到最大利益的回报,同时降低因公司业绩不佳而影响自身薪酬的风险,创业企业家会通过降低薪酬业绩敏感性来维护自身利益,即使公司业绩不理想,自身的利益也不会受到很大影响。薪酬业绩敏感性降低后,会进一步促进风险投资家和创业企业家的合谋行为。创业企业家会更加积极地寻求隐性消费来增加自身利益,例如,通过在职消费、超额薪酬等方式获得额外收入。[②] 而且当创业企业家薪酬业绩敏感性低时,有助于降低风险资本退出业绩波动对自身收益的影响,为提高风险投资家退出收益提供有利条件。创业企业家可能会过度追求短期利益,忽视公司长远发展,满足自身利益的同时损害中小股东的利益。薪酬业绩敏感性降低了创业企业家的工作动力和积极性,容易增加企业风险,导致企业经营不稳定。

第二,从风险投资家参与公司治理角度出发,本书提出私人关系有助于风险投资家担任被投资企业高管,进而提高风险投资家收益。按照上段所述,为了有效控制投资风险,降低委托代理关系产生的负面效应,风险投资家在对创业企业进行考察、提供风险资金后,还会对企业进行监督管理,提供管理咨询、资源对接等增值服务,包括担任企业高管参与公司治理。[③] 通过担任企业高管参与公司治理,风险投资家可以为企业发展提供资源对接和管理咨询等,借助风险投资机构和风险投资家的专业经验,提升被投资企业

---

① 吴育辉,吴世农. 股权集中、大股东掏空与管理层自利行为 [J]. 管理科学学报, 2011, 14 (8): 34.

② LEI Q, LU R, REN L. Non‑CEO Top managers' Monitoring Power and CEO Pay‑performance Sensitivity in State‑owned Enterprises: Evidence from Chinese State‑owned Listed Firms [J]. China Journal of Accounting Research, 2019, 12 (4): 411.

③ Bottazzi L, Da Rin M, Hellmann T. Who are the Active Investors: Evidence from Venture Capital [J]. Journal of Financial Economics, 2008, 89 (3): 488.

的价值，并选择合适机会，通过帮助被投资企业上市后退出等途径获得投资回报。① 但是，风险投资家进入企业参与公司治理，会影响创业企业家的自身财富和战略决策权力，创业企业家的自利行为会受到约束和监督。② 因而，风险投资家担任企业高管参与公司治理在一定程度上会受到创业企业家的抵触。然而，如果风险投资家与创业企业家存在私人关系，创业企业家会欢迎风险投资家担任企业高管。因为私人关系有助于双方增加沟通和信息交流的机会，建立互惠互利的交易关系。③ 与创业企业家存在私人关系的风险投资家担任企业高管可能会对企业产生多方面的影响。风险投资家成为企业高管，可以与创业企业家建立协商机制，解决投后管理中的问题和争端，有效减少企业决策冲突，维护企业家战略决策权益，但也更有机会与创业企业家产生合谋行为。首先，具有私人关系的风险投资家担任高管，创业企业家面临的约束会更少，在一定程度上会增加自利行为。其次，具有私人关系的风险投资家担任企业高管，从中可以获得更多社会声誉以及个人收益，提高风险资本投资收益。再次，具有私人关系的风险投资家担任企业高管，更有可能与创业企业家相互勾结，会损害中小股东利益。最后，具有私人关系的风险投资家担任企业高管，更容易与企业家一起谋取私利，损害企业长期发展、增加企业风险。

---

① CHEMMANUR T J, HU G, WU C, et al. Transforming the Management and Governance of Private Family Firms：The Role of Venture Capital ［J］. Journal of Corporate Finance，2021，66：101828.

② MAULA M, AUTIO E, MURRAY G. Corporate Venture Capitalists and Independent Venture Capitalists：What do They Know, Who do They Know and Should Entrepreneurs Care? ［J］. Venture Capital：An International Journal of Entrepreneurial Finance，2005，7（1）：3.

③ 杜德林，王姣娥. 基于空间视角的风险投资研究进展与展望 ［J］. 地理科学进展，2022，41（3）：477.

第三，从隐藏信息维度出发，根据信息不对称理论，本书提出私人关系可能会使企业提高信息不对称程度，进而损害中小股东利益和增加企业经营风险。企业经营者和股东存在的委托代理关系会提高经营者和股东之间的信息不对称性。一般情况下，中小股东难以直接观察到经营者的工作状态和努力程度，所以希望企业尽可能全面客观地披露企业经营信息以求真实地反映经营者在经营公司过程中的努力程度。然而经营者期望信息披露存在一定边界，在信息披露过程中存在一定的可选择性。经营者会通过信息过滤或者提供不完全信息、虚假信息来保障自己的利益不受损。而风险投资家与创业企业家存在私人关系会提高企业的信息不对称程度。双方基于情感信任和互惠互利的原则会维护双方的利益与战略决策，降低双方对自身利益受到损害的担心，降低信息披露的动机。同时，企业信息不对称会促使风险投资家和创业企业家更依赖关系规范，利用私人关系网络约束双方行为。关系契约存在的情况下，风险投资家和创业企业家可以基于信任，沟通复杂和隐性的知识，提高信息交流的效率，这有利于合谋行为的展开。[①] 信息隐藏和不及时、不客观的信息披露将导致中小股东难以及时了解企业的真实发展情况和经营成果，影响投资决策的效率和效果，甚至带来不同程度的投资损失。与此同时，信息隐藏也会导致企业经营效率降低，交易成本增加，企业的筹资和经营成本增加，外部投资者信任降低，企业经营风险增加。[②] 因此，企业信息不对称程度的增加将促进合谋行为的发生。

综上所述，基于私人关系的合谋行为形成机制的理论框架如图 3.3 所示。

[①] NWAJEI U. How Relational Contract Theory Influence Management Strategies and Project Outcomes: A Systematic Literature Review [J]. Construction Management and Economics, 2021, 39 (5): 432.

[②] 黄顺武, 俞凯. IPO 虚假信息披露的诱因：监督无效还是暴富诱惑 [J]. 财经科学, 2019 (6): 1.

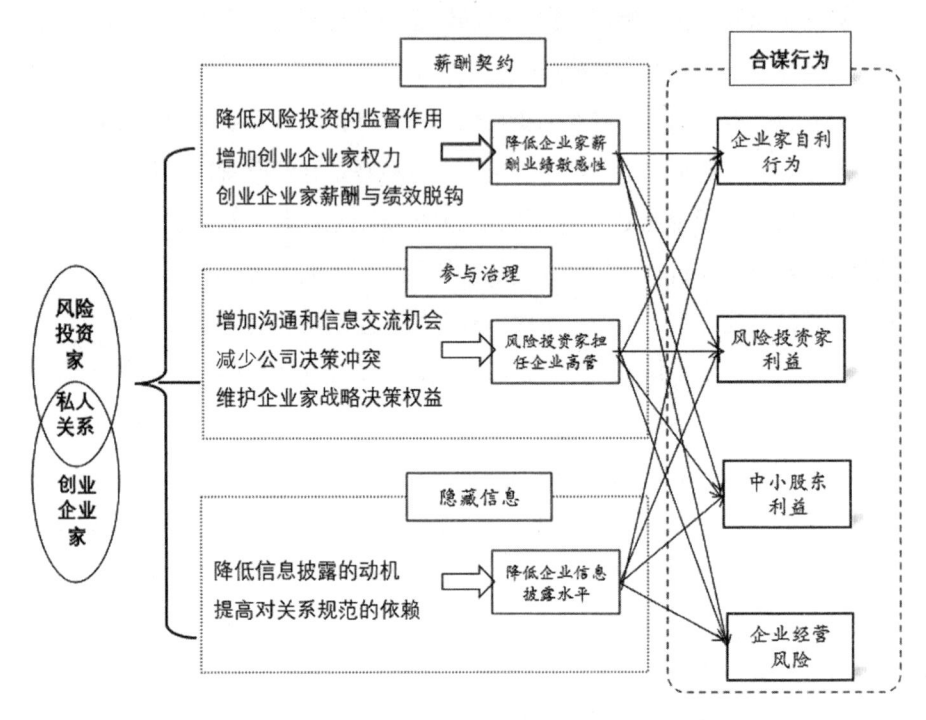

图 3.3　基于私人关系的合谋行为形成机制的理论框架

三、基于私人关系的合谋行为的公司治理

本书通过股权激励、股权制衡以及独立董事三个维度探究私人关系下合谋行为的公司治理。之所以从以上三个维度探讨，是因为股权激励、股权制衡以及独立董事是公司治理范畴的三大主要内容。合谋产生的主要原因是合谋双方具有追求自身利益的动力、合谋成本不高、公司治理环境较差、激励不足、双方具备充分的信任等。而股权激励有助于缓解激励不足的问题，股权制衡及董事会治理会增加合谋成本，打造严格、良好的公司治理环境，降低合谋发生的概率。

第一，作为企业经营者，创业企业家与风险投资家会与企业股东存在委托代理问题，私人关系的存在为创业企业家与风险投资家开展合谋行为提供了情感和信任基础。为了有效防范或者缓解合谋行为的产生，企业需要通过激励手段增加合谋行为成本。股权激励可以将企业经营者的自身利益与企业的长远利益进行捆绑,降低创业企业家的合谋行为动力,使企业经营者不得不从长远利益角度出发经营企业,确保企业的良性发展。[1] 与此同时,企业实行管理层股权激励措施,其他高管也会基于自身利益,加强对企业长远发展的关注,在一定程度上会限制和约束创业企业家与风险投资家的合谋行为。[2] 因为两者的合谋行为会导致企业经营风险增加,这违背了持有股权的其他高管的意愿。

第二,创业企业家往往是企业的大股东,风险投资机构也是企业前十大股东,所以风险投资家与创业企业家很容易产生合谋行为。如果创业企业家是"一股独大",那么合谋行为现象会愈加严重,企业利益面临"大股东掏空"问题。[3] 基于该情况,股权制衡可有效防范或者缓解合谋行为。通过引入相对数量的大股东,让各个股东之间产生制衡作用,削弱"一股独大"的局面。[4] 这有助于企业在制定重大战略决策时征得大股东集体决议,对于创业企业家通过合谋行为实现自利的行为也得到了有效监督和防范。因此,企业股权结构中与创业企业家不在同一个私人关系圈子的大股东持股比例越高,越有可能约束企业家的自利行为,以及与风险投资家的其他合谋行为。

第三,董事会代理股东监督企业经营者的经营行为,保障企业所有人的权益。[5] 所以创业企业家与风险投资家的合谋行为会受到董事会成员的监督与约束。然而董事会成员本身会受到创业企业家的"浸润",有可能与企业家发生勾结,降低监督动力,同企业家侵蚀企业利益。在这种情况下,独立董事的数量占比及独立性在维持董事会的监督和治理作用方面发挥着至关重

---

[1] 陈文哲,石宁,梁琪,等. 股权激励模式选择之谜:基于股东与激励对象之间的博弈分析 [J]. 南开管理评论, 2022, 25 (1): 189.

[2] SUN Y, CHENG C, YANG S. Coaches or Speculators? The Role and Impact of Venture Capital on Executive Compensation in Chinese Listed Companies [J]. Emerging Markets Finance and Trade, 2018, 54 (10): 2225.

[3] 白雅洁,张铁刚. 资本市场开放与大股东掏空抑制:掏空动机及约束的调节效应 [J]. 宏观经济研究, 2021 (10): 36.

[4] 赵национу. 大股东控股、报酬契约与合谋掏空:来自民营上市公司的经验证据 [J]. 外国经济与管理, 2017, 39 (7): 105.

[5] 周建,罗肖依,张双鹏. 独立董事个体有效监督的形成机理:面向董事会监督有效性的理论构建 [J]. 中国工业经济, 2016 (5): 109.

要的作用。① 依照独立董事的职责以及法律的约束,独立董事更容易监督和约束企业家的自利行为,发现侵犯中小股东利益的资产侵占和掏空等行为,从而抑制风险投资家与创业企业家的合谋行为。

基于以上分析,本书认为企业通过设置股权激励、股权制衡以及提高独立董事占比可以缓解私人关系下风险投资家与创业企业家的合谋行为,相应的理论框架如图3.4所示。

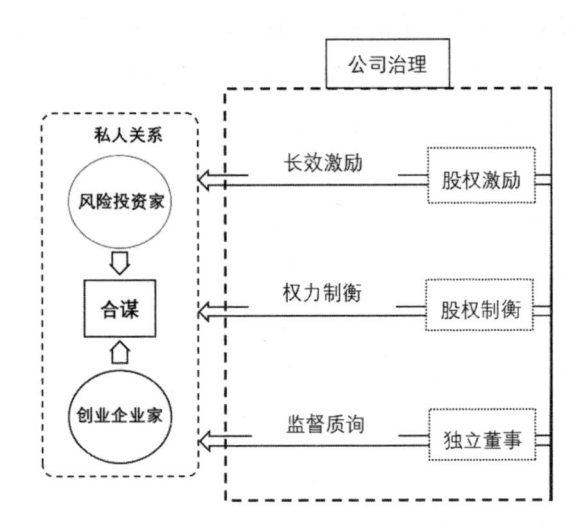

图 3.4 基于私人关系的合谋行为公司治理的理论框架

本章小结

本章首先明确定义了私人关系,特别强调风险投资家与创业企业家之间的私人关系的内涵和特征。随后,详细讨论了风险投资家与创业企业家合谋行为的定义以及如何测量和表征这种行为。这一部分包括合谋行为的多个维度,如企业家自利行为、风险投资家的回报、中小股东的利益保护以及企业

---

① SONG X, SU W H, LIU Y. The Impact of the Supervisory Board Supervision on Firm Performance: Evidence from Chinese Listed Firms [J]. Review of Economics and Finance, 2019, 16: 47.

经营风险等。在接下来的部分，本章构建了一个理论框架，基于多个理论基础，如社会认同理论、社会交换理论和亲关系不道德行为理论，来探讨私人关系对风险投资家与创业企业家合谋行为的影响。本章着重研究私人关系对合谋行为的主要效应，通过代理变量来衡量合谋行为，包括企业家的自利行为、风险投资家的收益、中小股东的利益保护以及企业的经营风险等。此外，本章还深入分析了私人关系如何影响合谋行为的形成机制，考虑了薪酬契约、参与治理和隐藏信息等多个维度。最后，本章提出了一些基于私人关系的公司治理措施，包括股权激励、股权平衡和提高独立董事比例等，以探究它们对私人关系与合谋行为之间的调节效应。总之，本章系统地讨论了私人关系下风险投资家与创业企业家合谋行为的理论框架和相关概念，为后续研究提供了坚实的理论基础。

第四章

私人关系下风险投资家与创业企业家合谋行为的表现

第一节 私人关系对合谋行为影响的研究假设

在理论分析基础上，探究本书研究的问题：当风险投资家与创业企业家存在私人关系时，在风险投资退出获利阶段，风险投资家与创业企业家是否更容易出现合谋行为？在本书中，风险投资家与创业企业家的合谋行为从增加企业家自利行为、提高风险投资家收益、侵害中小股东利益以及增加企业经营风险四个维度来表征。因此，研究假设从私人关系对企业家自利行为的影响，私人关系对风险投资家收益的影响，私人关系对中小股东利益的影响以及私人关系对企业经营风险的影响四方面展开。有关假设提出思路如图4.1所示。

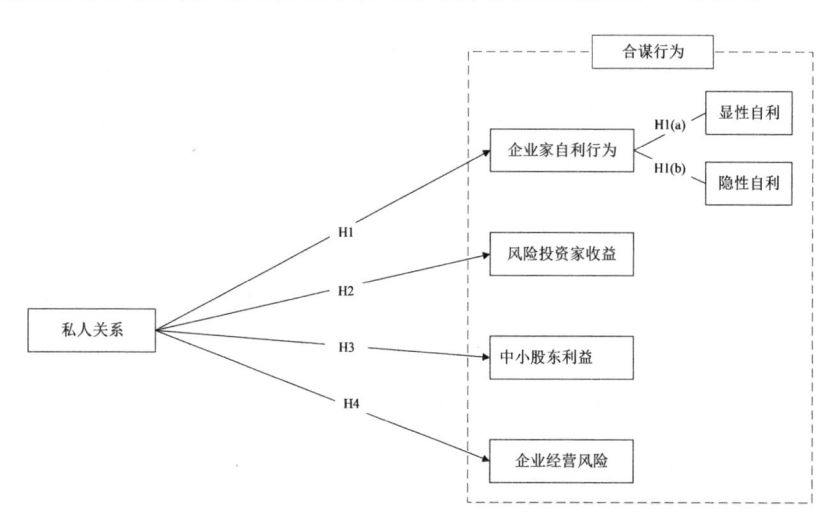

图4.1 私人关系对合谋行为影响的研究假设提出思路

<<< 第四章 私人关系下风险投资家与创业企业家合谋行为的表现

一、私人关系与创业企业家自利行为

根据委托代理理论，创业企业家可能存在侵吞股东利益满足个人利益的自利行为。借鉴代彬等关于腐败的分类方法，本书根据自利行为的行动策略特征，将创业企业家自利行为划分为显性自利和隐性自利两种基本形式。[①] 其中，显性自利是指创业企业家通过超额薪酬等"正大光明"的途径实现权力寻租。具体来讲，是指创业企业家利用对企业经营的掌控和自身权力，通过不合理的薪酬机制而获得超过正常标准的薪酬。[②] 而隐性自利则是指通过在职消费等相对隐蔽的手段为自己谋取私利的利益侵占行为。具体来讲，是指创业企业家通过在使用办公费、差旅费、业务招待费、通信费、出国培训费等各种费用时尽可能为自身谋取利益最大化的行为。[③]

当风险投资家与创业企业家存在私人关系时，双方更容易产生合谋行为，更有利于创业企业家自利行为的发生。在利益的驱动下，亲密的私人关系可能诱发交易伙伴的投机行为，更容易形成以追逐私人利益为目的的共谋。当双方存在私人关系时，一方可能为了换取个人利益，导致自己和所在机构对另一方企业的监督和控制减弱，从而为另一方实施机会主义行为提供了空间。

第一，根据社会认同理论，人力资本特征相似性形成的私人关系能够形成情感信任机制，做决策会基于信任而不自觉地放松或放宽监督与约束机制。[④] 基于私人关系，基于信任，风险投资家容易过于乐观而产生非理性行为，导致双方在签订投资契约时，条款相对宽松，并且在投后管理过程中不会精心设计激励约束机制，降低了对企业家自利行为的监督约束作用。当创

[①] 代彬，彭程. 国际化董事会是高管自利行为的"避风港"还是"防火墙"：来自中国A股上市公司的经验证据 [J]. 中南财经政法大学学报，2019 (4)：25.

[②] MOORE D, LOEWENSTEIN G. Self - interest, Automaticity, and the Psychology of Conflict of Interest [J]. Social Justice Research, 2004, 17 (2)：189.

[③] 王克敏，王华杰，李栋栋，等. 年报文本信息复杂性与管理者自利：来自中国上市公司的证据 [J]. 管理世界，2018, 34 (12)：120.

[④] HOGG M A, VAN KNIPPENBERG D, RAST III D E. The Social Identity Theory of Leadership：Theoretical Origins, Research Findings, and Conceptual Developments [J]. European Review of Social Psychology, 2012, 23 (1)：258.

业企业家偏向于谋利而非提升企业价值，风险投资家基于双方私人关系，不会惩罚企业家，激励和监督机制失效，这种做法逆向激励了企业家的自利行为。

第二，根据社会交换理论，风险投资家与创业企业家存在私人关系，有利于交易双方达成一致意见，提升合作有效性。本着合作的态度，风险投资家与创业企业家会在制定合作协议、拟定约束机制及激励机制的同时考虑双方的权利，打造共赢局面，而非过度着眼于自己的利益，约束对方的行为。[①]这一原则为创业企业家的自利行为提供了一定的空间。在相对宽松的监督环境下，创业企业家在追求隐性的在职消费及显性的超额薪酬时，更具有安全性和便利性。

第三，根据声誉理论，在私人关系形成的社会网络中，如果风险投资家与创业企业家中的一方损害或者阻碍了另一方的利益，被损害方会感到不满，降低对施害方的感情信任，并撤回相应的利好措施。同时，受害方有可能在社会网络中广泛传播对施害方不利的消息和言论，这些行为都会给施害方带来巨大的情感压力与舆论压力，施害方有可能很难在被损害方处或者两方建立的社会网络中继续获取资源。[②] 基于此顾虑，这种私人关系的约束机制可有效降低风险投资家和创业企业家彼此的机会主义行为，使二者更容易达成合谋行为。在不损害风险资本利益的情况下，风险投资家会维护创业企业家，甚至会刻意强化创业企业家的权力来维护二者的私人关系。

基于以上分析，提出研究假设H1。

H1：风险投资家和创业企业家的私人关系会增加创业企业家自利行为，即增加创业企业家的显性自利行为（a）与隐性自利行为（b）。

二、私人关系与风险投资家收益

常见的风险投资机构的运营模式主要包括有限合伙制、公司管理制和信

[①] 蒋岳祥，洪东韡. 风险投资与企业绩效：对新三板挂牌企业对赌协议和股权激励的考察［J］. 浙江学刊，2020（3）：133.

[②] 戴亦一，肖金利，潘越."乡音"能否降低公司代理成本：基于方言视角的研究［J］. 经济研究，2016，51（12）：147.

托基金制。有限合伙制下，风险投资家收益来源主要包括管理费、附带权益。风险投资公司管理制下，风险投资家从风险投资机构获得的报酬形式主要为工资形式，相对而言，激励性较弱。信托基金制下，风险投资家向投资者收取相对固定的管理报酬，而通过基金投资所获得的盈利则归投资者所有。信托基金制对于风险投资家的激励强度介于公司管理制和有限合伙制两者之间，风险投资家与投资者可通过合同约定报酬的分配问题，更好地提高风险投资家的积极性。但是由于风险投资家与投资者委托代理关系的存在，风险投资家还是会产生利用权力之便提高个人收益的想法及行为。如果风险投资家与创业企业家存在私人关系，风险投资家增加个人收益的行为会受到允许甚至庇护。

一方面，如果风险投资家与创业企业家存在私人关系，根据社会认同理论，风险投资家会放松对企业家自利行为的监督，甚至会强化创业企业家的权力来维护二者之间的关系。[①] 从社会交换的视角来看，风险投资家放松对创业企业家自利行为的监管，给予创业企业家更多的信任和理解，有助于创业企业家产生私人之间的积极交换感知，从而诱发合谋行为。从风险投资家的收益构成可以看出风险投资家的收益来源较为单一化、明晰化。与固定工资相比，附带权益对于风险投资家更具有激励效应，如何在风险资本退出时提高收益率是风险投资家非常关注的问题。[②] 而创业企业家有能力利用职权之便，基于互惠互利的观念，本着"肥水不流外人田"的互惠心理，更容易与风险投资家在相同的价值观念和信念的基础上，在风险投资机构退出获利阶段，通过股价操纵行为帮助风险投资家获取最大化的附带权益，增加收益。

另一方面，基于私人关系形成的社会网络属于强联结，风险投资家与创业企业家的私人关系有助于提高资源和信息交换的效率，能够保障关系内部交易双方经济性目标的实现。强联结属于相对封闭和亲密的社会关系，是相

[①] 姜安印，张庆国. 关系型融资下的科技创业企业控制权配置机制研究[J]. 兰州大学学报（社会科学版），2020，48（2）：103.

[②] 孙淑伟，俞春玲. 社会关系网络与风险投资的退出业绩：基于效率与效益视角的双重考察[J]. 外国经济与管理，2018，40（1）：107.

对稳定的"圈子"。强联结中的群体存在较稳定的关系基础,更容易建立起相互信任的合作关系,对未来的期望也更稳定。但是强联结关系的维护成本和破裂后的机会成本较高,一旦双方的信任受到损害,关系破裂后的负面效应较高。① 因此,创业企业家为了持续从关系网络内部获得资源,必须遵循互惠原则,维护好私人"圈子",与"圈内"的风险投资家进行资源或者利益交换,给予风险投资家最大程度的帮助,提高其投资退出的绩效,否则,容易在关系网络中受到排斥甚至惩罚。

基于以上分析,提出研究假设 H2。

H2:风险投资家和创业企业家的私人关系会增加风险投资家收益。

三、私人关系与中小股东利益

风险投资家与中小股东存在委托代理关系,虽然有研究认为风险投资家可以监督企业家行为,在一定程度上保护中小股东利益。但是,风险投资家和中小股东利益并不完全一致,在一定条件下存在合谋行为侵害中小股东利益的动机。一般情况下,风险投资家没有足够的能力对创业企业进行单独掏空,但在一定条件下,会和创业企业家谋求合谋,以获得更大的利益。

风险投资家与创业企业家发生合谋行为的动机主要体现在以下几个方面:一是当风险投资家与创业企业家的合谋行为掏空获得的净收益大于监管行为获得的净收益时,很可能参与合谋掏空;二是风险投资家可以依托自身持有的超额控制权谋取自身利益,具备运用超额控制权获得额外私有利益的动机;三是中小股东对企业经营行为存在较为严重的信息不对称,对风险投资家和创业企业家非正式的合约并不了解。如果企业的股权分散,多数中小股东只持有很小比例的股份,很难实现对企业管理人员的有效监督,在中小股东的监督收益远低于监督成本的情况下,多数人会选择"搭便车"的策略。② 由于中小股东对企业经营的战略方针及具体措施的话语权很弱,因此

---

① 侯广辉,陈伦鑫,廖桂铭."强关系"何时变"强":提升个体创造力的组织内非正式关系网络嵌入策略[J]. 科技管理研究,2022,42(4):133.
② 黎文靖,孔东民,刘莎莎,等. 中小股东仅能"搭便车"么?:来自深交所社会公众股东网络投票的经验证据[J]. 金融研究,2012(3):152.

中小股东的利益往往得不到保护，极易受到风险投资家与创业企业家合谋行为的侵害甚至掏空。①

在风险投资家与创业企业家存在私人关系的情况下，双方的信任沟通会产生互惠互利行为，构建相互默契的关系契约。无论是企业家自利行为，还是风险投资家提高个人收益，都会侵害到中小股东利益。合谋行为侵害中小股东利益，风险投资家和创业企业家会有更小的道德压力和伦理束缚，下面从亲关系不道德行为的理论角度展开进一步解释。

一方面，道德决策开始于一种无意识、迅速且不需认知努力的道德直觉过程。② 私人关系更容易让内部人对群体伦理规则产生道德认同，形成维护群体利益的道德直觉，更看重关系维系下的共同体利益。当存在私人关系时，风险投资家与创业企业家更容易在利益和资源有限的情况下维护彼此利益，侵害中小股东的利益。在开展不道德行为时，行为人为了摆脱道德的束缚，会产生道德推脱。③ 通过心理加工，风险投资家和创业企业家会强化不道德行为的合理性，认为侵害中小股东利益是为维护关系而产生的行为，忽视行为违背金融伦理的事实。

另一方面，中国是文化底蕴深厚的经济转型国家，个体之间的交往过程更加注重交情和关系，关系网络还呈现出"差序格局"的特点，关系亲疏不同，适用的道德准则也会不同。④ 在联系面较窄、关系强度大的私人关系下，行为主体的道德约束感会随着与"波纹核心"距离的增加而变弱，牺牲"外人"利益满足"自己人"需要的亲组织不道德行为更容易发生。⑤ 而中国资本市场上的中小股东普遍缺少监督企业家行为的能力，中国企业公司治理和

---

① 顾乃康，邓剑兰，陈辉. 控制大股东侵占与企业投融资决策研究［J］. 管理科学，2015, 28 (5): 54.
② HAIDT J. The Emotional Dog and Its Rational Tail: A Social Intuitionist Approach to Moral Judgment［J］. Psychological Review, 2001, 108 (4): 814.
③ 赵红丹，周君. 企业伪善、道德推脱与亲组织非伦理行为：有调节的中介效应［J］. 外国经济与管理，2017, 39 (1): 15.
④ 尉建文，陆凝峰，韩杨. 差序格局、圈子现象与社群社会资本［J］. 社会学研究，2021, 36 (4): 182.
⑤ 齐蕾，刘冰，徐璐，等. 时间框架下时间型领导、时间聚焦、工作聚焦和员工不道德亲组织行为［J］. 管理工程学报，2020, 34 (5): 75.

股权结构存在诸多问题,导致公司治理机制也难以保障中小股东的利益。因此,基于私人关系的风险投资家和创业企业家具有更强的动机和能力侵害中小股东利益。

基于以上分析,提出研究假设 H3。

H3:风险投资家和创业企业家的私人关系会侵害中小股东利益。

四、私人关系与企业经营风险

企业经营风险会受到公司治理层面及宏观环境层面多种因素的影响。有效的治理结构可以通过权力分配和权力制衡确保公司的有效运营。协调所有者和经营者的目标趋于一致,降低管理者权力寻租是公司治理的目标之一。但是当上市公司治理结构不完善时,创业企业家与风险投资家会为了追逐个人利益,乘机实施合谋行为,操纵利润,无视经营质量,损害股东利益,增加企业经营风险。

第一,创业企业家为满足私人利益,采取机会主义行为导致其决策效率低下,资源无法有效配置,不利于企业长期发展和二级市场股票的稳定,容易产生企业经营风险,因此,风险投资家对其行为有相应的监督责任。然而,当风险投资家和创业企业家存在私人关系时,基于社会认同理论,私人关系会削弱风险投资家对创业企业家自利行为的监督作用,增加企业道德风险和代理成本,增加企业经营风险。① 现有文献研究企业董事与 CEO 的私人关系的影响,发现私人关系弱化了董事会的监督治理作用,增加了企业经营风险。② 寿志钢等探究了企业边界人员的私人关系与企业机会主义行为,提出私人关系可能放松企业层面的监督和控制,促进交易对象的投机行为。③

第二,风险投资家收益与股价挂钩,在私人关系的保护下,风险投资家与创业企业家容易产生合谋行为,拉升股价,增加企业经营风险。在社会交

---

① 盛明泉,周洁,汪顺. 产权性质、企业战略差异与资本结构动态调整[J]. 财经问题研究,2018(11):98.
② FRACASSI C, TATE G. External Networking and Internal Firm Governance [J]. The Journal of Finance, 2012, 67(1):153.
③ 寿志钢,王进,汪涛. 企业边界人员的私人关系与企业间机会主义行为:双刃剑效应的作用机制及其边界条件[J]. 管理世界,2018,34(4):162.

换作用影响下，在风险投资家的诱导下，创业企业家的冒险意愿会增加，更有可能追逐企业短期利益，通过二级市场股价变动操纵等行为帮助风险投资家获得更高的附加权益。① 但是该行为会增加企业资本市场波动，损害企业长期价值创造，致使企业经营风险增加。

第三，风险投资家和创业企业家的亲关系不道德行为也会破坏资本市场的投资环境，对企业经营发展产生不利影响。亲关系不道德行为虽然对社会网络的维护、关系内部成员的利益有好处，但仅仅是短期的意义。亲关系不道德行为是违背社会主流价值规范的行为，会对其他利益主体产生负面影响，不利于企业社会声誉的建立和健康可持续发展。② 风险投资家与创业企业家合谋过程，一方面会扭曲股票价格和公司价值，增加市场运行和企业经营风险；另一方面会侵害中小股东利益，打击投资者信心，降低投资者的信任度，甚至产生公共信任危机，增加企业经营风险。

基于以上分析，提出研究假设 H4。

H4：风险投资家和创业企业家的私人关系会增加企业经营风险。

第二节　数据来源与研究样本

一、数据来源

基于以上研究内容，本书的实证观测单元为创业企业。由于大多数创业企业的数据在上市前不会在公开渠道披露，同时，创业企业中的合谋行为也具有隐蔽性，难以直接观测。创业板是专为暂时无法在主板市场上市的创业型企业提供融资途径和成长空间的证券交易市场。在创业板市场上市的公司

---

① 李文贵，路军. 网络平台互动与股价崩盘风险："沟通易"还是"操纵易"[J]. 中国工业经济，2022（7）：178.

② LI L. The Moral Economy of Guanxi and the Market of Corruption: Networks, Brokers and Corruption in China's Courts [J]. International Political Science Review, 2018, 39 (5): 634.

成立时间较短，公司规模较小，当前经营业绩也不一定突出，但多数公司具有较高的专业性和成长性，成长空间和投资回报潜力大。所以说中国的创业板是高新技术创业企业融资的重要途径，也为风险投资的获利和退出提供了重要渠道。所以创业板在风险投资研究领域能提供较丰富的数据研究资料。基于数据可获得性，本书以上市前获取风险资本支持的创业板上市企业作为研究对象。

本书聚焦风险投资"退出获利"阶段。创业企业上市后，风险投资机构不会立即退出，而是存在一定的退出时间段（法定锁定期），已有研究表明风险投资机构在上市后的三年时间内对创业企业的影响具有延续性。[①] 为了尽可能充分、全面地反映风险投资退出获利阶段的数据，本书以创业企业上市当年以及上市后三年作为观察窗口，即选取上市时间为2009—2018年的创业板上市公司作为研究对象（中国创业板2009年正式上市），以创业企业上市当年以及上市后三年作为观察窗口构造面板数据，那么该面板数据的整体观察窗口为2009—2021年。

本书选择有风险投资机构参与投资的中国创业板上市公司为实证研究样本，整个实证过程涉及的数据包括私人关系相关数据、合谋行为涉及的相关财务数据、公司治理数据、风险投资事件相关数据、风险投资机构相关数据、创业企业家相关数据、风险投资家相关数据、企业基本特征相关数据。以上数据的获取涉及 CVSource 数据库、国泰安系列研究数据库、上市公司官网披露的年报和其他信息等渠道。

（一）数据库及网站介绍

1. CVSource 数据库

CVSource 数据库是投中信息旗下专业的金融数据产品，该数据库可以为证券分析师、风险投资家和个体投资人等金融人士提供股权交易、企业财务、市场情报和行业调研等各个层面的数据、资讯和分析工具。该数据库具体包含企业研究、研究分析、投融资事件以及参与主体的分析等内容，涉及

[①] 董建卫，党兴华，陈蓉．风险投资机构的网络位置与退出期限：来自中国风险投资业的经验证据［J］．管理评论，2012（9）：49．

的投融资事件板块的数据包括中国股权投资交易、企业财务、市场情报和行业调研等层面信息；基金募集、基金回报及投资业绩等分析数据；有限合伙人信息及投资偏好、历史投资记录等统计数据；活跃机构投资策略及投资趋势研究分析；投资人历史业绩分析等统计分析工具。这些数据涵盖了风险投资的全部事件、融资事件、并购事件、退出事件、新股发行事件。通过CVSource数据库本书可以获得创业板上市公司的风险投资事件信息、风险投资机构信息、风险投资家特征及收益等信息。

2. 国泰安系列研究数据库

国泰安系列研究数据库收录了1999年至今的上市公司的众多维度的系列数据，该数据库包含了股票市场、公司研究、基金市场、债券市场、衍生市场、经济研究、行业研究和专题等多个研究系列，提供了具有精准度、可比性和延续性的金融研究数据，并提供多种专业的数据研究工具。公司研究系列的治理结构部分包含了公司基本情况、治理的综合信息、高管以及董事会的个人资料文件、高管激励、股权结构等信息。与此同时，公司研究系列的财务报表部分包含了企业的财务报表信息。

3. 深圳证券交易所网站

深圳证券交易所网站负责披露创业板上市公司的年报、独立董事信息库、信息披露水平、董监高等相关人员信息及其他市场服务数据、监管信息、建议信息及信息披露数据。

（二）数据来源介绍

1. 私人关系数据来源

本书提到的风险投资家与创业企业家的私人关系是指校友关系、老乡关系、同事关系、政治关系（是否在同一地区的政府部门工作过）以及协会关系。风险投资家是指风险投资机构的相关负责人，而每次投资事件都由一个或多个风险投资家主导。风险投资家的相关数据，例如，工作经历、教育背景、籍贯省份等信息可以在投中集团CVSource数据库投资事件信息中获取。

创业企业家是指被投资企业创始人。对于创业企业家的认定，首先本书通过查看国泰安系列研究数据库以及创业企业家所在企业官方网站披露的高管简历，判断其是否为企业创始人；如果高管简历没有明确披露创始人名字,本书将"董事长"认定为企业创始人。因为多数在中小板和创业板上市的是民营企业,其企业创始人一般会出任董事长并持有公司股份。我们对中国创业板上市公司董事长及总经理的职位信息进行了观察,发现企业上市后董事长的任职非常稳定,几乎没有变动,而总经理人选变化频率相对较高。创业企业家的毕业院校、工作经历、籍贯省份、参加专业协会或组织等信息来自国泰安系列研究数据库、公司年报、公司网站和通过网络搜索进行收集。

将风险投资家与创业企业家的毕业院校、工作经历、籍贯省份、参加专业协会或组织等信息进行对照,如果风险投资家与创业企业家的毕业院校属于同一院校,则认定二者具有校友关系。类似地,通过籍贯对照认定老乡关系,通过工作经历对照认定同事关系,通过工作经历、参加专业协会或组织等信息认定政治关系及协会关系。

2. 合谋行为数据来源

本书提到的合谋行为用创业企业家的自利行为,风险投资家投资收益增加,中小股东利益受到损害,企业经营风险增加四个维度表征。企业家自利行为通过在职消费和超额薪酬表征,通过查阅上市公司年报附注中的"支付其他与经营活动有关的现金流量"项目以及深圳证券交易所网站、国泰安系列研究数据库、公司年报、公司网站和网络搜索进行收集。风险投资家投资收益相关数据通过 CVSource 数据库、公司年报、公司网站和通过网络搜索进行收集。中小股东利益保护通过中小股东是否有网络投票来表征,企业经营风险通过相关财务数据表征,二者的数据来源是企业上市公司年报,可从深圳证券交易所网站、公司网站收集,也可通过网络搜索进行收集。

3. 公司治理数据来源

公司治理数据可以从国泰安系列研究数据库获得。本书需要的数据来自公司研究系列的治理结构部分,其中包含了公司基本情况、董事会等相关治理的综合信息、高管以及董事会的个人资料文件、高管激励、股权结构等信息。

4. 其他数据来源

风险投资事件、风险投资机构、风险投资家特征等相关数据通过 CVSource

数据库、公司年报、公司网站和网络搜索收集获得。创业板上市公司的基本面数据、创业企业家数据通过国泰安系列研究数据库、公司年报、公司网站和网络搜索进行收集。

二、样本选择

本书实证样本数据包含面板数据和截面数据。在验证私人关系对企业家自利行为、中小股东利益保护以及企业经营风险的影响时，观测单元是具有风险投资机构投资的创业板上市企业，观察窗口是2009—2021年。本书在国泰安系列研究数据库等中查询到2009—2018年上市的创业板企业共有741家，其中上市前有风险资本支持的企业有462家。本书以样本企业上市当年以及上市后三年作为观测窗口来构造面板数据，并剔除金融企业、ST和*ST企业以及数据缺失样本后共获得1600条观测数据。在验证私人关系对风险投资家投资收益影响的实证研究中，观测单元是风险投资事件。一家企业有可能在同一观测年接受多家风险投资机构的投资。因此，该部分实证采用截面数据。为保证回归结果的统一性及匹配性，截面数据以2009—2018年，进入面板数据观测单元的企业的风险投资事件作为观测单元，采用线性回归模型进行实证，并剔除金融企业、ST和*ST企业以及数据缺失样本后共获得715个观测单元。

（一）面板数据构建及匹配步骤

本书中，在验证私人关系对企业家自利行为、中小股东利益以及企业经营风险的影响时，观测单元是具有风险投资机构投资的创业板上市企业，以样本企业上市当年以及上市后三年作为观测窗口来构造面板数据进行实证分析。面板数据构建以及匹配的步骤如下：

（1）筛选出上市前已获得风险资本支持的创业板上市公司

①在国泰安系列研究数据库、深圳证券交易所网站以及公司网站中提取2009—2018年上市的创业板上市公司信息，共有741家企业。

②在企业的《招股说明书》中查询前十大股东，通过网络检索，判断前十大股东的主营业务是否为对未上市公司进行股权投资，如果有此类股东，说明该创业板公司在上市前获得风险资本支持。如果无此类股东，说明该创

业板公司在上市前未获得风险资本支持。如果无法对前十大股东的主营业务进行界定或通过网络无法查询主营业务的机构，则进一步参考 CVSource 数据库投资数据以及《中国创业风险投资发展报告》系列丛书，直至确认为止。由于我国资本市场中，私募股权和风险投资来源以及其用于经营的业务范围没有严格的区分，本书参考国内外文献，也不严格区分私募股权和风险资本。经统计，符合要求的企业有 483 家。

③在上述第二步样本中删除由企业创始人和高管团队成立的投资公司以及主要从事房地产投资、信托投资、证券投资业务的投资机构作为前十大股东的创业板企业。经统计，有 462 家企业在上市前已获得风险资本的支持。如果企业受到风险投资机构支持的数量大于 1 家，则以持有股份最多的风险投资机构的相关数据作为后续研究的数据。

（2）剔除金融企业、ST 和 *ST 企业

因为金融行业公司的财务制度、会计特征与其他行业存在较大差异，ST 和 *ST 企业由于已经处于非正常的经营状态，财务状况很可能出现异常现象，相关数据会干扰实证结果，应剔除。

（3）构造面板数据

以样本企业上市当年以及上市后三年作为观测窗口来构造面板数据，共获得 1600 条观测数据。

（4）梳理观测企业风险投资家与创业企业家的私人关系

①在 CVSource 数据库中查到样本涉及的风险投资机构的相关负责人作为风险投资家，并查询风险投资家的人力特征信息，包括了毕业院校、工作经历、籍贯省份、参加专业协会或组织等信息。

②在国泰安系列研究数据库以及企业官方网站披露的高管简历中查询样本企业的创业企业家。创业企业家是指被投资企业创始人。如果高管简历没有明确披露创始人名字，本书将"董事长"认定为企业创始人。随后，在国泰安系列研究数据库、公司年报、公司网站或通过网络搜索收集创业企业家的毕业院校、工作经历、籍贯省份、参加专业协会或组织等信息。

③将观测企业的风险投资家与创业企业家的毕业院校、工作经历、籍贯省份、参加专业协会或政府部门的相关信息进行匹配，将私人关系定义为存在校友、老乡、同事、政治关系及协会关系。用计数型变量进行表征。如果

不存在私人关系则标记为 0，存在一种私人关系标记为 1，依此类推。

（5）添加合谋行为相关数据

根据本书定义，合谋行为数据通过国泰安系列研究数据库、公司年报、公司网站和网络搜索进行收集。

（6）添加风险投资机构特征与公司治理等相关数据

风险投资机构特征与公司治理等相关数据通过 CVSource 数据库、国泰安系列研究数据库、公司年报、公司网站和网络搜索进行收集。

（7）填充缺失值，删除异常值

通过手工查询以及插值法填充的方式进行缺失值补充，对核实过的异常值进行删除。

（二）截面数据构建及匹配步骤

本书中，在验证私人关系对风险投资家投资收益影响的实证研究中，观测单元是风险投资事件，采用截面数据来进行实证分析。截面数据的构建及匹配步骤如下：

（1）下载风险投资事件数据

在 CVSource 数据库下载 2009—2018 年上市的创业板公司发生的风险投资事件相关数据。为保证回归结果的统一性及匹配性，截面数据以 2009—2018 年进入面板数据观测单元的企业的风险投资事件作为观测单元。

（2）剔除金融企业、ST 和 *ST 企业

因为金融行业公司的财务制度、会计特征与其他行业存在较大差异，ST 和 *ST 企业由于已经处于非正常的经营状态，财务状况很可能出现异常现象，相关数据会干扰实证结果，应剔除。

（3）以风险投资事件为观测单元，补充风险投资家与创业企业家的私人关系相关数据

具体操作参照观测单元是企业的面板数据构建步骤中的"4. 梳理观测企业风险投资家与创业企业家的私人关系"相关板块。

（4）添加风险投资家收益相关数据

风险投资家收益数据通过 CVSource 数据库、公司年报、公司网站和网络搜索进行收集。

(5) 添加风险投资机构特征与公司治理等相关数据

风险投资机构特征与公司治理等相关数据通过 CVSource 数据库、国泰安系列研究数据库、公司年报、公司网站和网络搜索进行收集。

(6) 填充缺失值，删除异常值

通过手工查询以及插值法填充的方式进行缺失值补充，对核实过的异常值进行删除。

(三) 样本数据匹配流程

综合面板数据和截面数据的构建及匹配步骤，在本书实证研究中，样本数据匹配流程如图 4.2 所示。

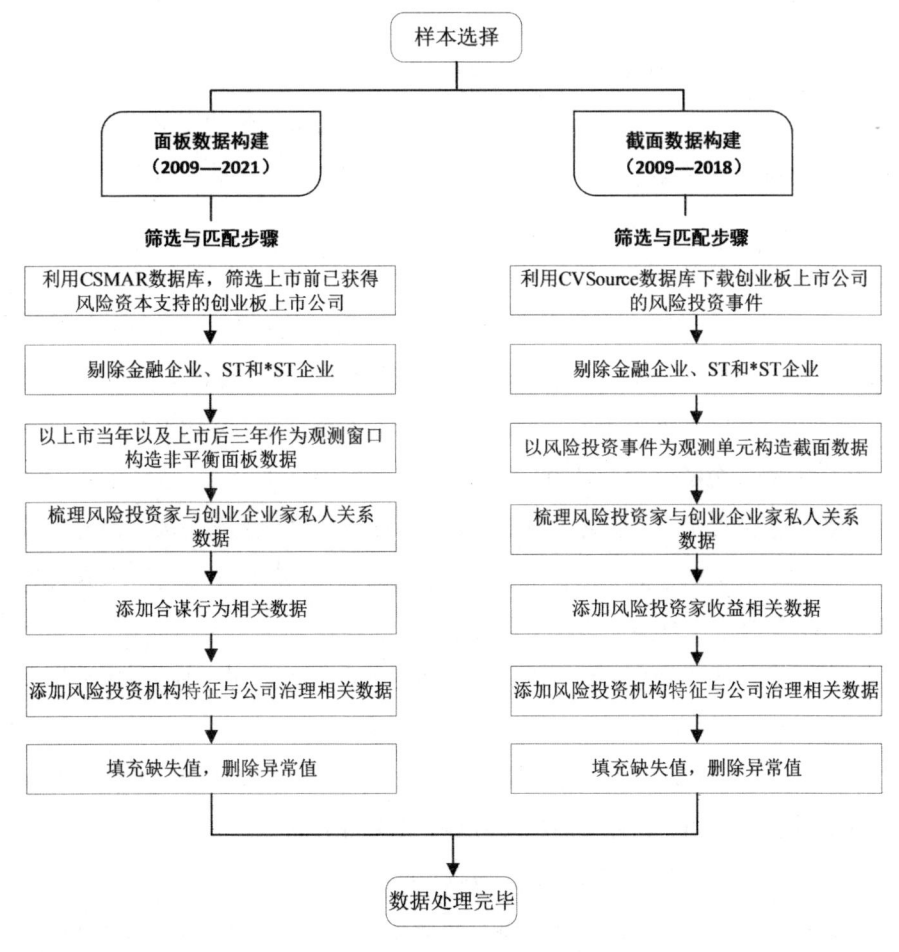

图 4.2 样本数据匹配流程图

三、样本数据特征描述

（一）企业基本信息层面特征

1. 企业所在行业

对观测样本中上市前有风险投资机构参与投资的中国创业板上市公司的行业进行分析，可见企业主要分布在制造业，占比 70.50%，其次分布在信息传输、软件和信息技术服务业，占比 18.75%，如图 4.3 所示。这样的行业分布也与该两种行业高风险、高资金投入的特点相辅相成。

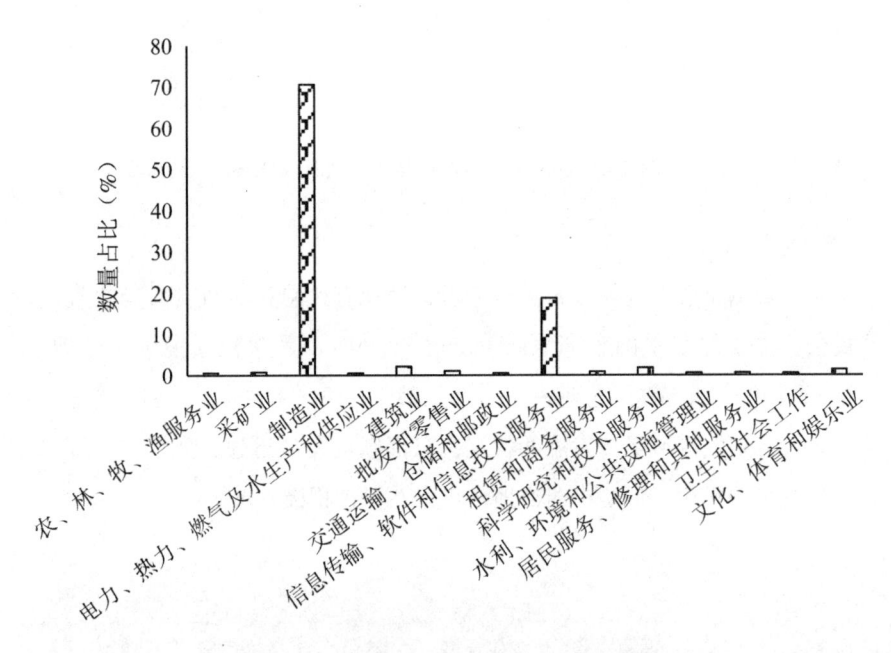

图 4.3 被观测创业板上市公司行业分布图

2. 企业实际控制人性质

对被观测企业的实际控制人的性质进行分析，如图 4.4 所示，可以看出实际控制人主要为个人，即创业企业家，占比为 89.44%；其次为外资企业，占比为 5.38%；然后为政府，占比为 2.13%；而民营企业占比仅为 0.5%。从中可以看出有风险投资机构参与投资的创业板企业中，由创业企业家打拼成立的企业占了较大比例。

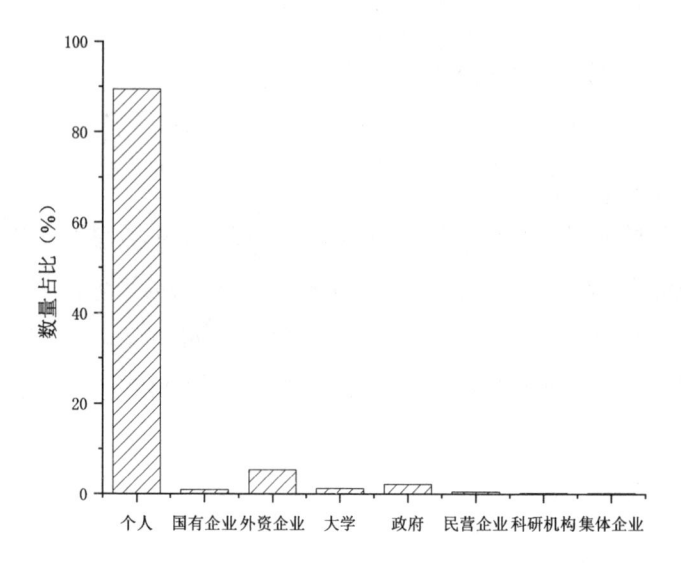

图 4.4　被观测企业实际控制人性质分布图

3. 地域分布

对被观测企业的地域分布进行分析，发现有风险投资机构参与投资的创业板企业主要位于中国东部地区，占比 79.00%，其次位于中国中部地区，占比 13.75%，西部地区企业占比仅为 7.25%，如图 4.5 所示。创业企业的地域分布符合中国区域经济发展的特点，东部经济发展迅速，强于中西部的发展，具有引领作用，但是中西部地区也仍然保持积极发展。

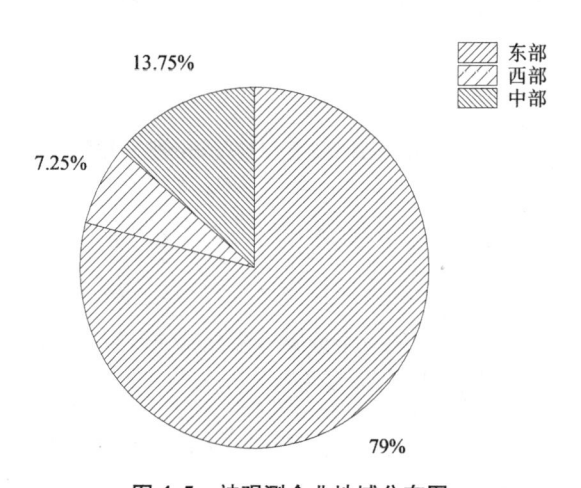

图 4.5　被观测企业地域分布图

(二) 私人关系层面特征

1. 私人关系类型

对观测样本中私人关系类型进行统计分析，如图4.6所示，可以看出私人关系包含了老乡关系、校友关系、同事关系、政府关系以及协会关系。其中老乡关系占比最高，为55.13%，其次为校友关系，占比为29.28%，同事关系占比为9.89%，政府关系占比为4.56%，协会关系占比最低，为1.14%。说明风险投资家与创业企业家私人关系中老乡关系和校友关系占比较大。

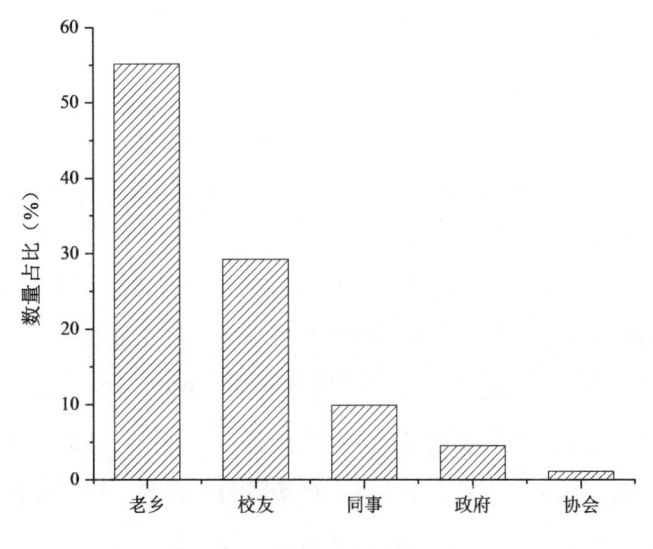

图4.6 私人关系类型分布图

2. 累计私人关系数量占比

有的企业存在同时与多家风险投资机构合作的情况，因此风险投资家与创业企业家有可能存在多种私人关系。对累计私人关系数量进行分析，如图4.7所示，发现风险投资家与创业企业家之间不存在私人关系的企业数量占比为57.19%，具有1种私人关系的企业数量占比为19.31%，具有2种私人关系的企业数量占比为7.63%，具有3种私人关系的企业数量占比为15.74%，具有4种私人关系的企业数量占比为0.13%。由此看出，不存在私人关系的企业数量占比最高，其次是具有1种私人关系的企业。

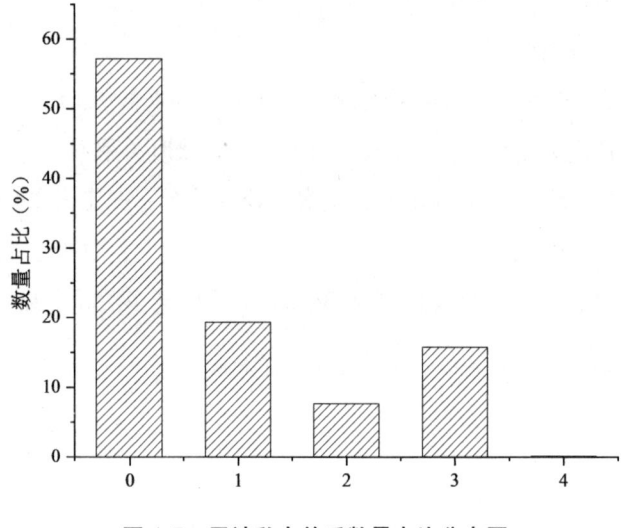

图 4.7 累计私人关系数量占比分布图

(三) 风险投资机构特征

1. 机构性质

对观测样本中风险投资机构的性质进行分析,属于国有性质的风险投资机构数量占比为64.50%,非国有性质占比为35.50%,如图4.8所示。由此可以看出创业企业风险投资项目具有高风险特点,为了扶持高新技术产业和新创企业发展,政府出资成立国有性质的风险投资机构,用于支持高新技术产业的发展,而非国有性质的风险投资机构考虑到风险承受能力,参与项目投资的比例较小。

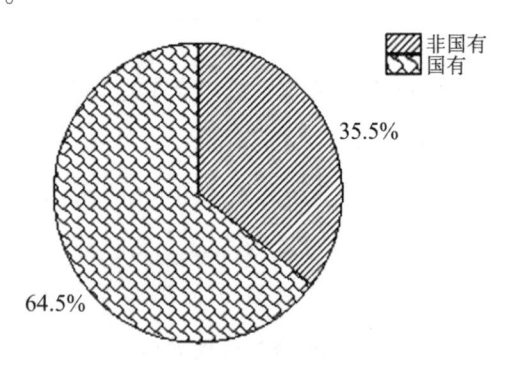

图 4.8 风险投资机构性质分布图

2. 成立年限

对观测样本中风险投资机构的成立年限进行分析,结果如图4.9所示。数据显示,截至2021年,风险投资机构的成立年限区间为[1,27],其中,成立年限为7年的企业数量占比最高,为15.69%;其次为5年的,占比为11.50%;成立年限在4—9年的企业数量占比67.58%。

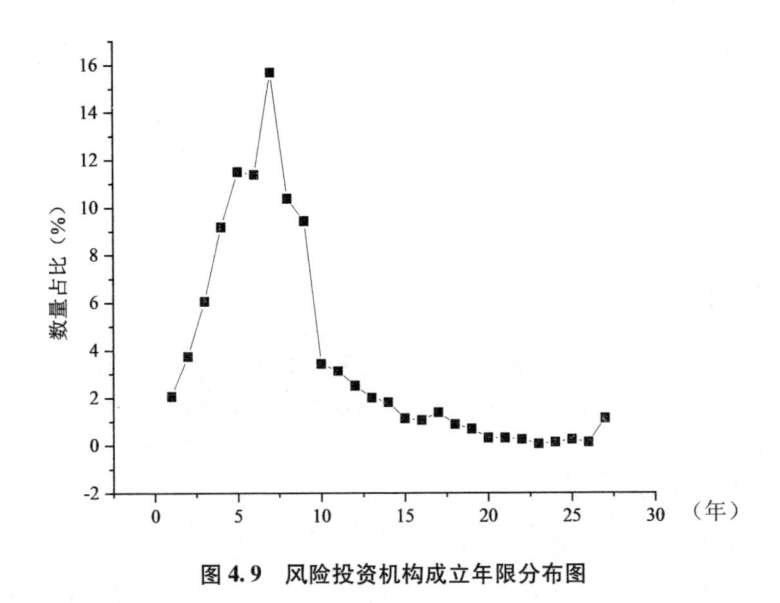

图 4.9 风险投资机构成立年限分布图

3. 投资经验

本书用风险投资机构成立年至观测年之间风险投资机构投资的项目数量表征投资项目经验,对观测样本中风险投资机构的项目投资经验进行分析,统计结果如图4.10所示。数据显示,风险投资机构的项目投资经验主要分布在20个投资项目范围内,占比78.87%,其中小于等于10个投资项目的风险投资机构占比为62.16%,11到19个投资项目的风险投资机构数量占比为16.71%,其他区间的风险投资机构数量占比均小于6.00%。

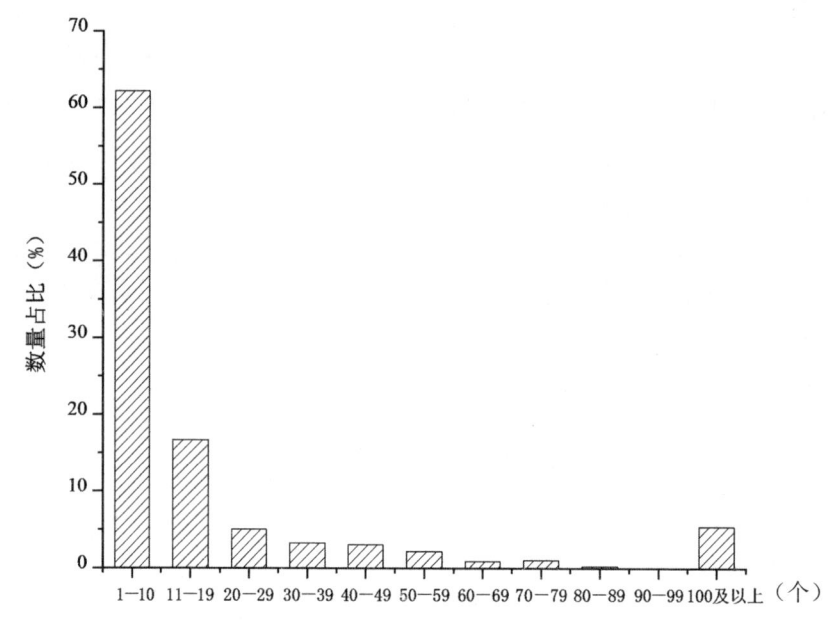

图 4.10 风险投资机构项目投资经验分布图

(四) 创业企业家特征

1. 年龄

对观测样本中创业企业家年龄占比情况进行分析，结果如图 4.11 所示。数据显示，以 50 岁作为分水岭，创业企业家年龄分布呈现正态分布情况。

进一步对创业企业家年龄分布情况进行分析，发现处于 41 至 50 岁之间的创业企业家数量最多，占总样本量的 47.07%；其次是处于 51 至 60 岁之间的创业企业家，占总样本量的 39.13%；61 至 70 岁之间的创业企业家占比为 8.12%；40 岁以下的创业企业家占总样本量的 5.08%；70 岁以上的创业企业家占比为 0.6%，如图 4.12 所示。可见在创业板上市企业中，40 至 60 岁的创业企业家占比较高，他们比起青年人具备更多的人生阅历和工作经验，比起老年人具备更好的思维能力和健康体魄，在经历创业初期的磨炼后，更能够担起创业板上市企业经营管理的重任。

图 4.11　创业企业家年龄占比图

图 4.12　创业企业家年龄分布图

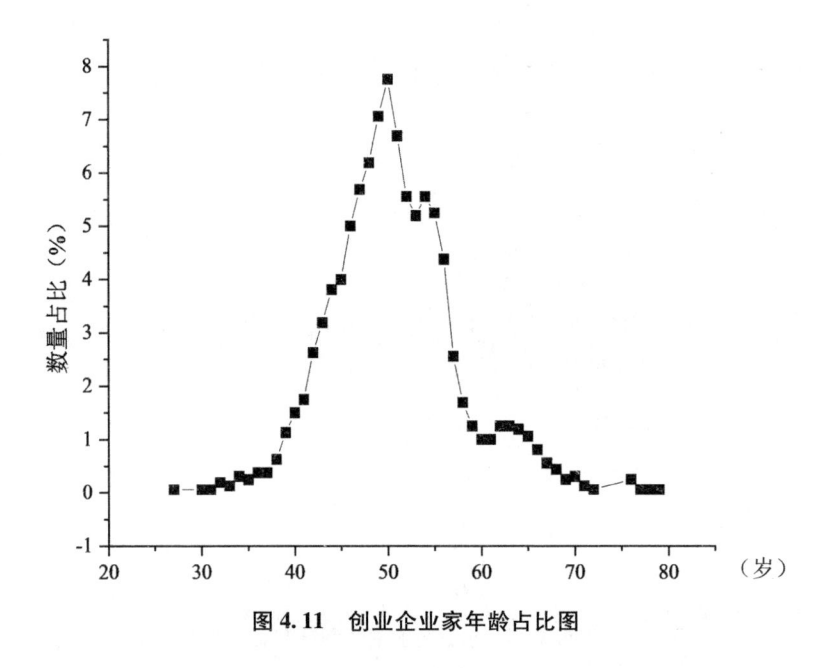

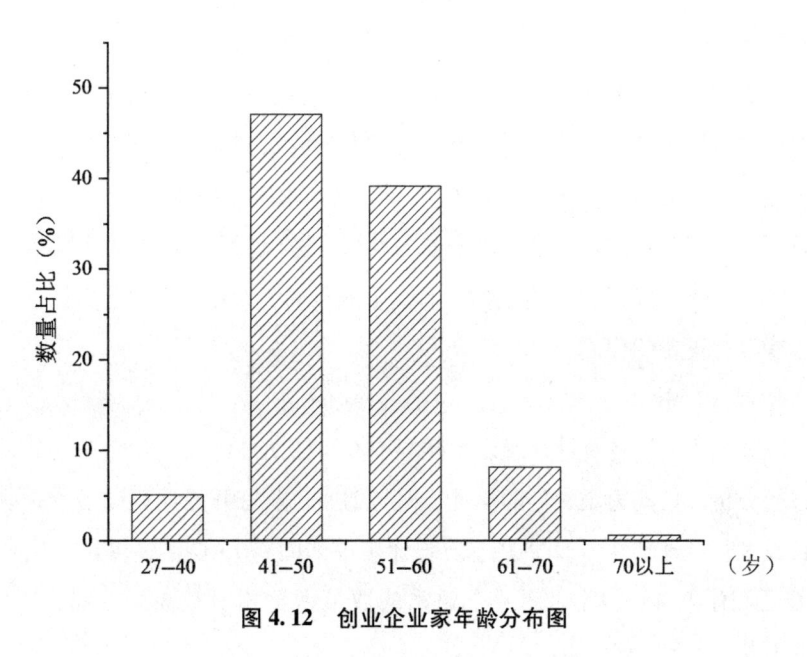

2. 性别

对观测样本中创业企业家性别分布情况进行分析，发现男性创业企业家

115

占总样本量的93.81%,女性创业企业家仅占总样本量的6.19%,如图4.13所示。可见在创业板上市企业中,男性企业创始人的比例更高。

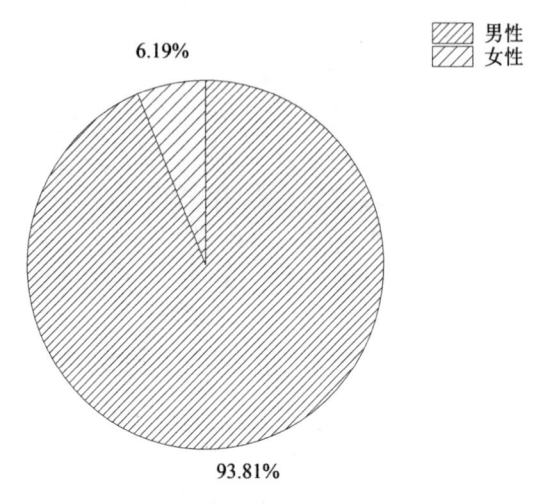

图4.13 创业企业家性别分布图

3. 学历

对观测样本中创业企业家学历分布情况进行分析,结果如图4.14所示。拥有中专及以下学历的创业企业家占总样本量的4.13%;拥有本科学历的创业企业家占总样本量的30%;拥有硕士研究生学历的创业企业家数量最多,占总样本量的34.87%;拥有博士研究生学历的创业企业家占总样本量的10.06%。可见创业企业家的受教育程度普遍较高,专业知识和能力在创业过程中能发挥重要的作用。

4. 从业经验

以任期月份进行统计,对观测样本中不同任期月份的创业企业家数量占比进行分析。任期为观察年的年月日期与创业企业家开始任职该创业企业董事长或者总经理的年月日期之差。统计结果如图4.15所示,可以看出任期36个月和任期48个月的创业企业家的数量占比相对较高,分别为4%以及4.13%。

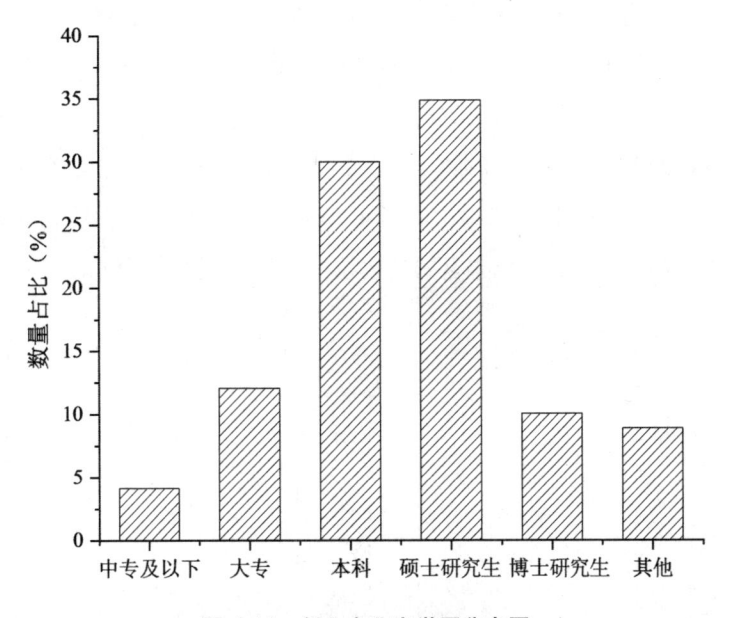

<<< 第四章 私人关系下风险投资家与创业企业家合谋行为的表现

图 4.14 创业企业家学历分布图

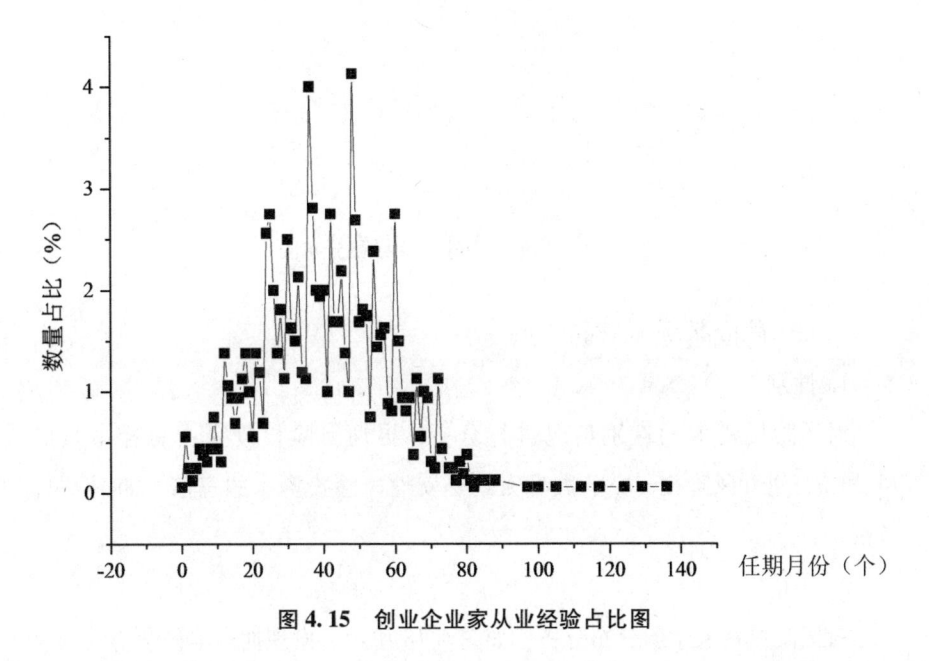

图 4.15 创业企业家从业经验占比图

117

进一步对创业企业家的从业经验进行分析,发现任期在37—60个月的创业企业家数量最多,占总样本量的44.72%;其次是任期在13—36个月的创业企业家,占总样本量的36.57%;然后是任期在61—84个月的创业企业家,占总样本量的12.29%;而任期小于12个月和84个月以上的创业企业家分别占总样本量的5.70%和0.72%,如图4.16所示。可见在创业板上市的企业中,创业企业家多数有比较丰富的从业经验,对行业熟悉度较高。

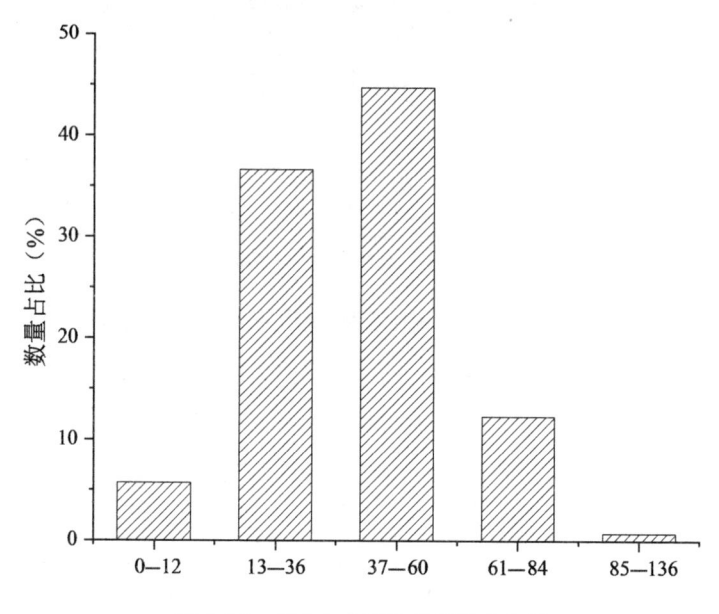

图4.16 创业企业家从业经验分布图

(五) 风险投资家特征

1. 性别

对风险投资家的性别情况进行分析,男性风险投资家占总样本量的74.25%,男性风险投资家的数量大约是女性风险投资家的三倍,如图4.17所示。

2. 学历

对风险投资家学历分布分析,如图4.18所示。发现拥有本科学历的风险投资家最多,占总样本量的51.81%;拥有硕士研究生学历的风险投资家占总样本量的35.75%;拥有博士研究生学历的风险投资家占总样本量的

11.06%。说明风险投资家的受教育程度普遍较高，绝大部分的风险投资家都接受过本科及以上教育。

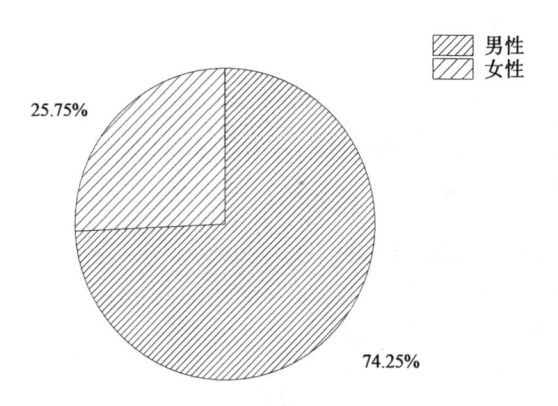

图 4.17　风险投资家性别分布图

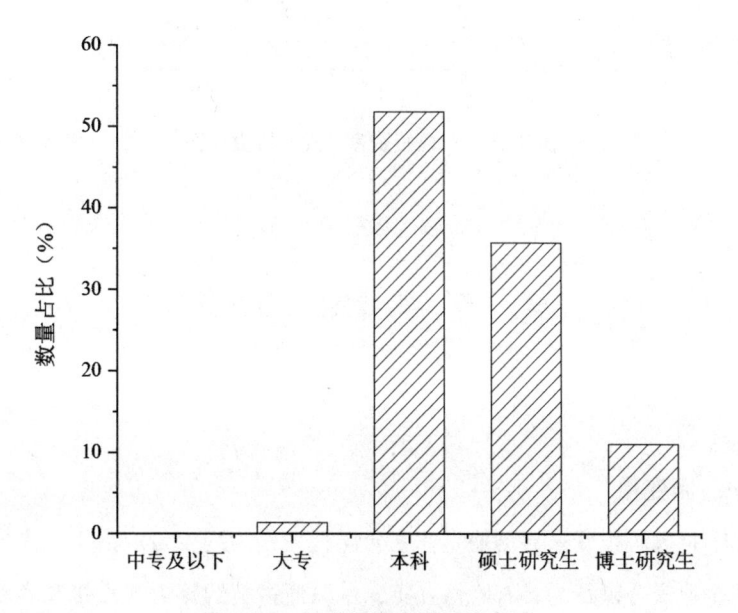

图 4.18　风险投资家学历分布图

3. 从业经验

对观测样本中风险投资家的从业经验进行分析，可以看出大多数的风险投资家从业经验小于 15 年，占总样本量的 77.19%；从业经验处于 15—24 年、25 年及以上的风险投资家分别占总样本量的 20.31% 和 2.50%。而在从业经验小于 15 年的群体中，从业经验为 4—11 年的风险投资家数量最多，占总人数比例的 65.45%，如图 4.19 所示。由此可以看出风险投资家从业相对稳定，换行业的现象较少。

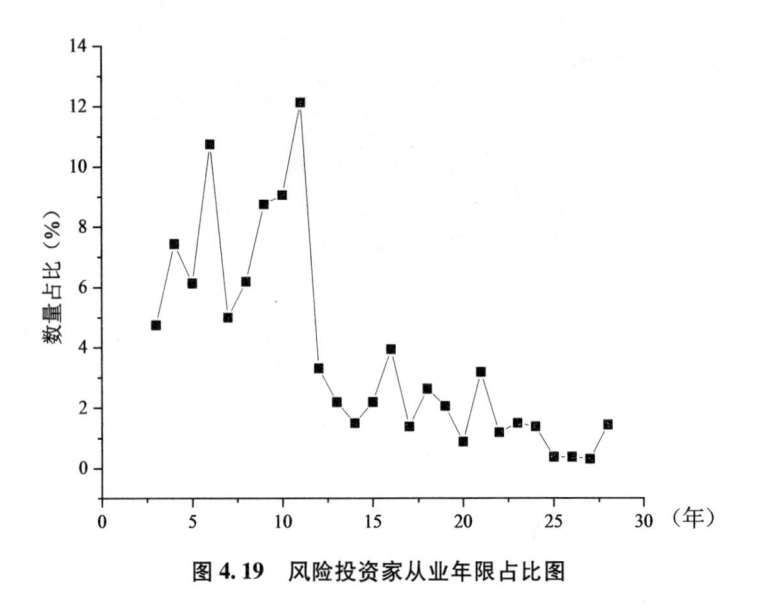

图 4.19 风险投资家从业年限占比图

第三节 变量定义与测量

一、因变量

本书将风险投资家与创业企业家合谋行为作为因变量。由于风险投资家与创业企业家合谋行为具有隐性互惠，难以通过契约等方式直接观察和测量的特点，因此结合风险投资家与创业企业家合谋行为的定义以及现有的表征手段，本书将风险投资家与创业企业家合谋行为从三大主体、四个维度进行表征。三大主体包括创业企业家、风险投资家与企业中小股东。四个维度分别是企业家产生自利行为、风险投资家收益增加、中小股东利益受到侵害以及企业经营风险增加。四个维度具体的表征与测量如下：

(1) 企业家自利行为

企业家自利行为分为显性自利行为和隐性自利行为。显性自利行为用超额薪酬（Overpay）衡量，隐性自利行为用在职消费（Cpc）衡量。[1] 对于在职消费的测量，本书采用陈冬华等提出的方法：查阅上市公司年报附注中的"支付其他与经营活动有关的现金流量"项目，将办公费、差旅费、业务招待费、通信费、出国培训费、董事会费、小车费和会议费这八个明细项目金额加总起来。[2]

超额薪酬是指企业家实际薪酬减去市场预期薪酬。企业家薪酬主要包括货币薪酬和股权激励。由于公司财报中未披露企业股票用途，难以分辨用于股权激励的股票，本书借鉴罗宏等的做法，以创业企业家现金薪酬取对数表征企业家薪酬。[3] 本书借鉴赵国宇的企业家薪酬模型（4-1）测算变量超额薪酬。[4]

$$Entreppay_{it} = \alpha_0 + \alpha_1 Size_{it} + \alpha_2 ROA_{it} + \alpha_3 IA_{it} + \alpha_4 Soe_{it} + \alpha_5 Age_{it} + \alpha_6 Dual_{it} + \sum Industry + \sum Year + \varepsilon_{it} \quad (4-1)$$

其中，$Size_{it}$ 为企业 i 在 t 年的企业规模，用总资产取自然对数衡量；ROA_{it} 为企业 i 在 t 年的资产回报率；IA_{it} 为公司 i 在 t 年的无形资产比率；Soe_{it} 是公司性质，如果是国有控股公司，取1，否则取0。同时，本书控制了创业企业家的特征，Age_{it} 表示企业 i 在 t 年的企业家年龄；$Dual_{it}$ 表示总经理与董事长是否两职合一，如果是，则取1，反之取0。本书同时对行业及年份进行了控制。ε_{it} 为误差项。

---

[1] 代彬，彭程. 国际化董事会是高管自利行为的"避风港"还是"防火墙"：来自中国A股上市公司的经验证据 [J]. 中南财经政法大学学报，2019（4）：25.

[2] 陈冬华，陈信元，万华林. 国有企业中的薪酬管制与在职消费 [J]. 经济研究，2005（2）：92.

[3] 罗宏，黄敏，周大伟，等. 政府补助、超额薪酬与薪酬辩护 [J]. 会计研究，2014（1）：42.

[4] 赵国宇. 大股东控股、报酬契约与合谋掏空：来自民营上市公司的经验证据 [J]. 外国经济与管理，2017，39（7）：105.

为了控制不可观测因素对创业企业家薪酬的影响，在预测创业企业家薪酬模型中采用个体固定效应与时间固定效应，同时，采用基于公司层面的聚类稳健标准误。式（4-1）中残差项用于估计创业企业家的超额薪酬。

(2) 风险投资家收益

参考 Achleitner 等与 Zhang 等的研究，风险投资家收益（VCself）利用风险资本退出年平均投资收益率衡量。收益率越高，风险投资家附带权益越高。投资收益率用账面回报倍数进行度量。[①]

账面回报倍数=（该项目的累计账面退出回报-累计投资金额）/累计投资金额

(3) 中小股东利益

越来越多的政府和市场制定多种政策让中小股东参与公司决策保护自身利益。网络形式的股东投票可以促进中小股东意愿表达，提升投票体验，有利于中小股东投票机制发挥有效作用，更好地保护中小股东利益。[②] 当股东大会表决涉及增发、重大资产重组、以股权偿还债务等相关事项时，上市公司向股东提供网络形式的投票平台，通过使中小股东参与网络投票可有效保护中小股东的利益。[③] 因此，采用 Kong 以及黎文靖等的做法，该变量用股东大会信息中是否有网络投票表征。[④] 若有，该变量定义为1，否则等于0。

(4) 企业经营风险

企业经营风险水平通常通过盈余波动性、股票回报波动性与资产负债率衡量。[⑤] 鉴于中国股票市场波动性较大，已有学者多使用盈余波动性衡量中

[①] 叶小杰. 风险投资声誉，成功退出与投资收益：我国风险投资行业的经验证据 [J]. 经济管理，2014，36（8）：98.

[②] 姚颐，刘志远. 投票权制度改进与中小投资者利益保护 [J]. 管理世界，2011（3）：144.

[③] 郑国坚，蔡贵龙，卢昕. "深康佳"中小股东维权："庶民的胜利"抑或"百日维新"：一个中小股东参与治理的分析框架 [J]. 管理世界，2016（12）：145.

[④] KONG D. Does Corporate Social Responsibility Affect the Participation of Minority Shareholders in Corporate Governance? [J]. Journal of Business Economics and Management，2013，14（1）：168.

[⑤] 单松，朱冠平. 企业经营风险会影响审计师的风险偏好吗？[J]. 财会通讯，2020（19）：53.

国企业经营风险（Risk）。[①] 盈余波动性越大，代表企业经营风险水平越高。本书选取连续三年总资产收益率的变异系数作为经营风险的衡量指标。借鉴何瑛等的研究，ROA 使用息税前利润除以年末总资产衡量。[②] 为缓解行业及周期的影响，参照公式（4-2），用公司 ROA 减去年度行业均值得到 Adj_ROA。参照公式（4-3）的计算方法，以每三年（t 年至 t+2 年）作为一个观测时段，分别滚动计算经行业调整后的 ROA（Adj_ROA）的标准差，将该结果乘以 100 得到 Risk 以衡量企业经营风险水平。这样量纲的处理使得结果更加直观，容易观察，并不影响其显著性水平。

$$Adj\_ROA_{i,t} = \frac{EBIT_{i,t}}{ASSET_{i,t}} - \frac{1}{X}\sum_{k=1}^{X}\frac{EBIT_{i,t}}{ASSET_{i,t}} \quad (4-2)$$

$$Risk_{i,t} = \sqrt{\frac{1}{T-1}\sum_{t=1}^{T}\left(Adj\_ROA_{i,t} - \frac{1}{T}\sum_{t=1}^{T}Adj\_ROA_{i,t}\right)} \bigg| T = 3 \quad (4-3)$$

二、自变量

本书将风险投资家与创业企业家之间的私人关系（Guanxi）作为自变量。

基于已有研究，本书对中国风险投资交易中的私人关系进行了细致的界定，旨在避免对该概念的泛化理解。在此框架下，私人关系被具体化为以下几种形式：校友关系、老乡关系、同事关系、政治关系以及协会关系。具体而言，当风险投资家与创业企业家拥有同一所院校的教育背景时，本书将其识别为校友关系；若两者籍贯或者出生地为同一城市，则认定为老乡关系；若他们曾共事于同一企业或机构（政府及协会除外），则视为同事关系；若两者曾在同一城市的政府部门任职，则归类为政治关系；最后，若风险投资家与创业企业家都曾经加入某一城市的协会，则被定义为协会关系。

[①] 吴树畅，张雪，于静. 经营风险与财务杠杆关系研究：基于异质性负债视角[J]. 会计之友，2021（19）：59.

[②] 何瑛，于文蕾，杨棉之. CEO 复合型职业经历，企业风险承担与企业价值[J]. 中国工业经济，2019（9）：155.

私人关系变量采用虚拟变量的形式进行表征。本书采用观测年份内被观测企业中风险投资家与创业企业家之间所存在的私人关系种类数量作为自变量，以量化私人关系的强度。具体而言，当风险投资家与创业企业家之间不存在任何私人关系时，该变量被赋值为 0；若存在一种私人关系，则变量值为 1；若存在两种私人关系，变量值为 2，依此类推。私人关系的取值范围限定为从 0 至 5 的自然数，其中数值越高，反映出私人关系的程度越深。

三、控制变量

本书中控制变量包括了被投资企业特征变量、风险投资家特征变量、创业企业家特征变量、风险投资机构特征变量以及行业和年份。由于有些创业板企业在同一年会接受多家风险投资机构以及多个风险投资家的投资行为，所以我们对风险投资金额占比最高的那家风险投资机构的特征变量进行控制，同时对该机构对应的风险投资家特征进行控制。创业企业家为所在企业的创始人或者董事长，我们对符合该种身份的高管特征变量进行控制。

（一）被投资企业特征

1. 企业规模

企业规模（Firm_size）会影响风险投资机构的投资判断。[1] 同时，不同规模的企业，公司治理水平也不尽相同。[2] 本书采用企业总资产的自然对数衡量企业规模。

2. 净资产收益率

净资产收益率（Firm_profit）是公司税后利润除以净资产得到的百分比率，可以衡量公司运用自有资本的效率，可以反映股东权益的收益水平。净资产收益率越高，表明投资带来的收益越高。净资产收益率高的公司更容易

---

[1] WU L, XU L. Venture Capital Certification of Small and Medium–sized Enterprises Towards Banks: Evidence from China [J]. Accounting and Finance, 2020, 60（2）: 1601.

[2] ETTREDGE M, JOHNSTONE K, STONE M, et al. The Effects of Firm Size, Corporate Governance Quality, and Bad News on Disclosure Compliance [J]. Review of Accounting Studies, 2011, 16（4）: 866.

受到风险投资机构的青睐。① 净资产收益率计算方法为净利润与股东权益平均余额的比值。

3. 资产负债率

资产负债率（Firm_lever）是企业财务风险的体现，用于衡量企业负债水平。资金紧张的情况下，风险投资机构会削减投资比例与投资周期，尤其对投资规模大、周期长的投资方案持谨慎态度。② 资产负债率的计算公式为企业总负债/总资产×100%。

4. 无形资产比率

无形资产不具有投资实体，具有投资回收期长、投资风险小、投资回报率高等特点，风投企业趋向于投资无形资产。③ 无形资产比率（Firm_itg）是指无形资产在总资产中的比重。

5. 每股收益

每股收益（Firm_eps）是公司在一定时期内的净收益与同期平均股份数的比率。每股收益可以反映出每股净资产创造的净利润，每股收益越大，表明企业的经营效果和盈利能力越强。每股收益可以反映普通股的获利水平及投资风险，是投资者评价企业盈利能力和风险水平，预测企业成长潜力和发展前景，进而做出相关投资决策的重要参考财务指标之一。④

---

① BERTONI F, FERRER M A, MARTÍ J. The Different Roles Played by Venture Capital and Private Equity Investors on the Investment Activity of Their Portfolio Firms [J]. Small Business Economics, 2013, 40 (3): 607.
② WU L, XU L. Venture Capital Certification of Small and Medium-sized Enterprises Towards Banks: Evidence from China [J]. Accounting and Finance, 2020, 60 (2): 1601.
③ WIDNYANA I W, WIKSUANA I G B, ARTINI L G S, et al. Influence of Financial Architecture, Intangible Assets on Financial Performance and Corporate Value in the Indonesian Capital Market [J]. International Journal of Productivity and Performance Management, 2020, 70 (7): 1837.
④ CORVINO A, CAPUTO F, PIRONTI M, et al. The Moderating Effect of Firm Size on Relational Capital and Firm Performance: Evidence from Europe [J]. Journal of Intellectual Capital, 2019, 20 (4): 510.

(二) 创业企业家特征

1. 年龄

创业企业家年龄（Entre_age）不同，对企业经营理念，判断力、决策力以及感知力有所不同。[①] 本书以观测年减去企业家的出生年份计算创业企业家年龄。

2. 性别

创业企业家性别（Entre_gder）会影响企业经营风险水平。相较于男性而言，女性的风险厌恶程度较高，对企业经营风险持保守状态。[②] 当创业企业家性别为女时，Entre_gder 取值为 1，否则为 0。

3. 学历

受教育水平体现了创业企业家的判断力、决策力和感知力。[③] 对创业企业家学历（Entre_edu）水平根据分类进行赋值：中专及以下学历赋值为 1，大专学历赋值为 2，本科学历赋值为 3，硕士研究生学历赋值为 4，博士研究生学历赋值为 5，以其他形式公布的学历，如荣誉博士、函授、MBA/EMBA 等学历赋值为 6。

4. 从业经验

创业企业家的经验阅历丰富性会导致风险感知能力的差异，从而影响投资决策。[④] 创业企业家从业经验（Entre_exp）计算方式为观测年减去企业家在该企业的开始从业年份。

[①] BUBLITZ E, NIELSEN K, NOSELEIT F, et al. Entrepreneurship, Human Capital, and Labor Demand: A Story of Signaling and Matching [J]. Industrial and Corporate Change, 2018, 27 (2): 269.

[②] FACCIO M, MARCHICA M-T, MURA R. CEO Gender, Corporate Risk-taking, and the Efficiency of Capital Allocation [J]. Journal of Corporate Finance, 2016, 39: 193.

[③] 高闯，张清. 创业企业家和创业投资者的控制权争夺 [J]. 经济与管理研究，2017, 38 (6): 105.

[④] ZHAO L, HA-BROOKSHIRE J. Importance of Guanxi in Chinese Apparel New Venture Success: A Mixed-method Approach [J]. Journal of Global Entrepreneurship Research, 2018, 8 (1): 1.

（三） 风险投资家特征

1. 性别

研究表明相较于男性而言，女性在风险投资过程中可能具有风险厌恶、不过度自信等特质，不会偏好某一类投资项目。① 当投资负责人性别（VCs_gder）为女时，VCs_gder 取值为 1，否则为 0。

2. 学历

受教育水平体现了风险投资家的判断力、决策力和感知力。对风险投资家的学历（VCs_edu）水平进行分类，中专及以下学历赋值为 1，大专学历赋值为 2，本科学历赋值为 3，硕士研究生学历赋值为 4，博士研究生学历赋值为 5，其他学历，如荣誉博士、函授、MBA/EMBA 等赋值为 6。

3. 从业经验

风险投资家的从业经验会导致风险感知能力的差异，从而影响投资决策。② 风险投资家从业经验（VCs_exp）的计算方式为观测年与风险投资家开始在风险投资机构工作时间间隔的年份数。

（四） 风险投资机构特征

根据黄福广等的相关研究，选择风险投资机构声誉（VC_rep）、投资项目经验（VC_size）和机构性质（VC_own）来表示风险投资机构特征。

1. 风险投资机构声誉

风险投资机构声誉是指利益相关方对风险投资机构提供回报能力的感知，声誉高低主要依赖于风险投资机构过去的绩效表现。参考黄福广等的相关研究，风险投资机构声誉为投资事件发生时风险投资机构的成立年限。③

---

① JAMIL S A, KHAN K. Does Gender Difference Impact Investment Decisions? Evidence from Oman [J]. International Journal of Economics and Financial Issues, 2016, 6 (2): 456.

② HOLZMEISTER F, HUBER J, KIRCHLER M, et al. What Drives Risk Perception? A Global Survey with Financial Professionals and Laypeople [J]. Management Science, 2020, 66 (9): 3977.

③ 黄福广，贾西猛，田莉. 风险投资机构高管团队知识背景与高科技投资偏好 [J]. 管理科学, 2016, 29 (5): 31.

2. 投资项目经验

投资项目数量用以反映风险投资机构的投资经验。研究表明，有经验的风险投资机构更倾向于投资高风险、高收益的创新型企业。[①] 本书用风险投资机构成立年至观测年之间投资项目的数量表征投资项目经验。

3. 机构性质

根据余琰等的研究结果，国有性质和其他性质等不同性质的投资机构对投资行为和投资结果会产生影响。[②] 国有性质的风险投资机构较其他性质的风险投资机构投资回报率更低。如果风险投资机构大股东或具体出资主体为国资委、国有企业、事业单位、公办高等院校以及中央或各级政府部门，本书将其认定为国有性质；其他风险投资机构认定为非国有性质。因此，本书中用1表示国有性质的风险投资机构，用0表示其他性质的风险投资机构。

（五）行业和年份

1. 行业

不同行业（Industry）的企业经营状况及风险投资状况会呈现出不同。如相较于传统制造业，高科技行业的风险投资活动更为踊跃。本书以中国证监会发布的《上市公司行业分类指引》（2012年修订）为参考进行分类。在回归时对该变量进行控制。

2. 年份

本书获取数据涉及较多年份，时间跨度较大，企业在不同年度面对的政治、经济、社会环境和市场、技术等条件会有差异，这些因素对风险投资活动会产生影响。因此，在回归时对该变量进行控制。

综上，本书各个变量以及相应测量、计算方法如表4.1所示。表中标 * 的变量通过 log（variable+1）的方式取自然对数，且这些变量均做了1%的缩尾处理以降低数据的异常值。

[①] HOENIG D, HENKEL J. Quality Signals? The Role of Patents, Alliances, and Team Experience in Venture Capital Financing [J]. Research Policy, 2015, 44 (5): 1049.

[②] 余琰，罗炜，李怡宗，等. 国有风险投资的投资行为和投资成效 [J]. 经济研究，2014，49 (2): 32.

表4.1 相关变量简介

变量简称	变量含义	计算方法简介
因变量（Dependent variables）		
Cpc *	在职消费	办公费+差旅费+业务招待费+通信费+出国培训费+董事会费+小车费+会议费，取自然对数
Overpay *	超额薪酬	$Entreppa\ y_{it} = \alpha_0 + \alpha_1 Siz\ e_{it} + \alpha_2 ROA_{it} + \alpha_3 IA_{it} + \alpha_4 So\ e_{it} + \alpha_5 Ag\ e_{it} + \alpha_6 Dua\ l_{it} + \sum Industry + \sum Year + \varepsilon_{it}$ 式中残差项用于估计创业企业家的超额薪酬
VCself *	风险投资家收益	风险投资机构退出被投资企业后披露的风险投资家年平均收益率
Msexpr	中小股东利益保护	中小股东是否参与股东大会网络投票；=1（有网络投票），=0（无网络投票）
Risk	企业经营风险	连续三年总资产收益率（ROA）的变异系数
自变量（Independent variable）		
Guanxi	私人关系	私人关系种类之和，取值范围为[0，5]的自然数。私人关系包括校友、老乡、同事、政治关系及协会关系。=0（不存在私人关系），=1（存在一种私人关系），=2（存在两种私人关系），依此类推
控制变量（Control variables）		
被投资企业特征层面		
Firm_size *	企业规模	企业总资产自然对数
Firm_profit	净资产收益率	净利润/股东权益平均余额×100%
Firm_lever	资产负债率	总负债/总资产×100%
Firm_itg	无形资产比率	无形资产/总资产×100%
Firm_eps	每股收益	净收益/发行股票总股数×100%

续表

变量简称	变量含义	计算方法简介
创业企业家特征层面		
Entre_age *	年龄	观察年-创业企业家出生年份，取自然对数
Entre_gder	性别	=1（女性），=0（男性）
Entre_edu	学历	将学历分为六类，分别赋值=1（中专及以下），=2（专科），=3（本科），=4（硕士），=5（博士），=6（其他）
Entre_exp *	从业经验	观测年-企业家在该企业开始从业年份，取自然对数
风险投资家特征层面		
VCs_gder	性别	=1（女性），=0（男性）
VCs_edu	学历	将学历分为六类，分别赋值=1（中专及以下），=2（专科），=3（本科），=4（硕士），=5（博士），=6（其他）
VCs_exp *	从业经验	观测年-风险投资家开始在风险投资机构工作时间的年份，取自然对数
风险投资机构特征层面		
VC_rep *	风险投资机构声誉	投资事件发生时风险投资机构的成立年限
VC_size *	投资项目经验	从机构成立日至观测年期间，投资项目数量的总和，取自然对数
VC_own	机构性质	=1（国有控股），=0（非国有控股）
其他控制变量层面		
Industry	行业	2012版证监会行业分类标准生成的虚拟变量
Year	年份	根据创业企业上市年份生成的虚拟变量

注：标*的变量均取自然对数 log（variable+1）。

第四节　实证模型

在本节中实证探究私人关系对风险投资家与创业企业家合谋行为的影响，实证内容具体包括探究风险投资家与创业企业家的私人关系对创业企业家自利行为、风险投资家收益、中小股东利益以及企业经营风险的影响。

第一，因变量创业企业家自利行为、企业经营风险的数据为连续变量，服从正态分布，且数据结构为非平衡面板数据，所以本书采用固定效应模型验证私人关系对创业企业家自利行为、企业经营风险的影响。本书固定了企业的个体效应，控制了年份以及行业的虚拟变量。具体的概率函数如公式（4-4）所示。

$$y_{it} = \beta_1 x_{it1} + \beta_2 x_{it2} + \cdots + \beta_K x_{itK} + \varepsilon_i \ (i=1, \cdots, n) \quad (4-4)$$

其中 n 为样本容量，解释变量 X_{itk} 的下标表示第 i 个企业，在 t 年份，第 k 个解释变量，（$k=1, 2\cdots, K$），共有 K 个解释变量。

第二，因变量风险投资家收益为连续变量，符合正态分布，且数据结构为截面数据，所以本书采用 OLS 模型验证私人关系对风险投资家收益的影响。具体的概率函数公式如（4-5）所示。

$$y_i = \beta_1 x_{i1} + \beta_2 x_{i2} + \cdots + \beta_K x_{iK} + \varepsilon_i \ (i=1, \cdots, n) \quad (4-5)$$

其中 n 为样本容量，解释变量 X_{iK} 的下标表示第 i 个企业，第 k 个解释变量，（$k=1, 2\cdots, K$），共有 K 个解释变量。

第三，因变量中小股东利益保护为虚拟二值选择变量且为面板数据，所以选择 xtlogit 模型。在这个模型中，我们设置了对照组为企业没有设置中小股东参与股东大会网络投票的权力，即中小股东利益未得到保护。具体的概率函数公式如（4-6）所示。

$$P(y=1 \mid x) = \Lambda(x'\beta) = \frac{\exp(x'\beta)}{1+\exp(x'\beta)} \quad (4-6)$$

第五节 私人关系对合谋行为影响的实证研究

一、描述性统计及相关性分析

在进行实证分析之前，首先对样本数据进行描述性统计以及相关性分析。表4.2与4.3分别为本书收集到的研究样本的面板数据与截面数据的描述性统计结果。从表4.2与4.3中可以看出，各变量的数据都较平稳，并未出现过度离散的情况，也没有出现受极端值影响的情况。

表4.2 面板数据各变量的描述性统计

Variables	N	Mean	S.D.	Min	P50	Max
Overpay	1,600	0.06	0.51	−1.21	0.07	1.38
Cpc	1,600	15.48	0.98	13.00	15.50	17.84
Msexpr	1,600	0.53	0.00	0.00	1.00	1.00
Risk	1,600	0.03	0.02	0.00	0.02	0.15
Guanxi	1,600	0.82	1.12	0.00	0.00	4.00
Firm_size	1,600	20.92	0.62	19.81	20.84	22.79
Firm_profit	1,600	0.08	0.06	−0.21	0.08	0.23
Firm_lever	1,600	0.26	0.15	0.03	0.24	0.66
Firm_itg	1,600	0.04	0.03	0.00	0.03	0.18
Firm_eps	1,600	0.51	0.42	−0.68	0.45	2.09
Entre_age	1,600	3.94	0.13	3.58	3.93	4.25
Entre_gder	1,600	0.06	0.24	0.00	0.00	1.00
Entre_edu	1,600	3.70	1.40	1.00	4.00	6.00
Entre_exp	1,600	3.61	0.54	1.60	3.71	4.42
VCs_gder	1,600	0.26	0.44	0.00	0.00	1.00
VCs_edu	1,600	3.57	0.70	2.00	3.00	6.00
VCs_exp	1,600	2.22	0.55	1.10	2.27	3.33
VC_rep	1,600	2.04	0.49	0.69	2.08	3.33

续表

Variables	N	Mean	S.D.	Min	P50	Max
VC_size	1,600	2.20	1.19	0.69	1.95	5.04
VC_own	1,600	0.36	0.48	0.00	0.00	1.00

表 4.3 截面数据各变量的描述性统计

Variables	N	Mean	S.D.	Min	P50	Max
VCself	715	4.68	6.11	−0.74	2.44	30.84
Guanxi	715	0.17	0.42	0.00	0.00	2.00
Firm_size	715	20.78	0.55	19.59	20.70	23.14
Firm_profit	715	0.09	0.04	0.01	0.08	0.23
Firm_lever	715	0.22	0.14	0.02	0.20	0.69
Firm_itg	715	0.03	0.03	0.00	0.02	0.14
Firm_eps	715	0.72	0.44	0.04	0.61	3.21
Entre_age	715	3.91	0.14	3.47	3.91	4.34
Entre_gder	715	0.05	0.22	0.00	0.00	1.00
Entre_edu	715	3.61	1.33	1.00	3.50	7.00
Entre_exp	715	3.18	0.51	0.69	3.26	4.66
VCs_gder	715	0.10	0.30	0.00	0.00	1.00
VCs_edu	715	3.69	0.72	2.00	4.00	5.00
VCs_exp	715	2.21	0.60	0.69	2.30	3.33
VC_rep	715	1.89	0.54	0.69	1.95	3.33
VC_size	715	2.24	1.27	0.69	2.08	5.26
VC_own	715	0.29	0.45	0.00	0.00	1.00

表 4.4 和 4.5 显示了面板数据与截面数据两种数据结构中各个变量间的相关系数。从各个变量的相关系数矩阵可以看出，变量之间的相关系数均小于 0.6。为了进一步验证各变量之间是否存在多重共线性问题，在回归过程中计算了各个模型的方差膨胀因子（VIF），其中最大值为 3.41，远小于临界值 10。一般而言，VIF 值越大，表明变量之间的共线性就越严重；当 VIF 大

于 10 时,则表示变量之间存在严重的多重共线性问题。① 因此,从计算结果可以判定各变量之间不存在严重的共线性问题。

二、实证结果

该部分实证检验假设 H1—H4,从私人关系对创业企业家自利行为的影响、对风险投资家收益的影响、对中小股东利益的影响以及对企业经营风险的影响四个维度探究私人关系对风险投资家与创业企业家合谋行为的影响,回归结果如表 4.6 和 4.7 所示。

---

① MANSFIELD E R, HELMS B P. Detecting Multicollinearity [J]. The American Statistician, 1982, 36 (3a): 158.

第四章 私人关系下风险投资家与创业企业家合谋行为的表现

表4.4 各变量间的相关性系数(面板数据)

	1	2	3	4	5	6	7	8	9
Overpay	1.000								
Cpc	−0.006	1.000							
Msexpr	−0.020	−0.002	1.000						
Risk	−0.005	0.065***	−0.029	1.000					
Guanxi	0.205**	0.332***	−0.130***	0.134***	1.000				
Firm_size	0.050**	0.387***	0.083***	0.019	0.302***	1.000			
Firm_profit	0.117***	0.109***	−0.008	−0.202***	0.094***	0.080***	1.000		
Firm_lever	0.026	0.270***	0.242***	0.017	0.148***	0.430***	−0.040	1.000	
Firm_itg	−0.003	0.013	0.049**	−0.004	−0.004	0.081***	−0.127***	0.065***	1.000
Firm_eps	0.070***	0.120***	−0.096***	−0.039	0.088***	0.155***	0.530***	−0.143***	−0.128***
Entre_age	0.037	−0.014	0.114***	−0.092***	0.078***	0.021	−0.033	−0.014	0.036
Entre_gder	−0.081***	−0.056**	0.023	−0.011	−0.073***	−0.026	0.009	−0.049*	−0.062**
Entre_edu	0.059**	−0.001	−0.063***	−0.040	0.077***	0.046*	0.078***	0.039	−0.044*
Entre_exp	−0.022	0.061**	0.149***	−0.189***	−0.021	0.121***	−0.102***	0.066***	0.091***
VCs_gder	−0.008	0.028	0.078***	0.009	0.041	−0.005	0.092***	0.014	−0.065***
VCs_edu	0.001	−0.013	−0.030	0.023	0.021	0.014	−0.046*	0.002	0.022
VCs_exp	0.030	0.078***	0.092***	0.009	0.135***	0.081***	0.050*	0.160***	0.017
VC_rep	0.095***	0.018	0.168***	0.014	0.145***	0.145***	0.004	0.105***	−0.003
VC_size	0.009	−0.034	−0.113***	0.059**	0.025	0.035	−0.062**	−0.134***	0.028
VC_own	0.024	−0.033	0.089***	−0.060**	0.034	−0.049*	0.087***	0.018	−0.035

135

续表

	10	11	12	13	14	15	16	17	18	19
Firm_eps	1.000									
Entre_age	-0.038	1.000								
Entre_gder	-0.003	0.042*	1.000							
Entre_edu	0.051**	-0.244***	-0.110***	1.000						
Entre_exp	-0.206***	0.139***	-0.040	0.051**	1.000					
VCs_gder	0.080***	-0.027	-0.068***	-0.036	-0.006	1.000				
VCs_edu	-0.046*	-0.060**	0.026	0.022	0.033	-0.304***	1.000			
VCs_exp	0.056**	0.073**	-0.015	0.051**	0.002	0.052*	0.199***	1.000		
VC_rep	-0.002	0.129***	0.006	-0.024	0.124***	0.114***	0.016	0.188***	1.000	
VC_size	-0.026	-0.097***	0.000	-0.002	0.007	0.054**	0.142***	0.041	0.254***	1.000
VC_own	0.094***	0.059***	-0.082***	0.058**	-0.030	0.304***	-0.137***	0.036	0.309***	0.205***

注：***、**和*分别表示1%、5%与10%的显著性水平。

第四章 私人关系下风险投资家与创业企业家合谋行为的表现

表 4.5 各变量间的相关性系数（截面数据）

	1	2	3	4	5	6	7	8	9
VCself	1.000								
Guanxi	0.157***	1.000							
Firm_size	0.056	0.062*	1.000						
Firm_profit	-0.119***	-0.032	0.134***	1.000					
Firm_lever	-0.190***	0.033	0.380***	0.250***	1.000				
Firm_itg	-0.087**	-0.058	-0.050	-0.015	0.098***	1.000			
Firm_eps	0.083**	-0.003	0.297***	0.523***	-0.016	-0.055			
Entre_age	-0.067*	0.081**	-0.048	-0.043	0.003	0.034	0.062*	1.000	
Entre_gder	0.080**	0.092**	-0.033	-0.020	-0.029	-0.077**	0.024	0.053	1.000
Entre_edu	0.120***	0.050	0.024	0.043	0.056	-0.050	0.042	-0.286***	-0.066*
Entre_exp	0.065	-0.018	-0.006	-0.177***	-0.134***	-0.063*	-0.050	0.019	-0.011
VCs_gder	0.047	0.164***	-0.016	0.021	-0.015	-0.019	-0.005	-0.029	-0.010
VCs_edu	0.064*	-0.002	0.022	-0.028	0.020	-0.036	0.019	-0.061	0.053
VCs_exp	0.037	0.080**	0.097***	0.040	0.176***	-0.048	0.010	-0.053	0.031
VC_rep	0.091**	0.136***	0.158***	0.071*	0.087**	-0.037	0.126***	0.132***	0.006
VC_size	0.139***	0.176***	0.081**	-0.093**	-0.176***	-0.102***	-0.063*	-0.111***	-0.013
VC_own	0.063*	0.152***	-0.052	-0.038	-0.056	-0.001	0.051	0.126***	-0.058

续表

	10	11	12	13	14	15	16
Entre_edu	1.000						
Entre_exp	0.064*	1.000					
VCs_gder	0.004	0.017	1.000				
VCs_edu	0.007	0.038	-0.037	1.000			
VCs_exp	0.083**	0.068*	0.035	0.217***	1.000		
VC_rep	0.000	0.087**	0.040	0.041	0.108***	1.000	
VC_size	-0.020	0.003	0.048	0.099***	-0.011	0.301***	1.000
VC_own	0.021	0.104***	0.069*	-0.033	-0.017	0.364***	0.195***

注：***、**和*分别表示1%、5%与10%的显著性水平。

表4.6中模型（1）—（4）利用固定效应模型验证私人关系对创业企业家自利行为的影响，具体研究当风险投资家与创业企业家存在私人关系时，创业企业家隐性自利行为及显性自利行为是否会增加。模型（1）为因变量创业企业家显性自利行为对控制变量的回归，模型（2）在模型（1）的基础上加入自变量私人关系，探究私人关系对创业企业家显性自利行为的影响，回归结果显示私人关系显著且正向影响创业企业家显性自利行为（β=0.066，p<0.01）。模型（3）为因变量创业企业家隐性自利行为对控制变量的回归，模型（4）在模型（3）的基础上加入自变量私人关系，探究私人关系对创业企业家隐性自利行为的影响，回归结果显示私人关系显著且正向影响创业企业家隐性自利行为（β=0.092，p<0.01）。实证结果表明当风险投资家与创业企业家存在私人关系时，创业企业家的隐性自利行为及显性自利行为会增加，即风险投资家和创业企业家的私人关系会增加创业企业家自利行为，假设H1得到验证。

表4.6中模型（5）与模型（6）利用OLS模型验证当风险投资家与创业企业家存在私人关系时，风险投资家收益是否会增加。模型（5）为因变量风险投资家收益对控制变量的回归，模型（6）在模型（5）的基础上加入自变量私人关系，回归结果显示私人关系显著且正向影响风险投资家收益（β=1.782，p<0.01）。实证结果表明风险投资家和创业企业家的私人关系会增加风险投资家收益，假设H2得到验证。

表4.7中模型（7）与模型（8）利用xtlogit模型验证私人关系对中小股东利益的影响。模型（7）为因变量中小股东利益对控制变量的回归，模型（8）在模型（7）的基础上加入自变量私人关系，探究私人关系与中小股东利益保护的关系，回归结果显示私人关系显著且负向影响中小股东利益（β=-0.127，p<0.01）。实证结果表明风险投资家和创业企业家的私人关系会损害中小股东利益，假设H3得到验证。

表4.7中模型（9）与模型（10）利用固定效应模型验证私人关系对企业经营风险的影响。模型（9）为因变量企业经营风险对控制变量的回归，模型（10）在此基础上加入自变量私人关系，回归结果显示私人关系显著且正向影响企业经营风险（β=0.002，p<0.01）。实证结果表明风险投资家和创业企业家的私人关系会增加企业经营风险，假设H4得到验证。

表4.6 私人关系对创业企业家自利行为和风险投资家收益的影响

Variables	(1) Overpay	(2) Overpay	(3) Cpc	(4) Cpc	(5) VCself	(6) VCself
Guanxi	−0.024	0.066***		0.092***		1.782***
	(−0.877)	(6.095)		(3.388)		(2.996)
Firm_size	0.768***	−0.051*	0.409***	0.374***	0.995*	0.934*
	(2.942)	(−1.891)	(6.450)	(5.955)	(1.829)	(1.717)
Firm_profit	0.255**	0.793***	−0.660	−0.631	−23.733***	−23.000***
	(2.268)	(3.096)	(−1.442)	(−1.395)	(−2.754)	(−2.676)
Firm_lever	0.836**	0.257**	0.193	0.201	−7.860***	−8.087***
	(2.523)	(2.297)	(0.803)	(0.857)	(−3.843)	(−3.957)
Firm_itg	−0.073*	0.798**	0.700	0.641	−7.857	−6.907
	(−1.950)	(2.411)	(0.955)	(0.905)	(−0.691)	(−0.615)
Firm_eps	0.137	−0.075**	0.167**	0.166**	1.686***	1.702***
	(0.624)	(−2.029)	(2.415)	(2.439)	(2.563)	(2.587)
Entre_age		0.111	−0.216	−0.259	−1.887	−2.477
		(0.507)	(−0.863)	(−1.059)	(−1.063)	(−1.417)

140

<<< 第四章 私人关系下风险投资家与创业企业家合谋行为的表现

续表

Variables	(1)	(2)	(3)	(4)	(5)	(6)
Entre_gder	−0.259**	−0.250**	−0.245*	−0.229	2.205	1.859
	(−2.382)	(−2.373)	(−1.655)	(−1.623)	(1.560)	(1.298)
Entre_edu	0.002	−0.000	−0.022	−0.025	0.543***	0.495***
	(0.179)	(−0.022)	(−1.046)	(−1.205)	(3.108)	(2.886)
Entre_exp	−0.032	−0.028	0.006	0.013	−0.002	0.067
	(−1.027)	(−0.916)	(0.127)	(0.303)	(−0.003)	(0.141)
VCs_gder	−0.012	−0.014	0.031	0.028	0.857	0.477
	(−0.199)	(−0.245)	(0.336)	(0.309)	(1.168)	(0.650)
VCs_edu	−0.003	−0.005	−0.032	−0.035	0.305	0.332
	(−0.073)	(−0.125)	(−0.561)	(−0.620)	(0.968)	(1.075)
VCs_exp	0.011	0.003	0.017	0.007	0.353	0.266
	(0.254)	(0.072)	(0.244)	(0.105)	(1.132)	(0.858)
VC_rep	−0.007	−0.016	−0.043	−0.058	0.682	0.655
	(−0.148)	(−0.335)	(−0.566)	(−0.779)	(1.633)	(1.570)
VC_size	0.020	0.020	−0.005	−0.006	0.296*	0.202

141

续表

Variables	(1)	(2)	(3)	(4)	(5)	(6)
VC_own	(0.968)	(0.975)	(-0.134)	(-0.159)	(1.677)	(1.164)
	0.021	0.022	-0.093	-0.089	0.245	0.075
	(0.376)	(0.403)	(-1.030)	(-1.007)	(0.506)	(0.151)
Constant	-0.173	0.524	6.985***	7.926***	-11.727	-8.105
	(-0.164)	(0.501)	(3.762)	(4.337)	(-0.868)	(-0.606)
Year	Yes	Yes	Yes	Yes	Yes	Yes
Industry	Yes	Yes	Yes	Yes	Yes	Yes
N	1600	1600	1600	1600	715	715
Adj-R^2	0.025	0.052	0.235	0.265	0.115	0.129
Chi^2						

注：括号内为 t 检验值；***、**和*分别表示1%、5%与10%的显著性水平。

表4.7 私人关系对中小股东利益和企业经营风险的影响

Variables	(7) Msexpr	(8) Msexpr	(9) Risk	(10) Risk
Guanxi		−0.127***		0.002***
		(−8.082)		(3.703)
Firm_size	−0.012	0.055**	−0.001	−0.002
	(−0.390)	(2.051)	(−0.393)	(−1.121)
Firm_profit	0.494	0.572**	−0.140***	−0.140***
	(1.558)	(1.994)	(−5.274)	(−5.373)
Firm_lever	0.195*	0.162	−0.003	−0.002
	(1.740)	(1.554)	(−0.444)	(−0.396)
Firm_itg	0.581	0.655	0.033	0.032
	(1.359)	(1.599)	(1.228)	(1.173)
Firm_eps	−0.163***	−0.166***	0.015***	0.015***
	(−3.280)	(−3.402)	(4.670)	(4.704)
Entre_age	−0.144	−0.055	−0.018**	−0.019**
	(−1.337)	(−0.538)	(−2.191)	(−2.375)
Entre_gder	0.036	−0.005	−0.005	−0.005
	(0.584)	(−0.096)	(−1.308)	(−1.148)
Entre_edu	−0.011	−0.004	−0.001*	−0.001*
	(−1.083)	(−0.450)	(−1.651)	(−1.808)
Entre_exp	0.148***	0.128***	−0.007***	−0.007***
	(5.177)	(4.847)	(−3.689)	(−3.601)
VCs_gder	−0.026	−0.023	0.001	0.001
	(−0.790)	(−0.716)	(0.437)	(0.409)
VCs_edu	0.016	0.019	−0.001	−0.001
	(0.794)	(0.986)	(−0.484)	(−0.535)
VCs_exp	−0.009	0.007	−0.000	−0.000
	(−0.295)	(0.236)	(−0.070)	(−0.255)

续表

Variables	(7)	(8)	(9)	(10)
VC_rep	0.025	0.041	−0.000	−0.000
	(0.880)	(1.441)	(−0.040)	(−0.189)
VC_size	−0.002	0.001	0.002*	0.002*
	(−0.165)	(0.089)	(1.858)	(1.818)
VC_own	0.017	0.010	−0.005**	−0.005**
	(0.522)	(0.336)	(−2.455)	(−2.439)
Constant	0.457	−1.294*	0.128***	0.158***
	(0.625)	(−1.959)	(2.994)	(3.662)
Year	Yes	Yes	Yes	Yes
Industry	Yes	Yes	Yes	Yes
N	1575	1575	1600	1600
Adj-R^2	0.335	0.384	0.181	0.192
Chi^2	254.150	824.832		

注：括号内为 t 检验值；***、**和*分别表示1%、5%与10%的显著性水平。

三、稳健性检验

（一）样本选择偏差引起的内生性修正

本书选择上市前获取了风险资本支持的创业板上市公司作为研究样本，该研究样本中包含了风险投资家和创业企业家存在私人关系的企业以及不存在私人关系的企业。从描述性统计结果可以看出存在私人关系的样本数量占总样本数量的42.81%，即实验组和对照组的样本数量存在一定的差异，加之两个组的企业层面、创业企业家特征层面、风险投资机构层面和风险投资家特征层面的变量存在差异，导致样本存在选择偏差的可能性。

为了缓解样本选择偏差的内生性问题，本书采用倾向得分匹配法进行检验。倾向得分匹配是一种采用倾向得分（发生概率）进行匹配的方法，其目的是重新创造自然实验的条件。倾向得分匹配法最早由 Rosenbaum 等提出。[1]倾向得分是个体在给定自身观测变量的前提下受到测试的条件概率。也就是个体在其特定属性下受到测试的可能性。在随机实验的条件下,实验组和对照组的结果可以直接进行比较,但在非随机的情况下,实验组与对照组之间的非随机分配会使比较结果产生偏差。倾向得分匹配法正是可以解决这一问题。通过计算倾向得分,使得分相近的两个样本被分别分配到实验组和对照组,这样受测试可能性相同的两个样本可以看作被"随机"分配了。倾向得分匹配法的优点显而易见,通过倾向得分匹配法,研究者可以控制实验组和对照组之间可观测的混杂因素,进而构造一个"准随机"实验。更重要的是,倾向得分匹配法提供了一种自然加权方案可以对测试影响进行无偏估计。该方法的模型如下:

$$P(X) = \Pr[D=1/X] = E[D/X] \quad (4-7)$$

$$P(X) = \Pr[D=1/X] \quad (4-8)$$

其中,X 代表实验组特征多维向量,D 表示指标变量,如果存在私人关系则等于 1,否则等于 0。倾向得分 $P(X)$ 理论上可以通过实验组和对照组潜在结果之间的差异 ATT 来估计。

$$ATT = E[Y_{1i} - Y_{0i} | D_i = 1] =$$
$$E\{E[Y_{1i} - Y_{0i} | D_i 1, p(X_i)]\} =$$
$$E\{E[Y_{1i} | D_i = 1, p(X_i)] - E[Y_{0i} | D_i = 0, p(X_i) | D_i = 1]\} \quad (4-9)$$

其中,Y_{0i} 和 Y_{1i} 分别代表对照组和实验组的潜在结果。倾向得分匹配法研究将遵循以下步骤:首先,设定一个 Logit 或 Probit 概率估计模型进行实证检验,其中以是否具有私人关系(0-1 虚拟变量)作为因变量;其次,统计分析各影响因素对具有私人关系的具体影响概率;最后,根据概率估计模型,结合概率估算结果的大小计算得到各样本的"倾向得分值",再根据分值进行配对分组。为了估计 PS 分数,我们使用 Logit 模型估算概率:

$$P(X_i) = \Pr(D_i = 1 | X_i) = \frac{\exp(\beta X_i)}{1 + \exp(\beta X_i)} \quad (4-10)$$

---

[1] ROSENBAUM P R, RUBIN D B. The Central Role of the Propensity Score in Observational Studies for Causal Effects [J]. Biometrika, 1983, 70 (1): 41.

其中，X是可能影响企业私人关系的目标变量多维矢量，β代表变量系数，倾向得分（PS）是上述Logit模型的预测值。

本书采用1∶1邻近匹配法，以风险投资家与创业企业家是否存在私人关系作为划分依据，将观测样本分为"实验组"和"对照组"。在对照组中选择与实验组中最近似的样本进行匹配。如企业基本信息、创业企业家特征、风险投资家特征层面更为近似，偏差比较小。具体模型如下：

$$Logit(Guanxi) = \alpha_0 + \sum \alpha_1 firm + \sum \alpha_2 Entre + \sum \alpha_3 VC + \sum \alpha_4 Industry + \varepsilon_i \quad (4-11)$$

上述模型中，firm代表企业层面的变量，包括企业规模、企业盈利水平、企业负债水平、无形资产比率和每股收益。Entre代表创业企业家特征层面的变量，包括年龄、性别、学历和从业经验。VC代表风险投资家特征层面的变量，包括性别、学历与从业经验。另外，本书在实证研究模型中控制了行业变量。

回归样本经过倾向得分匹配法后各变量的标准化偏差变化如图4.20所示，从图中看出匹配后各变量的标准化偏差大多数都缩小了。

a　以企业为观测样本　　　　b　以风险投资事件为观测样本

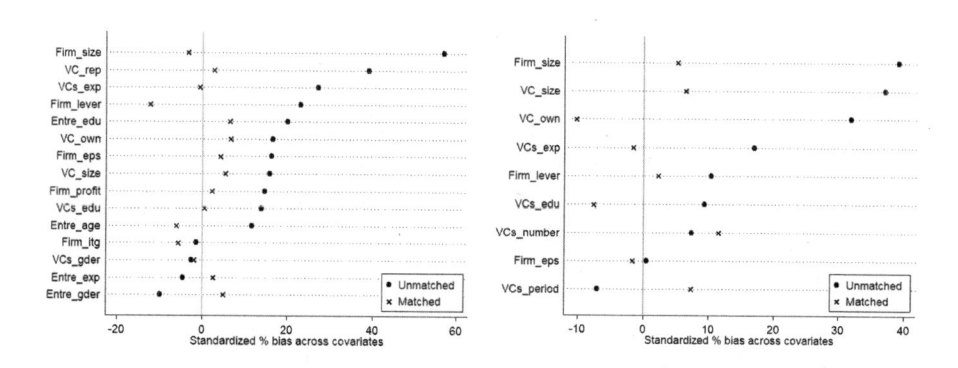

图4.20　各变量的标准化偏差图示

通过对配对前两组样本倾向得分进行对比，结果如图4.21所示。从图中发现私人关系组（Treated）与非私人关系组（Untreated）在统计结果上并不存在完全均衡对等的现象，但整体上不符合匹配假设的样本（Off support＜

2%）量较少，并不影响后续的分析研究。

a 以企业为观测样本　　　　　　b 以风险投资事件为观测样本

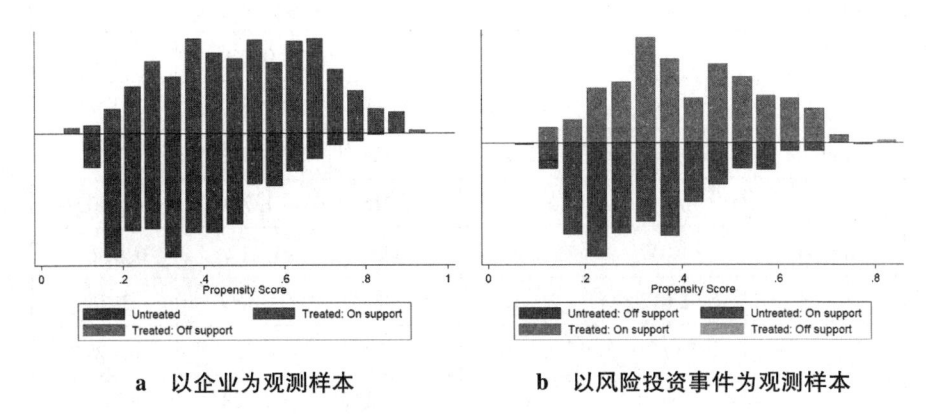

图 4.21 配对前私人关系组和非私人关系组倾向得分对比

通过倾向得分匹配法确定好实验组与对照组数据，将对照组与实验组构成回归样本，回归后的结果如表 4.8 所示，从回归结果看出私人关系依然正向显著影响创业企业家显性自利行为（β=0.073，p<0.01），正向显著影响创业企业家隐性自利行为（β=0.144，p<0.01），正向显著影响风险投资家收益（β=1.823，p<0.05），负向显著影响中小股东利益（β=-0.864，p<0.01），正向显著影响企业经营风险（β=0.003，p<0.01）。由此可以看出回归结果稳定，即风险投资家与创业企业家的私人关系会导致二者产生合谋行为的假设是成立的。

表 4.8 倾向得分匹配法校正后私人关系对合谋行为的影响

Variables	(1)	(2)	(3)	(4)	(5)
	Overpay	Cpc	VCself	Msexpr	Risk
Guanxi	0.073***	0.144***	1.823**	-0.864***	0.003***
	(4.609)	(4.459)	(2.555)	(-6.614)	(3.264)
Firm_size	-0.012	0.454***	0.470	0.564**	-0.000
	(-0.316)	(5.425)	(0.625)	(2.231)	(-0.169)
Firm_profit	1.055**	-0.189	-30.161	2.972	-0.137***
	(2.376)	(-0.286)	(-1.122)	(0.988)	(-4.503)

续表

Variables	(1)	(2)	(3)	(4)	(5)
Firm_lever	0.106	0.505*	-6.662	0.649	-0.005
	(0.665)	(1.689)	(-1.315)	(0.669)	(-0.598)
Firm_itg	0.666	1.517	7.228	5.301	0.070*
	(1.019)	(1.187)	(0.215)	(1.251)	(1.902)
Firm_eps	-0.037	0.229**	1.933**	-1.214***	0.012***
	(-0.612)	(2.009)	(1.988)	(-2.600)	(2.768)
Entre_age	0.080	-0.297	-2.609	0.339	-0.029***
	(0.316)	(-1.037)	(-0.587)	(0.323)	(-3.024)
Entre_gder	-0.305**	-0.167	4.476*	-0.173	-0.002
	(-2.110)	(-1.059)	(1.752)	(-0.337)	(-0.421)
Entre_edu	-0.011	-0.048	0.842**	-0.025	-0.001
	(-0.709)	(-1.607)	(2.128)	(-0.263)	(-1.112)
Entre_exp	0.001	0.010	0.081	0.593**	-0.008***
	(-0.025)	(0.174)	(0.112)	(2.434)	(-3.612)
VCs_gder	-0.056	0.066	0.030	0.077	0.000
	(-0.809)	(0.613)	(0.040)	(0.238)	(0.175)
VCs_edu	-0.009	-0.024	0.237	0.195	-0.000
	(-0.206)	(-0.394)	(0.473)	(0.993)	(-0.153)
VCs_exp	-0.009	0.016	-0.035	-0.135	0.001
	(-0.184)	(0.199)	(-0.065)	(-0.568)	(0.480)
VC_rep	-0.031	0.045	0.855	0.308	-0.001
	(-0.569)	(0.451)	(0.852)	(0.981)	(-0.424)
VC_size	0.015	-0.055	0.414	-0.013	0.001
	(0.608)	(-1.359)	(0.905)	(-0.113)	(0.947)
VC_own	0.032	-0.020	0.510	-0.145	-0.004*
	(0.490)	(-0.205)	(0.448)	(-0.478)	(-1.748)
Constant	0.140	5.413**	0.148	-13.088*	0.179***

续表

Variables	(1)	(2)	(3)	(4)	(5)
	(0.106)	(2.431)	(0.006)	(-1.931)	(3.167)
Year	Yes	Yes	Yes	Yes	Yes
Industry	Yes	Yes	Yes	Yes	Yes
N	742	742	404	742	742
Adj-R^2	0.055	0.291	0.154	0.372	0.237
Chi^2				91.02	

注：括号内为 t 检验值；***、**和*分别表示1%、5%与10%的显著性水平。

(二) 遗漏变量偏差引起的内生性修正

在本书中，还可能存在遗漏变量偏差的内生性问题。遗漏变量偏差是指模型设定中遗漏了某个或某些解释变量，如下是一个回归模型：

$$y_i = \alpha + \beta x_i + (u_i + \varepsilon_i) \tag{4-12}$$

其中 u_i 为遗漏变量，从该方程可以看出如果 u_i 没有被测量作为解释变量放入模型，则会被包含进误差项中使原来的误差项 (ε_i) 变成复合误差项 ($u_i + \varepsilon_i$)。如果遗漏变量与解释变量相关，则复合误差项 ($u_i + \varepsilon_i$) 也会与解释变量相关，从而造成内生性问题。

本书尽可能多地设置了控制变量，并采用固定效应回归模型来尽可能减少遗漏变量问题对主效应结果的影响。与此同时，本书采用工具变量法检验与缓解遗漏变量的内生性问题。[1] 工具变量法的实质是通过工具变量将存在内生性问题的解释变量分成外生部分和内生部分两部分。第一阶段将工具变量作为自变量，将原来的内生解释变量 x 作为因变量进行回归，得到 x 的拟合值 $\hat{x}$（外生部分）。第二阶段用因变量 y 对第一阶段回归得到的拟合值 $\hat{x}$ 进行回归，即可达到对内生解释变量 x 进行修正的目的。在选择工具变量时要符合两个条件：一是与自变量 x 相关（相关性），二是与误差项 ε 不相关

---

[1] 王宇，李海洋. 管理学研究中的内生性问题及修正方法 [J]. 管理学季刊，2017，2 (3): 20.

（外生性）。原回归方程如下：

$$y_i = \beta x_i + \varepsilon_i \tag{4-13}$$

用被解释变量对拟合值进行回归，则原回归方程可分解为：

$$y_i = \beta \hat{x}_i + (\beta x_i - \beta \hat{x}_i + \varepsilon_i) \tag{4-14}$$

上述方程中，$(\beta x_i - \beta \hat{x}_i + \varepsilon_i)$ 为复合误差项。由于正交性 $\hat{x}_i$ 和 $(x_i - \hat{x}_i)$ 不相关，而 $\hat{x}_i$ 是工具变量的线性函数。工具变量与 ε_i 不相关。所以 $\hat{x}_i$ 与工具变量不相关。因此 $\hat{x}_i$ 与复合误差项 $(\beta x_i - \beta \hat{x}_i + \varepsilon_i)$ 不相关，由此达到修正内生性问题的目的。

参考周绍妮等的研究，本书选取同行业其他企业的私人关系平均值（IV）作为工具变量，使用两阶段最小二乘法 2SLS 展开分析。① 该工具变量与自变量私人关系相关，同时与合谋行为没有直接联系，满足工具变量的相关性和外生性条件。表 4.9 和表 4.10 列示了主要的回归结果，第二阶段回归结果显示私人关系会导致风险投资家与创业企业家产生合谋行为，与前述结论一致。在通过工具变量法进一步控制了内生性问题后，回归结果依然显著，证明了本书结论的稳健性。

表 4.9　工具变量法校正后私人关系对合谋行为的影响（面板数据）

Variables	（1）	（2）	（3）	（4）	（5）
	Guanxi	Overpay	Cpc	Msexpr	Risk
Guanxi		0.058**	0.336***	−0.051*	0.005***
		(2.002)	(7.181)	(−1.692)	(3.388)
IV	0.915***				
	(22.806)				
Firm_size	0.478***	−0.008	0.340***	0.012	−0.002
	(9.538)	(−0.255)	(7.233)	(0.426)	(−1.223)
Firm_profit	1.097	1.250***	−0.188	0.227	−0.149***
	(1.562)	(3.355)	(−0.354)	(0.782)	(−6.613)

---

① 周绍妮，张秋生，胡立新．机构投资者持股能提升国企并购绩效吗?：兼论中国机构投资者的异质性 [J]．会计研究，2017（6）：67．

续表

Variables	(1)	(2)	(3)	(4)	(5)
Firm_lever	-0.309	0.047	0.578***	0.163*	-0.003
	(-1.424)	(0.410)	(3.287)	(1.767)	(-0.659)
Firm_itg	0.929	-0.017	0.315	0.723**	0.022
	(1.105)	(-0.041)	(0.429)	(1.990)	(0.968)
Firm_eps	-0.062	-0.047	0.244***	-0.116**	0.011***
	(-0.602)	(-0.870)	(2.871)	(-2.572)	(3.512)
Entre_age	0.698***	0.193*	-0.488***	-0.081	-0.022***
	(3.487)	(1.710)	(-2.774)	(-0.826)	(-4.315)
Entre_gder	-0.257***	-0.138**	-0.152*	0.018	-0.001
	(-2.764)	(-2.236)	(-1.683)	(0.353)	(-0.634)
Entre_edu	0.045**	0.019**	-0.046**	-0.008	-0.001*
	(2.511)	(2.012)	(-2.539)	(-0.815)	(-1.867)
Entre_exp	-0.191***	-0.039	0.091**	0.132***	-0.007***
	(-3.665)	(-1.333)	(2.148)	(5.279)	(-4.998)
VCs_gder	-0.013	-0.028	0.008	-0.023	0.000
	(-0.195)	(-0.844)	(0.147)	(-0.817)	(0.360)
VCs_edu	0.009	-0.003	-0.043	0.019	-0.000
	(0.231)	(-0.151)	(-1.294)	(1.126)	(-0.474)
VCs_exp	0.084*	-0.007	-0.003	-0.000	-0.001
	(1.812)	(-0.298)	(-0.058)	(-0.002)	(-1.357)
VC_rep	0.118**	0.102***	-0.200***	0.014	0.000
	(2.240)	(3.354)	(-3.914)	(0.555)	(0.288)
VC_size	0.018	-0.002	-0.013	-0.001	0.001**
	(0.759)	(-0.182)	(-0.637)	(-0.074)	(2.101)
VC_own	-0.058	-0.016	-0.034	0.020	-0.005***
	(-0.959)	(-0.517)	(-0.613)	(0.736)	(-3.382)
Constant	-12.868***	-0.708	9.110***	-0.306	0.173***

151

续表

Variables	(1)	(2)	(3)	(4)	(5)
	(−10.438)	(−0.870)	(6.941)	(−0.427)	(4.536)
Year	Yes	Yes	Yes	Yes	Yes
Industry	Yes	Yes	Yes	Yes	Yes
N	1600	1600	1600	1600	1600
Adj-R^2	0.309	0.082	0.254	0.369	0.193
Widstat		520.111	520.111	520.111	520.111
Chi^2				134.235	

注：括号内为 t 检验值；***、**和*分别表示1%、5%与10%的显著性水平。

表 4.10　工具变量法校正后私人关系对合谋行为的影响（截面数据）

Variables	(1)	(2)
	Guanxi	VCself
Guanxi		2.201*
		(1.941)
IV	0.939***	
	(14.885)	
Firm_size	0.073*	0.990*
	(1.681)	(1.788)
Firm_lever	0.193	−3.326*
	(1.574)	(−1.797)
Firm_eps	−0.026	0.901*
	(−0.674)	(1.763)
Entre_age	0.258**	−0.012
	(2.529)	(−0.007)
Entre_gder	0.206***	1.382
	(2.722)	(0.968)
Entre_edu	0.016	0.180
	(1.301)	(1.153)

续表

Variables	(1)	(2)
Entre_exp	-0.027	0.494
	(-0.685)	(0.947)
VCs_gder	-0.011	0.347
	(-0.449)	(1.275)
VCs_edu	0.060**	0.379
	(2.460)	(1.245)
VCs_exp	0.011	0.337**
	(1.002)	(2.276)
VC_rep	-0.004	0.407
	(-0.103)	(1.067)
VC_size	0.047***	0.174
	(3.489)	(0.903)
VC_own	0.111***	1.170**
	(2.650)	(2.153)
Constant	-2.735***	-18.554
	(-3.009)	(-1.287)
Year	Yes	Yes
Industry	Yes	Yes
N	715	715
Adj-R²	0.222	0.317

注：括号内为 t 检验值；***、**和*分别表示1%、5%与10%的显著性水平。

（三）动态面板引起的内生性修正

本书选取的面板数据为动态面板数据，被解释变量会受到被解释变量滞后项的影响，被解释变量的滞后项与误差项的滞后项相关。为了解决潜在的内生性问题，本书采用系统 GMM 方法对回归模型进行估计。GMM 方法估计和普通最小二乘回归（OLS）、面板固定效应（FE）以及面板随机效应

(RE) 等方法相比，GMM 方法能确保估计参数的有效性和一致性，有效解决动态面板模型的内生性问题。① 本书采用的系统 GMM 方法具体模型如下式 (4-15) 所示，其中 Y_{it} 代表企业 i 在 t 年的合谋行为四个维度，Y_{it-1} 为其一期滞后项，X_{it} 为包含一组变量的向量，包括前定变量、内生变量和外生变量，具体包括了企业特征信息、风险投资机构特征信息、创业企业家及风险投资家特征信息以及私人关系等变量，α_i 为企业固定效应，δ_t 为时间固定效应，ε_{it} 为扰动项。

$$Y_{it} = \alpha_i + \delta_t + \beta_1 Y_{it-1} + \gamma \sum X_{it} + \varepsilon_{it} \qquad (4-15)$$

上述模型有适用范围：一是模型需要满足扰动项不存在自相关。本书进行自相关检验，具体做法是以一阶差分转换方程的二阶自相关检验 AR（2）来判断扰动项是否自相关。AR（2）检验的原假设 H_0 为"扰动项不存在自相关"。当 AR（2）的 p 值大于 0.1 时，说明无法拒绝原假设 H_0，模型满足扰动项不存在自相关的要求。二是模型需要满足工具变量是有效的。为此，本书需进行过度识别检验，具体包括 Sargan 检验以及 Hansen 检验。该检验的原假设 H_0 为"选择的工具变量有效"。如果 Sargan 检验或者 Hansen 检验的 p 值大于 0.1，说明无法拒绝原假设 H_0，模型选择的工具变量有效。

模型回归结果如表 4.11 所示，由 Sargan 检验的 P 值可知 GMM 估计中的工具变量不存在过度识别问题，这说明本书模型设定是合理的，工具变量是有效的。从 AR（2）的 P 值结果中可以看出，不存在二阶序列相关，证明了估计的有效性，并且由联合显著性 Wald 检验的 p 值可知模型总体线性关系显著。因变量的滞后一期均在 0.01 水平上显著，说明该动态面板数据的因变量确实会受到其滞后一期的影响，存在内生性问题。同时，利用系统 GMM 模型回归后发现私人关系对企业家自利行为、中小股东利益以及企业经营风险的影响依旧在 1% 水平上显著，说明主回归结果稳健。需要说明的是私人关系对风险投资家收益的影响采用的是截面数据回归，所以无须通过系统 GMM 方法进行稳健性检验。

---

① 冯套柱，陈妍圆，张阳．税收优惠，研发投入对企业绩效的影响研究：基于系统 GMM 方法的实证研究［J］．会计之友，2019（19）：116．

第四章 私人关系下风险投资家与创业企业家合谋行为的表现

表 4.11 系统 GMM 法校正后私人关系对合谋行为的影响

Variables	(1) Overpay	(2) Cpc	(3) Msexpr	(4) Risk
L. Overpay	0.607***			
	(11.959)			
L. Cpc		0.604***		
		(11.431)		
L. Msexpr			0.206***	
			(4.041)	
L. Risk				0.639***
				(12.974)
Guanxi	0.048***	0.073***	−0.106***	0.002**
	(4.523)	(3.086)	(−4.731)	(2.420)
Firm_size	−0.127***	0.237***	−0.016	0.000
	(−4.337)	(3.962)	(−0.304)	(0.088)
Firm_profit	0.697**	−0.239	1.104**	−0.145***
	(2.079)	(−0.533)	(1.990)	(−3.717)
Firm_lever	0.181	0.127	0.535**	0.015**
	(1.539)	(0.610)	(2.383)	(2.228)
Firm_itg	0.304	0.529	−0.651	0.001
	(0.660)	(0.865)	(−0.878)	(0.047)
Firm_eps	−0.079	0.125	−0.172*	0.011
	(−1.014)	(1.516)	(−1.652)	(1.542)
Entre_age	−0.032	−0.354***	−0.025	−0.007
	(−0.275)	(−2.717)	(−0.151)	(−1.256)
Entre_gder	−0.095*	−0.036	0.027	−0.001
	(−1.689)	(−0.567)	(0.345)	(−0.422)
Entre_edu	0.003	−0.006	−0.032**	−0.000
	(0.479)	(−0.451)	(−2.140)	(−0.771)
Entre_exp	0.039	0.061	−0.062	−0.004**

续表

Variables	(1)	(2)	(3)	(4)
	(1.151)	(1.468)	(−1.568)	(−2.172)
VCs_gder	0.005	0.113**	0.048	0.002
	(0.138)	(2.199)	(0.953)	(1.418)
VCs_edu	0.008	−0.000	0.047	0.001
	(0.373)	(−0.007)	(1.359)	(1.443)
VCs_exp	−0.020	0.013	0.025	−0.001
	(−0.969)	(0.319)	(0.543)	(−0.930)
VC_rep	0.055*	−0.099	0.332***	0.003*
	(1.662)	(−1.342)	(3.690)	(1.699)
VC_size	0.036	−0.023	−0.220***	−0.001
	(1.490)	(−0.586)	(−4.547)	(−0.461)
VC_own	−0.037	−0.018	0.092	−0.002
	(−1.091)	(−0.337)	(1.457)	(−1.040)
Constant	2.363***	2.501*	0.815	0.039
	(3.324)	(1.797)	(0.672)	(1.002)
AR(2)	0.214	0.146	0.168	0.256
Sargan 检验值	0.469	0.330	0.134	0.341
Wald 检验值	0.000	0.000	0.000	0.000
N	1139	1139	1139	1139

注：括号内为 t 检验值；***、**和*分别表示1%、5%与10%的显著性水平。

（四）替换解释变量

为了增加本书的可信度，本书进行了稳健性检验。书中利用是否存在私人关系的虚拟变量替换解释变量。当风险投资家与创业企业家存在私人关系时，解释变量标记为1，否则标记为0。在替换了解释变量后，回归结果如表4.12所示，从中可以看出私人关系对企业合谋行为的影响显著，说明回归结果稳健。

<<< 第四章 私人关系下风险投资家与创业企业家合谋行为的表现

表 4.12 替换解释变量后私人关系对合谋行为影响的稳健性检验

Variables	(1) Overpay	(2) Overpay	(3) Cpc	(4) Cpc	(5) VCself	(6) VCself	(7) Msexpr	(8) Msexpr	(9) Risk	(10) Risk
Guanxi		0.217***		0.199***		0.256***		−1.568***		0.006***
		(7.313)		(2.914)		(4.485)		(−7.115)		(4.060)
Firm_size	−0.024	−0.057**	0.409***	0.378***	0.995*	0.955*	−0.027	0.325*	−0.001	−0.002
	(−0.874)	(−2.162)	(6.446)	(6.001)	(1.829)	(1.682)	(−0.169)	(1.859)	(−0.392)	(−1.117)
Firm_profit	0.773***	0.795***	−0.657	−0.640	−23.733***	−23.745***	2.510	2.993	−0.139***	−0.140***
	(2.958)	(3.122)	(−1.432)	(−1.411)	(−2.754)	(−2.757)	(1.167)	(1.362)	(−5.296)	(−5.377)
Firm_lever	0.255**	0.261**	0.193	0.203	−7.860***	−7.839***	1.607**	1.405*	−0.003	−0.002
	(2.267)	(2.355)	(0.802)	(0.858)	(−3.843)	(−3.800)	(2.277)	(1.928)	(−0.430)	(−0.343)
Firm_itg	0.838***	0.785***	0.703	0.653	−7.857	−7.711	5.676**	5.724**	0.033	0.032
	(2.529)	(2.394)	(0.959)	(0.916)	(−0.691)	(−0.674)	(2.064)	(1.984)	(1.230)	(1.181)
Firm_eps	−0.074**	−0.077**	0.166**	0.164**	1.686**	1.707**	−1.007***	−1.088***	0.014***	0.014***
	(−1.962)	(−2.122)	(2.410)	(2.389)	(2.563)	(2.581)	(−3.215)	(−3.349)	(4.664)	(4.680)
Entre_age	0.137	0.107	−0.216	−0.247	−1.887	−1.912	−1.075	−0.700	−0.018**	−0.019**
	(0.623)	(0.492)	(−0.862)	(−1.007)	(−1.063)	(−1.077)	(−1.434)	(−0.899)	(−2.187)	(−2.339)

157

续表

Variables	(1)	(2)	(3)	(4)	(5)	(6)	(7)	(8)	(9)	(10)
Entre_gder	-0.259**	-0.252**	-0.245*	-0.237	2.205	2.201	0.193	0.099	-0.005	-0.005
	(-2.390)	(-2.442)	(-1.656)	(-1.639)	(1.560)	(1.555)	(0.514)	(0.248)	(-1.307)	(-1.214)
Entre_edu	0.002	-0.002	-0.022	-0.026	0.543***	0.531***	-0.063	-0.029	-0.001*	-0.001*
	(0.184)	(-0.165)	(-1.046)	(-1.224)	(3.108)	(3.062)	(-0.939)	(-0.422)	(-1.654)	(-1.877)
Entre_exp	-0.032	-0.024	0.006	0.015	-0.002	-0.010	0.845***	0.801***	-0.007***	-0.007***
	(-1.033)	(-0.810)	(0.124)	(0.325)	(-0.003)	(-0.022)	(5.173)	(4.705)	(-3.712)	(-3.579)
VCs_gder	-0.012	-0.002	0.031	0.041	0.857	0.853	-0.001	-0.086	0.001	0.001
	(-0.198)	(-0.036)	(0.336)	(0.441)	(1.168)	(1.163)	(-0.006)	(-0.353)	(0.439)	(0.592)
VCs_edu	-0.003	-0.010	-0.032	-0.039	0.305	0.302	0.165	0.203	-0.001	-0.001
	(-0.069)	(-0.263)	(-0.561)	(-0.683)	(0.968)	(0.959)	(1.135)	(1.343)	(-0.485)	(-0.632)
VCs_exp	0.011	-0.002	0.017	0.006	0.353	0.348	-0.160	-0.060	-0.000	-0.000
	(0.254)	(-0.046)	(0.243)	(0.085)	(1.132)	(1.112)	(-0.904)	(-0.325)	(-0.077)	(-0.288)
VC_rep	-0.007	-0.022	-0.043	-0.059	0.682	0.632	0.229	0.377	-0.000	-0.001
	(-0.145)	(-0.458)	(-0.566)	(-0.778)	(1.633)	(1.502)	(1.003)	(1.587)	(-0.031)	(-0.282)
VC_size	0.020	0.018	-0.005	-0.007	0.296*	0.289*	-0.012	0.015	0.002*	0.001*

第四章 私人关系下风险投资家与创业企业家合谋行为的表现

续表

Variables	(1)	(2)	(3)	(4)	(5)	(6)	(7)	(8)	(9)	(10)
VC_own	(0.966)	(0.869)	(-0.133)	(-0.206)	(1.677)	(1.653)	(-0.131)	(0.165)	(1.855)	(1.741)
	0.021	0.010	-0.093	-0.102	0.245	0.229	0.085	0.128	-0.005**	-0.005***
	(0.375)	(0.177)	(-1.031)	(-1.144)	(0.506)	(0.462)	(0.383)	(0.554)	(-2.453)	(-2.600)
Constant	-0.171	0.659	6.985***	7.773***	-11.727	-10.696	3.583	-5.233	0.128***	0.156***
	(-0.163)	(0.640)	(3.762)	(4.249)	(-0.868)	(-0.769)	(0.775)	(-1.069)	(2.997)	(3.674)
Year	Yes	Yes	Yes	Yes	Yes	Yes	Yes	Yes	Yes	Yes
Industry	Yes	Yes	Yes	Yes	Yes	Yes	Yes	Yes	Yes	Yes
N	1600	1600	1600	1600	715	715	1575	1575	1600	1600
Adj-R^2	0.025	0.066	0.235	0.251	0.115	0.128			0.181	0.187
Chi^2							254.150	247.430		

注：括号内为 t 检验值；***、**和*分别表示 1%、5%与 10%的显著性水平。

第六节 异质性检验

一、风险投资机构产权性质的异质性分析

风险投资机构依据产权性质可以分为国有风险投资机构与非国有风险投资机构。国有风险投资机构注重解决投资市场的失灵现象。政府要求国有风险投资机构在企业创立初期就进行投资、提供资金，以达到扶持、鼓励早期创业企业的目的。① 而非国有风险投资机构更注重市场化运营和追求营利性动机。所以两种风险投资机构的投资理念、投资方式以及投资绩效存在差异。当风险投资机构的产权性质不同时，私人关系下风险投资家与创业企业家的合谋行为也存在差异。

一方面，在薪酬激励体系设计上，国有风险投资机构更倾向于采用固定薪酬制，缺乏补偿机制，而非国有风险投资机构更倾向于采用较多的绩效奖励。② 就非国有风险投资机构而言，在激励不足情形下，国有风险投资机构的管理层可能会凭借国有资本包含的政治资源，为其私人利益或者政治利益与被投资企业的创业企业家产生合谋行为。具体而言，相对于非国有风险投资机构，国有风险投资机构手中的政治关联使其成为企业与政府之间的桥梁。这种政治关联能为被投资企业带来额外的资源。Wang 等发现有政治关联的公司，其在股票发行的过程中获得了明显的好处，例如，较高的发行价格、较低的抑价和较低的固定成本。③ 另一方面，与发达国家相比，我国尚

---

① 陈鑫，陈德棉，乔明哲. 国有风险投资真的低效吗?：基于区域技术进步的视角[J]. 经济与管理研究，2019，40(1)：51.
② SUN W, ZHAO Y, SUN L. Big Data Analytics for Venture Capital Application: Towards Innovation Performance Improvement [J]. International Journal of Information Management, 2020, 50: 557.
③ WANG R, WU C. Politician as Venture Capitalist: Politically-connected VCs and IPO Activity in China [J]. Journal of Corporate Finance, 2020, 64: 101632.

不完善的制度、法律环境和民众的监督意识与观念的缺失使国有风险投资机构的代理人更可能存在道德风险。为了弥补薪酬激励体系带来的个人利益损失，风险投资家会在有机可乘的法律环境及监督环境下更有动机与创业企业家发生合谋行为。因此，本书认为与非国有风险投资机构相比，国有风险投资机构的风险投资家与创业企业家的私人关系更容易使企业发生合谋行为。

为了验证以上分析，本书将原回归样本按照风险投资机构是否为国有性质进行分组回归，回归结果如表4.13和表4.14所示。从表4.13中可以看出，国有风险投资机构私人关系对合谋行为影响的回归结果显著性均为$p<0.01$。而从表4.14中可以看出，非国有风险投资机构私人关系对提高风险投资家收益、企业家隐性自利行为的影响不显著，私人关系对增加企业经营风险的影响的显著性为$p<0.5$。该回归结果显示，与非国有风险投资机构相比，国有风险投资机构的风险投资家与创业企业家的私人关系更容易使风险投资家与创业企业家发生合谋行为。

表 4.13 国有风险投资机构下私人关系对合谋行为的影响

Variables	(1) Overpay	(2) Overpay	(3) Cpc	(4) Cpc	(5) VCself	(6) VCself	(7) Msexpr	(8) Msexpr	(9) Risk	(10) Risk
Guanxi		0.058***		0.106***		1.138***		−0.771***		0.003***
		(4.403)		(2.956)		(3.519)		(−7.013)		(3.499)
Firm_size	−0.065**	−0.087***	0.383***	0.345***	0.660	0.608	−0.154	0.319	0.001	−0.000
	(−2.090)	(−2.798)	(4.724)	(4.294)	(0.977)	(0.900)	(−0.803)	(1.548)	(0.554)	(−0.064)
Firm_profit	0.401	0.447	−0.393	−0.323	−2.081	−2.061	2.732	3.112	−0.154***	−0.153***
	(1.444)	(1.626)	(−0.757)	(−0.628)	(−0.237)	(−0.235)	(1.086)	(1.251)	(−4.977)	(−5.035)
Firm_lever	0.255*	0.259*	0.407	0.419	−7.459***	−7.557***	2.429***	2.225***	−0.002	−0.002
	(1.931)	(1.964)	(1.321)	(1.398)	(−3.218)	(−3.265)	(2.946)	(2.671)	(−0.269)	(−0.216)
Firm_itg	0.835**	0.781**	1.641*	1.522*	0.178	0.720	0.227	0.775	0.005	0.002
	(2.206)	(2.105)	(1.788)	(1.762)	(0.012)	(0.047)	(0.071)	(0.236)	(0.176)	(0.066)
Firm_eps	−0.045	−0.053	0.118	0.106	2.013***	1.984***	−1.238***	−1.257***	0.013***	0.013***
	(−0.966)	(−1.143)	(1.382)	(1.266)	(2.710)	(2.692)	(−3.043)	(−3.045)	(2.944)	(2.881)
Entre_age	−0.120	−0.160	−0.484	−0.565*	−0.996	−1.514	−1.700*	−0.654	−0.024**	−0.027**
	(−0.454)	(−0.606)	(−1.456)	(−1.750)	(−0.450)	(−0.682)	(−1.878)	(−0.715)	(−2.156)	(−2.425)

续表

Variables	(1)	(2)	(3)	(4)	(5)	(6)	(7)	(8)	(9)	(10)
Entre_gder	-0.173	-0.155	-0.210	-0.179	1.174	0.984	0.110	-0.084	-0.004	-0.004
	(-1.342)	(-1.245)	(-1.486)	(-1.251)	(0.892)	(0.771)	(0.259)	(-0.197)	(-0.805)	(-0.647)
Entre_edu	-0.011	-0.012	-0.042	-0.044	0.317	0.315	-0.097	-0.058	-0.001*	-0.001*
	(-0.895)	(-0.992)	(-1.501)	(-1.609)	(1.582)	(1.575)	(-1.207)	(-0.712)	(-1.661)	(-1.817)
Entre_exp	0.023	0.027	0.024	0.032	0.515	0.537	0.852***	0.804***	-0.009***	-0.009***
	(0.698)	(0.818)	(0.413)	(0.555)	(0.901)	(0.938)	(4.170)	(3.815)	(-2.991)	(-2.936)
VCs_gder	-0.038	-0.045	-0.087	-0.099	1.285	1.151	0.113	0.243	0.002	0.002
	(-0.397)	(-0.480)	(-0.603)	(-0.708)	(1.456)	(1.282)	(0.359)	(0.757)	(0.659)	(0.563)
VCs_edu	-0.006	-0.011	-0.041	-0.050	0.329	0.360	0.142	0.204	-0.001	-0.001
	(-0.133)	(-0.243)	(-0.570)	(-0.709)	(0.929)	(1.005)	(0.841)	(1.209)	(-0.459)	(-0.585)
VCs_exp	0.021	0.019	0.080	0.075	-0.067	-0.142	-0.049	0.050	0.000	0.000
	(0.399)	(0.362)	(0.837)	(0.805)	(-0.197)	(-0.410)	(-0.239)	(0.244)	(0.108)	(0.016)
VC_rep	-0.005	-0.014	-0.073	-0.089	-0.573	-0.541	0.517*	0.496*	0.000	-0.000
	(-0.082)	(-0.217)	(-0.773)	(-0.956)	(-1.254)	(-1.187)	(1.876)	(1.805)	(0.001)	(-0.049)
VC_size	0.015	0.016	-0.042	-0.039	0.231	0.186	0.099	0.103	0.002*	0.002*

续表

Variables	(1)	(2)	(3)	(4)	(5)	(6)	(7)	(8)	(9)	(10)
Constant	1.726	2.376*	8.765***	9.935***	-8.415	-5.377	8.009	-5.883	0.124**	0.163***
	(0.589)	(0.646)	(-0.949)	(-0.937)	(1.152)	(0.950)	(1.019)	(1.055)	(1.806)	(1.828)
	(1.377)	(1.892)	(3.702)	(4.266)	(-0.479)	(-0.307)	(1.417)	(-0.987)	(2.078)	(2.733)
Year	Yes	Yes	Yes	Yes	Yes	Yes	Yes	Yes	Yes	Yes
Industry	Yes	Yes	Yes	Yes	Yes	Yes	Yes	Yes	Yes	Yes
N	568	568	568	568	205	205	549	549	568	568
Adj-R²	0.041	0.062	0.238	0.274	0.084	0.089			0.234	0.244
Chi²							169.77	172.52		

注：括号内为 t 检验值；***、**和*分别表示1%、5%与10%的显著性水平。

第四章 私人关系下风险投资家与创业企业家合谋行为的表现

表4.14 非国有风险投资机构下私人关系对合谋行为的影响

Variables	(1) Overpay	(2) Overpay	(3) Cpc	(4) Cpc	(5) VCself	(6) VCself	(7) Msexpr	(8) Msexpr	(9) Risk	(10) Risk
Guanxi		0.079***		0.061		1.739		−1.180***		0.002*
		(4.545)		(1.456)		(1.385)		(−6.264)		(1.810)
Firm_size	0.053	0.019	0.531***	0.506***	2.766***	2.653**	0.279	0.945***	−0.006**	−0.007***
	(0.997)	(0.336)	(5.251)	(5.016)	(2.664)	(2.504)	(0.849)	(2.595)	(−2.575)	(−2.828)
Firm_profit	1.639***	1.594***	−1.200	−1.219	−90.734***	−89.989***	2.691	4.679	−0.075*	−0.076*
	(2.937)	(3.005)	(−1.278)	(−1.331)	(−4.566)	(−4.436)	(0.591)	(1.007)	(−1.808)	(−1.892)
Firm_lever	0.286	0.274	−0.318	−0.320	−8.969**	−9.354**	−0.204	−0.461	0.003	0.003
	(1.303)	(1.257)	(−0.854)	(−0.860)	(−2.098)	(−2.164)	(−0.149)	(−0.326)	(0.324)	(0.315)
Firm_itg	0.502	0.535	−1.571	−1.555	−13.712	−12.962	19.653***	22.589***	0.110*	0.111*
	(0.869)	(0.871)	(−1.285)	(−1.274)	(−1.038)	(−1.003)	(3.374)	(3.624)	(1.923)	(1.908)
Firm_eps	−0.135**	−0.123*	0.208*	0.217*	1.895	2.094	−0.772	−1.161**	0.016***	0.016***
	(−1.976)	(−1.848)	(1.809)	(1.890)	(1.362)	(1.457)	(−1.483)	(−2.112)	(3.891)	(3.969)
Entre_age	0.533*	0.526*	0.357	0.348	−5.128*	−5.125*	−1.335	−1.519	−0.010	−0.010
	(1.668)	(1.694)	(0.945)	(0.938)	(−1.719)	(−1.754)	(−0.983)	(−1.094)	(−1.126)	(−1.128)

续表

Variables	(1)	(2)	(3)	(4)	(5)	(6)	(7)	(8)	(9)	(10)
Entre_gder	-0.334*	-0.347**	-0.254	-0.262	6.002	5.545	0.427	0.256	-0.004	-0.004
	(-1.872)	(-2.071)	(-0.785)	(-0.851)	(1.527)	(1.296)	(0.545)	(0.306)	(-0.931)	(-0.896)
Entre_edu	0.031*	0.025	-0.005	-0.010	0.714**	0.606*	-0.046	0.032	-0.000	-0.000
	(1.779)	(1.392)	(-0.177)	(-0.313)	(2.094)	(1.789)	(-0.360)	(-0.246)	(-0.366)	(-0.480)
Entre_exp	-0.126**	-0.120**	-0.066	-0.059	0.504	0.577	1.097***	1.053***	-0.002	-0.002
	(-2.483)	(-2.483)	(-0.985)	(-0.869)	(0.682)	(0.788)	(3.664)	(3.279)	(-1.375)	(-1.191)
VCs_gder	0.018	0.026	0.254*	0.259*	-0.722	-1.279	-0.472	-0.581	-0.001	-0.001
	(0.226)	(0.338)	(1.885)	(1.948)	(-0.633)	(-1.150)	(-1.200)	(-1.432)	(-0.400)	(-0.295)
VCs_edu	0.021	0.023	-0.050	-0.048	0.447	0.440	0.310	0.250	-0.002	-0.001
	(0.298)	(0.344)	(-0.487)	(-0.477)	(0.825)	(0.851)	(1.117)	(0.890)	(-0.958)	(-0.934)
VCs_exp	-0.017	-0.035	-0.209*	-0.222*	1.091*	1.098*	-0.166	0.004	0.002	0.001
	(-0.222)	(-0.461)	(-1.788)	(-1.921)	(1.772)	(1.860)	(-0.468)	(0.013)	(0.565)	(0.387)
VC_rep	-0.015	-0.014	0.066	0.062	2.476***	2.355***	-0.081	0.150	-0.001	-0.001
	(-0.191)	(-0.184)	(0.513)	(0.483)	(3.167)	(2.978)	(-0.183)	(0.347)	(-0.232)	(-0.310)
VC_size	0.029	0.026	0.077	0.074	0.338	0.168	-0.469**	-0.447**	0.000	0.000

续表

Variables	(1)	(2)	(3)	(4)	(5)	(6)	(7)	(8)	(9)	(10)
Constant	-2.710	-2.124	3.175	3.624	-37.574*	-34.910	-3.263	-14.193*	0.204***	0.219***
	(0.769)	(0.685)	(1.203)	(1.131)	(0.845)	(0.424)	(-2.386)	(-2.257)	(0.202)	(0.111)
	(-1.563)	(-1.214)	(1.278)	(1.473)	(-1.765)	(-1.622)	(-0.411)	(-1.705)	(3.232)	(3.403)
Year	Yes	Yes	Yes	Yes	Yes	Yes	Yes	Yes	Yes	Yes
Industry	Yes	Yes	Yes	Yes	Yes	Yes	Yes	Yes	Yes	Yes
N	1032	1032	1032	1032	510	510	1010	1010	1032	1032
Adj-R^2	0.072	0.101	0.288	0.304	0.409	0.423			0.174	0.198
Chi^2							84.38	85.27		

注：括号内为 t 检验值；***、**和*分别表示1%、5%与10%的显著性水平。

二、风险投资机构与被投资企业是否在同一省份的异质性分析

导致风险投资机构投资决策呈现复杂性的重要因素之一是其与创业企业之间的投资距离。基于私人关系的风险投资家与创业企业家的合谋行为会因为风险投资机构与被投资企业地理距离的不同呈现出异质性。本书采用虚拟变量"风险投资机构与被投资企业是否在同一省份"表征地理距离带来的异质性。同时,本书认为与风险投资机构和被投资企业不在同一省份的情况相比,位于同一省份的风险投资机构与被投资企业的风险投资家与创业企业家的私人关系更容易使风险投资家与创业企业家发生合谋行为。原因主要有以下三点:

第一,与不在同一省份的风险投资机构和被投资企业相比,位于同一省份的风险投资机构与被投资企业,风险投资家与创业企业家更有经常见面交流的机会,熟悉彼此的经营方式及投资策略,有助于降低双方信息不对称性,为合谋行为发生提供可能性和可行性。[1]

第二,风险投资机构与被投资企业在同一省份,风险投资家担任企业高管可以实地参与企业经营管理与公司治理,更加熟悉企业内部经营情况,更容易利用职权为自身谋取利益,增加合谋行为的可操作性。[2]

第三,风险投资机构与被投资企业在同一省份,风险投资家更有地理优势接触到创业企业所属地的"圈子文化"和"软信息",进一步增加风险投资家与创业企业家双方的信任水平,增加合谋行为发生的概率。[3]

相反,没有位于同一省份的风险投资家与创业企业家,即使存在私人关系,双方也会因为地理距离较远而无法全面了解风险投资机构投资以及创业企业经营战略,风险投资家与创业企业家也会因地理距离的限制而无法使彼

---

[1] 杜德林,王姣娥. 基于空间视角的风险投资研究进展与展望 [J]. 地理科学进展, 2022, 41 (3): 477.
[2] 姚铮,顾慧莹,严琦. 基于风险投资机构的风险企业高管变更影响因素研究 [J]. 经济与管理研究, 2016, 37 (7): 2.
[3] FAURE-GRIMAUD A, LAFFONT J-J, MARTIMORT D. Collusion, Delegation and Supervision with Soft Information [J]. The Review of Economic Studies, 2003, 70 (2): 253.

此深入了解个人需求,信任感难以升华。为验证上述假设,本书按照风险投资机构与被投资企业是否在同一省份分组回归,回归结果如表 4.15 和表 4.16 所示。从表 4.15 风险投资机构与被投资企业在同一省份可以看出,国有风险投资机构私人关系对合谋行为四方面影响的回归结果显著性均为 $p<0.01$。而从表 4.16 风险投资机构与被投资企业在不同省份中可以看出,私人关系对提高风险投资家收益、企业家隐性自利行为的影响不显著,私人关系对增加企业经营风险的影响的显著性为 $p<0.5$。该回归结果显示与不在同一省份情况相比,在同一省份的风险投资机构和被投资企业的风险投资家与创业企业家的私人关系更容易使风险投资家与创业企业家发生合谋行为。

表 4.15 风险投资机构与被投资企业在同一省份

Variables	(1) Overpay	(2) Overpay	(3) Cpc	(4) Cpc	(5) VCself	(6) VCself	(7) Msexpr	(8) Msexpr	(9) Risk	(10) Risk
Guanxi		0.068***		0.101***		1.700***		-0.131***		0.002***
		(5.179)		(3.128)		(4.038)		(-7.032)		(3.100)
Firm_size	-0.026	-0.055*	0.471***	0.426***	2.065*	1.872*	-0.013	0.071**	-0.002	-0.003
	(-0.776)	(-1.681)	(6.193)	(5.679)	(1.886)	(1.791)	(-0.395)	(2.322)	(-0.845)	(-1.450)
Firm_profit	0.768***	0.804***	-0.678	-0.644	-27.658	-26.318	0.921**	1.014***	-0.130***	-0.130***
	(2.576)	(2.791)	(-1.255)	(-1.221)	(-1.642)	(-1.544)	(2.540)	(3.220)	(-4.161)	(-4.270)
Firm_lever	0.218	0.215	0.066	0.073	-8.630***	-8.673***	0.191	0.150	0.001	0.001
	(1.589)	(1.590)	(0.233)	(0.266)	(-3.068)	(-2.954)	(1.425)	(1.183)	(0.107)	(0.144)
Firm_itg	0.794**	0.851**	0.407	0.481	-11.276	-10.754	0.532	0.428	0.026	0.028
	(2.232)	(2.351)	(0.463)	(0.571)	(-0.811)	(-0.797)	(1.265)	(1.038)	(0.760)	(0.806)
Firm_eps	-0.096**	-0.106***	0.133	0.122	1.113	1.223	-0.240***	-0.231***	0.015***	0.015***
	(-2.431)	(-2.789)	(1.641)	(1.522)	(1.254)	(1.360)	(-4.345)	(-4.507)	(4.012)	(4.020)
Entre_age	0.375	0.346	-0.082	-0.149	-6.847**	-8.126***	-0.153	-0.032	-0.023**	-0.024**
	(1.413)	(1.293)	(-0.290)	(-0.546)	(-2.229)	(-2.640)	(-1.167)	(-0.247)	(-2.310)	(-2.463)

续表

Variables	(1)	(2)	(3)	(4)	(5)	(6)	(7)	(8)	(9)	(10)
Entre_gder	-0.297**	-0.278*	-0.463***	-0.428***	-3.094*	-3.750**	0.074	0.016	-0.008	-0.007
	(-2.043)	(-1.941)	(-2.933)	(-2.664)	(-1.943)	(-2.029)	(1.331)	(0.312)	(-1.461)	(-1.302)
Entre_edu	0.005	0.003	-0.030	-0.033	0.711*	0.652	-0.006	-0.001	-0.001	-0.001
	(0.439)	(0.265)	(-1.195)	(-1.324)	(1.738)	(1.589)	(-0.489)	(-0.079)	(-1.350)	(-1.434)
Entre_exp	-0.077*	-0.072*	-0.047	-0.035	0.320	0.338	0.141***	0.117***	-0.006***	-0.006***
	(-1.948)	(-1.915)	(-0.907)	(-0.689)	(0.403)	(0.438)	(4.291)	(3.944)	(-2.937)	(-2.811)
VCs_gder	-0.024	-0.020	0.065	0.070	0.261	-0.358	-0.011	-0.022	0.003	0.003
	(-0.302)	(-0.258)	(0.539)	(0.608)	(0.242)	(-0.348)	(-0.234)	(-0.515)	(0.966)	(1.023)
VCs_edu	0.004	0.008	-0.028	-0.023	-0.160	-0.082	0.017	0.014	-0.000	-0.000
	(0.078)	(0.154)	(-0.404)	(-0.336)	(-0.322)	(-0.172)	(0.651)	(0.538)	(-0.136)	(-0.088)
VCs_exp	0.021	0.010	-0.064	-0.081	0.645	0.564	-0.052	-0.024	0.001	0.000
	(0.402)	(0.187)	(-0.782)	(-1.009)	(1.032)	(0.935)	(-1.508)	(-0.788)	(0.285)	(0.076)
VC_rep	0.072	0.057	-0.017	-0.041	2.116***	2.208***	0.072*	0.077**	0.000	-0.000
	(1.299)	(1.045)	(-0.175)	(-0.447)	(3.176)	(3.294)	(1.847)	(2.087)	(0.071)	(-0.011)
VC_size	0.011	0.011	0.003	0.003	0.575*	0.389	0.010	0.009	0.003**	0.003**

续表

Variables	(1)	(2)	(3)	(4)	(5)	(6)	(7)	(8)	(9)	(10)
VC_own	(0.413)	(0.410)	(0.064)	(0.067)	(1.744)	(1.113)	(0.679)	(0.640)	(2.096)	(2.106)
	−0.009	−0.002	−0.084	−0.071	1.390	1.073	0.023	0.008	−0.006***	−0.006**
	(−0.126)	(−0.033)	(−0.692)	(−0.605)	(1.652)	(1.265)	(0.542)	(0.215)	(−2.617)	(−2.540)
Constant	−1.048	−0.286	4.055**	5.319***	−17.548	−8.781	0.398	−1.869**	0.171***	0.202***
	(−0.828)	(−0.227)	(1.993)	(2.656)	(−0.785)	(−0.408)	(0.462)	(−2.403)	(3.182)	(3.695)
Year	Yes	Yes	Yes	Yes	Yes	Yes	Yes	Yes	Yes	Yes
Industry	Yes	Yes	Yes	Yes	Yes	Yes	Yes	Yes	Yes	Yes
N	748	748	748	748	213	213	748	748	748	748
Adj-R²	0.046	0.074	0.219	0.256	0.274	0.292	0.357	0.407	0.178	0.183
Chi²							163.18	172.21		

注：括号内为 t 检验值；***、**和*分别表示1%、5%与10%的显著性水平。

第四章 私人关系下风险投资家与创业企业家合谋行为的表现

表 4.16 风险投资机构与被投资企业在不同省份

Variables	(1) Overpay	(2) Overpay	(3) Cpc	(4) Cpc	(5) VCself	(6) VCself	(7) Msexpr	(8) Msexpr	(9) Risk	(10) Risk
Guanxi		0.060**		0.059		1.409		-0.112***		0.003*
		(2.054)		(1.138)		(1.284)		(-3.482)		(1.935)
Firm_size	-0.045	-0.061	0.211*	0.200*	0.905	0.866	-0.008	0.010	0.001	0.001
	(-0.894)	(-1.187)	(1.790)	(1.694)	(1.386)	(1.310)	(-0.157)	(0.217)	(0.582)	(0.306)
Firm_profit	0.922*	0.957**	-0.837	-0.791	-19.014*	-19.158*	-0.598	-0.532	-0.170***	-0.167***
	(1.959)	(1.973)	(-0.911)	(-0.866)	(-1.815)	(-1.833)	(-1.000)	(-0.895)	(-3.542)	(-3.447)
Firm_lever	0.249	0.247	0.382	0.381	-7.817***	-7.913***	0.182	0.181	-0.011	-0.010
	(1.253)	(1.247)	(0.844)	(0.849)	(-2.944)	(-2.987)	(0.872)	(0.958)	(-1.277)	(-1.239)
Firm_itg	1.187	0.904	2.201	1.919	-4.510	-3.765	0.349	0.870	0.097**	0.078*
	(1.374)	(1.071)	(1.462)	(1.317)	(-0.324)	(-0.273)	(0.316)	(0.775)	(2.282)	(1.893)
Firm_eps	-0.039	-0.034	0.283**	0.287**	2.059**	2.075**	-0.022	-0.035	0.014***	0.014***
	(-0.517)	(-0.443)	(2.068)	(2.080)	(2.137)	(2.152)	(-0.225)	(-0.349)	(2.595)	(2.619)
Entre_age	-0.189	-0.197	-0.576	-0.583	-2.023	-2.478	-0.239	-0.174	-0.011	-0.012
	(-0.586)	(-0.603)	(-0.919)	(-0.932)	(-0.851)	(-1.059)	(-1.115)	(-0.898)	(-0.932)	(-1.003)

续表

Variables	(1)	(2)	(3)	(4)	(5)	(6)	(7)	(8)	(9)	(10)
Entre_gder	−0.242*	−0.253*	0.295	0.282	3.929**	3.652**	−0.103	−0.085	0.003	0.003
	(−1.783)	(−1.947)	(1.309)	(1.371)	(2.149)	(1.979)	(−0.704)	(−0.744)	(0.592)	(0.415)
Entre_edu	0.011	0.008	0.009	0.006	0.231	0.208	−0.019	−0.009	−0.002	−0.002
	(0.513)	(0.410)	(0.225)	(0.156)	(1.280)	(1.151)	(−1.210)	(−0.602)	(−1.365)	(−1.481)
Entre_exp	0.031	0.033	0.131	0.131	−0.141	−0.094	0.152**	0.143**	−0.009**	−0.008**
	(0.674)	(0.723)	(1.519)	(1.552)	(−0.245)	(−0.162)	(2.542)	(2.549)	(−2.111)	(−2.135)
VCs_gder	−0.025	−0.030	−0.075	−0.079	0.968	0.891	−0.035	−0.032	−0.002	−0.002
	(−0.270)	(−0.333)	(−0.446)	(−0.475)	(1.032)	(0.935)	(−0.695)	(−0.643)	(−0.501)	(−0.540)
VCs_edu	−0.061	−0.068	−0.120	−0.126	0.745*	0.731*	−0.006	0.003	−0.002	−0.002
	(−1.040)	(−1.146)	(−1.288)	(−1.369)	(1.955)	(1.929)	(−0.189)	(0.113)	(−0.822)	(−0.988)
VCs_exp	0.007	−0.001	0.155	0.148	0.074	0.023	0.087	0.094	−0.001	−0.001
	(0.101)	(−0.011)	(1.023)	(0.983)	(0.205)	(0.064)	(1.405)	(1.499)	(−0.263)	(−0.397)
VC_rep	−0.095	−0.098	−0.038	−0.043	−0.373	−0.402	−0.032	−0.010	0.001	0.000
	(−1.258)	(−1.308)	(−0.291)	(−0.333)	(−0.755)	(−0.822)	(−0.709)	(−0.204)	(0.293)	(0.168)
VC_size	0.013	0.012	−0.008	−0.009	0.218	0.180	−0.021	−0.011	−0.001	−0.001

<<< 第四章 私人关系下风险投资家与创业企业家合谋行为的表现

续表

Variables	(1)	(2)	(3)	(4)	(5)	(6)	(7)	(8)	(9)	(10)
	(0.377)	(0.361)	(-0.110)	(-0.115)	(1.020)	(0.859)	(-1.064)	(-0.576)	(-0.794)	(-0.922)
VC_own	0.030	0.025	-0.157	-0.161	-0.630	-0.667	-0.016	-0.014	-0.002	-0.002
	(0.332)	(0.288)	(-1.156)	(-1.190)	(-1.032)	(-1.079)	(-0.338)	(-0.300)	(-0.523)	(-0.593)
Constant	1.728	2.100	12.437***	12.711***	-7.451	-4.745	0.831	0.162	0.069	0.086
	(1.061)	(1.280)	(3.640)	(3.730)	(-0.422)	(-0.267)	(0.645)	(0.137)	(1.048)	(1.401)
Year	Yes	Yes	Yes	Yes	Yes	Yes	Yes	Yes	Yes	Yes
Industry	Yes	Yes	Yes	Yes	Yes	Yes	Yes	Yes	Yes	Yes
N	852	852	852	852	502	502	852	852	852	852
Adj-R²	0.084	0.107	0.353	0.366	0.117	0.123	0.364	0.394	0.229	0.266
Chi²							100.37	133.92		

注：括号内为t检验值；***、**和*分别表示1%、5%与10%的显著性水平。

三、风险投资机构是否联合投资的异质性分析

创业投资公司在决定进行一项投资时总是确信项目未来的现金流足以补偿现在的投资额及投资所承担的风险,但是有时候会选择联合投资的形式对创业企业投资,主要原因如下:第一,联合投资可有效分散风险。由于风险投资机构与创业企业存在较高的信息不对称性,而创业资本的资金流动性较差,投资周期较长,一旦投资不慎,将会存在很大的资金风险隐患,因此联合投资会有效分散风险,降低损失金额。① 第二,联合投资可有效补充投资资金。创业投资项目所需资金高昂,往往一家风险投资机构难以承担,几家风险投资机构共同出资投资,按比例获得收益。第三,联合投资可互补和加强资源的利用。每家风险投资公司擅长的领域不同,专业性较高,这增加了监管难度和监管成本。② 联合投资可以更有效地利用资源创造价值,降低监管成本。

在联合投资中,众多投资机构可以划分为牵头投资机构与跟投投资机构。牵头投资机构成立时间较长,具有良好的投资声誉和投资经验,较全面的信息渠道来源以及深厚的投资资金。因此,通过联合投资的方式更多是为了降低金融风险,尤其是在项目风险很高的时候。跟投投资机构的主要动机是分享资源。主要考虑的是投资范围、资源基础和项目组合是否合适。根据潘庆华等提出的牵头创业投资公司与跟投创业投资公司合作策略的选择思路,我们可以提出假设:与存在联合投资的创业企业相比,不存在联合投资的创业企业中,风险投资家与创业企业家因私人关系更容易发生合谋行为。③ 原因解释如下:牵头投资公司主要担负着监管、寻找退出途径等任务,他们将会比跟投者花更多的时间和精力。牵头投资公司不仅要对自身利益负责,

---

① 刘刚,梁晗,殷建瓴.风险投资声誉、联合投资与企业创新绩效:基于新三板企业的实证分析 [J]. 中国软科学, 2018 (12):110.
② BAYAR O, CHEMMANUR T J, TIAN X. Peer Monitoring, Syndication, and the Dynamics of Venture Capital Interactions:Theory and Evidence [J]. Journal of Financial and Quantitative Analysis, 2019, 55 (6):1875.
③ 潘庆华,达庆利.创业投资公司联合投资的动因及合作策略的选择 [J]. 经济问题探索, 2006 (4):63.

<<< 第四章 私人关系下风险投资家与创业企业家合谋行为的表现

还要对联合投资团体的集体利益负责。跟投者会选择最诚实的牵头者,牵头者的欺骗行为一旦被跟投者发现,跟投者将会拒绝与其再次合作。所以,牵头者想要达成交易就必须诚实。如果牵头投资公司的风险投资家为了满足自身利益与创业企业家发生合谋行为,损害了中小股东利益以及跟投投资公司的利益,跟投者将会终止以后的合作。同时,这种有损于牵头者声誉的消息会在创业投资网中传播开来,极大影响牵头企业未来现金流以及和其他风险投资机构的合作关系。

为了验证上述假设,本书将回归样本按照是否存在联合投资拆分为两个子样本,分别进行私人关系对合谋行为影响的回归。联合投资狭义是指两个(含)以上投资机构共同投资于某一特定轮次;广义是指两个及以上投资机构共同投资于某一特定项目,投资项目时间并不一定相同。① 本书考虑到数据获取可得性以及分析相关匹配性,采用广义概念,即在项目IPO之前的所有轮次中,若仅存在唯一的风险投资机构投资于风险企业,意味着非联合;若存在两个及以上风险投资机构的参与,意味着联合投资。关于联合风险投资是否形成的测度仅限于IPO层次。

回归结果如表4.17与表4.18所示,从表4.17中可以看出,存在联合投资的创业企业,私人关系对合谋行为的影响中,私人关系对企业家自利行为、企业经营风险的影响不显著;私人关系对风险投资家收益影响的显著性 $p<0.1$;私人关系对中小股东利益影响的显著性 $p<0.05$。从表4.18中可以看出,不存在联合投资的创业企业,私人关系对合谋行为四方面的影响的显著性均为 $p<0.01$。实证结果支持上述研究假设,即与存在联合投资的创业企业相比,不存在联合投资的创业企业中,风险投资家与创业企业家因私人关系更容易发生合谋行为。

---

① 王育晓,党兴华,王曦,等.联合投资伙伴选择:资源"累积性"还是"相似性"匹配?[J].科研管理,2015,36(8):144.

表 4.17 风险投资机构联合投资

Variables	(1) Overpay	(2) Overpay	(3) Cpc	(4) Cpc	(5) VCself	(6) VCself	(7) Msexpr	(8) Msexpr	(9) Risk	(10) Risk
Guanxi	−0.048	0.069		0.123		2.161*		−0.865**		0.002
	(−1.153)	(1.265)		(0.410)		(1.912)		(−2.343)		(1.132)
Firm_size		−0.072*	0.362***	0.319***	1.112*	1.034	−0.241	0.218	0.003	0.003
		(−1.767)	(4.410)	(3.830)	(1.671)	(1.551)	(−1.061)	(0.947)	(1.528)	(1.151)
Firm_profit	0.876**	0.932***	−1.108*	−1.016*	−20.919**	−19.800**	0.085	0.162	−0.136***	−0.135***
	(2.509)	(2.686)	(−1.953)	(−1.775)	(−2.206)	(−2.097)	(0.029)	(0.058)	(−4.206)	(−4.284)
Firm_lever	0.242	0.242	0.417	0.418	−6.281***	−6.645***	2.171**	1.771*	0.001	0.001
	(1.601)	(1.582)	(1.183)	(1.205)	(−2.600)	(−2.744)	(2.235)	(1.883)	(0.094)	(0.102)
Firm_itg	1.072***	0.968**	0.577	0.376	−1.066	−0.097	4.831	5.976*	0.071**	0.067*
	(2.720)	(2.426)	(0.642)	(0.430)	(−0.083)	(−0.008)	(1.407)	(1.754)	(1.994)	(1.863)
Firm_eps	−0.098*	−0.107**	0.297***	0.283***	1.700**	1.719**	−0.918**	−0.902**	0.012**	0.011**
	(−1.938)	(−2.157)	(3.327)	(3.210)	(2.229)	(2.260)	(−2.049)	(−2.055)	(3.022)	(2.984)
Entre_age	0.019	−0.035	−0.260	−0.363	−1.698	−2.338	−1.810*	−0.724	−0.021	−0.023*
	(0.081)	(−0.150)	(−0.769)	(−1.102)	(−0.841)	(−1.182)	(−1.701)	(−0.710)	(−1.629)	(−1.766)

续表

Variables	(1)	(2)	(3)	(4)	(5)	(6)	(7)	(8)	(9)	(10)
Entre_gder	−0.252	−0.222	−0.192	−0.138	3.629*	3.272*	−0.182	−0.485	−0.011	−0.010
	(−1.369)	(−1.289)	(−1.145)	(−0.792)	(1.882)	(1.681)	(−0.293)	(−0.796)	(−1.149)	(−1.010)
Entre_edu	−0.001	−0.006	−0.002	−0.012	0.682***	0.619***	−0.190*	−0.093	−0.002*	−0.002*
	(−0.055)	(−0.377)	(−0.094)	(−0.478)	(3.157)	(2.932)	(−1.926)	(−0.986)	(−1.746)	(−1.903)
Entre_exp	−0.056	−0.045	−0.005	0.017	0.154	0.333	0.720***	0.573**	−0.014***	−0.013***
	(−1.177)	(−0.968)	(−0.092)	(0.291)	(0.257)	(0.556)	(3.013)	(2.360)	(−4.111)	(−3.999)
VCs_gder	−0.073	−0.086	0.151	0.127	1.373	0.925	−0.249	−0.061	−0.005	−0.005
	(−0.667)	(−0.814)	(0.799)	(0.693)	(1.511)	(1.022)	(−0.546)	(−0.139)	(−1.229)	(−1.335)
VCs_edu	−0.043	−0.038	−0.063	−0.054	0.473	0.537	0.443**	0.353*	−0.002	−0.002
	(−0.884)	(−0.802)	(−0.775)	(−0.685)	(1.368)	(1.584)	(2.335)	(1.943)	(−1.198)	(−1.109)
VCs_exp	0.049	0.040	0.028	0.012	0.424	0.313	−0.123	0.017	−0.002	−0.002
	(0.827)	(0.677)	(0.269)	(0.115)	(1.183)	(0.890)	(−0.509)	(0.076)	(−0.711)	(−0.827)
VC_rep	−0.046	−0.054	−0.084	−0.100	0.197	0.206	0.430	0.416	0.001	0.001
	(−0.702)	(−0.836)	(−0.917)	(−1.110)	(0.425)	(0.444)	(1.385)	(1.413)	(0.241)	(0.182)
VC_size	0.003	0.004	0.016	0.017	0.553***	0.401**	−0.109	−0.079	0.003**	0.003*

续表

Variables	(1)	(2)	(3)	(4)	(5)	(6)	(7)	(8)	(9)	(10)
	(0.106)	(0.137)	(0.302)	(0.319)	(2.702)	(1.970)	(-0.911)	(-0.693)	(1.979)	(1.949)
VC_own	0.026	0.028	-0.131	-0.125	0.840	0.619	0.115	0.099	-0.004	-0.004
	(0.315)	(0.353)	(-0.959)	(-0.939)	(1.464)	(1.052)	(0.357)	(0.320)	(-1.142)	(-1.120)
Constant	0.942	1.707	7.803***	9.169***	-17.468	-13.642	11.185*	-2.522	0.080	0.108
	(0.721)	(1.319)	(3.102)	(3.576)	(-1.073)	(-0.848)	(1.738)	(-0.393)	(1.223)	(1.626)
N	819	819	819	819	570	570	801	801	819	819
Adj-R²	0.100	0.100	0.267	0.268	0.133	0.141			0.275	0.275
Chi²							136.12	146.82		

注：括号内为 t 检验值；***、**和*分别表示 1%、5%与 10%的显著性水平。

第四章 私人关系下风险投资家与创业企业家合谋行为的表现

表 4.18 风险投资机构非联合投资

Variables	(1) Overpay	(2) Overpay	(3) Cpc	(4) Cpc	(5) VCself	(6) VCself	(7) Msexpr	(8) Msexpr	(9) Risk	(10) Risk
Guanxi		0.057***		0.051***		0.508***		-1.025***		0.002***
		(3.870)		(3.253)		(3.623)		(-7.039)		(3.006)
Firm_size	0.021	-0.007	0.492***	0.471***	1.231	1.185	0.353	1.047***	-0.004**	-0.005***
	(0.543)	(-0.174)	(4.937)	(4.802)	(1.587)	(1.501)	(1.424)	(3.515)	(-2.372)	(-2.889)
Firm_profit	0.784*	0.774*	-0.340	-0.343	-35.651*	-35.512*	5.853*	8.466**	-0.128***	-0.130***
	(1.844)	(1.896)	(-0.424)	(-0.438)	(-1.904)	(-1.876)	(1.688)	(2.271)	(-2.706)	(-2.769)
Firm_lever	0.233	0.242	-0.189	-0.173	-15.043***	-15.009***	0.371	0.317	-0.004	-0.003
	(1.352)	(1.437)	(-0.593)	(-0.555)	(-3.600)	(-3.549)	(0.354)	(0.274)	(-0.538)	(-0.451)
Firm_itg	0.410	0.465	1.177	1.251	-55.411***	-54.903***	6.516	6.154	-0.032	-0.030
	(0.633)	(0.730)	(0.858)	(0.946)	(-3.045)	(-2.981)	(1.390)	(1.168)	(-0.991)	(-0.931)
Firm_eps	-0.067	-0.064	0.049	0.053	1.309	1.304	-1.325***	-1.738***	0.017***	0.017***
	(-1.177)	(-1.123)	(0.447)	(0.488)	(0.823)	(0.804)	(-2.880)	(-3.381)	(3.436)	(3.502)
Entre_age	0.278	0.265	-0.198	-0.203	-2.227	-2.523	-0.421	0.044	-0.011	-0.012
	(0.789)	(0.751)	(-0.546)	(-0.571)	(-0.555)	(-0.624)	(-0.407)	(0.039)	(-1.235)	(-1.376)

181

续表

Variables	(1)	(2)	(3)	(4)	(5)	(6)	(7)	(8)	(9)	(10)
Entre_gder	−0.240*	−0.246*	−0.298	−0.297	−1.474	−1.587	0.186	0.038	−0.001	−0.001
	(−1.856)	(−1.921)	(−1.411)	(−1.473)	(−0.885)	(−0.942)	(0.389)	(0.071)	(−0.384)	(−0.294)
Entre_edu	0.004	0.004	−0.032	−0.031	−0.114	−0.126	0.025	0.048	−0.001	−0.001
	(0.289)	(0.291)	(−0.922)	(−0.913)	(−0.405)	(−0.447)	(0.269)	(0.471)	(−0.902)	(−0.974)
Entre_exp	−0.009	−0.011	0.003	0.002	−0.424	−0.476	1.055***	1.102***	−0.000	−0.000
	(−0.243)	(−0.291)	(0.043)	(0.021)	(−0.538)	(−0.606)	(4.556)	(4.328)	(−0.221)	(−0.100)
VCs_gder	0.064	0.057	−0.026	−0.032	−1.240	−1.361	−0.170	−0.074	0.005*	0.005*
	(0.790)	(0.715)	(−0.200)	(−0.245)	(−1.172)	(−1.225)	(−0.528)	(−0.212)	(1.927)	(1.862)
VCs_edu	0.077	0.068	−0.034	−0.042	−0.691	−0.712	−0.163	−0.043	0.001	0.000
	(1.186)	(1.057)	(−0.382)	(−0.477)	(−1.027)	(−1.074)	(−0.685)	(−0.167)	(0.493)	(0.299)
VCs_exp	−0.040	−0.045	0.038	0.035	0.541	0.526	−0.304	−0.161	0.002	0.002
	(−0.610)	(−0.693)	(0.369)	(0.339)	(0.794)	(0.763)	(−1.185)	(−0.583)	(1.076)	(0.951)
VC_rep	0.071	0.065	0.049	0.041	1.671*	1.629*	0.024	0.191	−0.001	−0.002
	(0.919)	(0.835)	(0.360)	(0.301)	(1.692)	(1.660)	(0.068)	(0.497)	(−0.385)	(−0.476)
VC_size	0.037	0.034	−0.028	−0.031	−0.427	−0.425	0.065	0.099	0.000	0.000

续表

Variables	(1)	(2)	(3)	(4)	(5)	(6)	(7)	(8)	(9)	(10)
VC_own	0.019	0.019	-0.028	-0.025	-1.426	-1.482	0.089	-0.017	-0.005*	-0.005*
	(1.310)	(1.229)	(-0.551)	(-0.608)	(-1.213)	(-1.205)	(0.507)	(0.710)	(0.278)	(0.248)
	(0.248)	(0.253)	(-0.211)	(-0.193)	(-1.549)	(-1.583)	(0.288)	(-0.051)	(-1.870)	(-1.842)
Constant	-1.827	-1.179	5.586**	6.067**	-3.304	-0.891	-7.038	-23.507***	0.141**	0.170***
	(-1.111)	(-0.718)	(2.066)	(2.299)	(-0.140)	(-0.037)	(-1.069)	(-3.051)	(2.424)	(2.869)
N	781	781	781	781	145	145	757	757	781	781
Adj-R²	0.045	0.059	0.254	0.269	0.245	0.267			0.161	0.172
Chi²							123.28	115.58		

注：括号内为 t 检验值；***、**和*分别表示 1%、5%与 10%的显著性水平。

本章小结

　　本章旨在探讨私人关系下,风险投资家与创业企业家的合谋行为表现。合谋行为在本书中被定义并从多个角度测量,包括企业家自利行为、风险投资家的收益、中小股东的权益以及企业经营风险。首先,本章定义了本书中最重要的研究变量,即风险投资家与创业企业家的私人关系,并对所有研究变量(包括自变量、因变量和控制变量)进行了描述性统计和相关性分析。其次,运用实证模型进行多元统计回归,以验证本章提出的研究假设。本章利用固定效应模型验证了私人关系对创业企业家的自利行为的影响。结果显示,私人关系显著且正向影响创业企业家的显性和隐性自利行为。通过 OLS 模型,验证了私人关系显著且正向影响风险投资家的收益。通过 xtlogit 模型,验证了私人关系显著且负向影响中小股东利益。固定效应模型结果表明,私人关系显著且正向影响企业经营风险。本章进行了不同类型的稳健性检验,包括样本选择偏差、遗漏变量偏差、动态面板引起的内生性修正以及替代解释变量等。最后,本章引入风险投资机构是否为国有性质、风险投资机构与被投资企业是否在同一省份、风险投资机构是否联合投资这三种因素,以研究它们在存在调节变量的情况下,对自变量与因变量之间关系的影响。结果表明,在国有风险投资机构、地理距离更近和非联合投资中,风险投资家与创业企业家存在私人关系,更容易发生合谋行为。

第五章

私人关系下风险投资家与创业企业家合谋行为的形成机制

第一节 私人关系下合谋行为形成机制的研究假设

本章在合谋行为理论分析的基础上，基于合谋行为主体及合谋行为的产生条件，从薪酬激励、参与治理、隐藏信息三个维度，探讨风险投资家和创业企业家私人关系下合谋行为的形成机制。书中分别从创业企业家薪酬业绩敏感性、风险投资家担任企业高管以及企业信息不对称程度对私人关系与合谋行为关系的中介效应三方面提出假设，假设提出思路如图 5.1 所示。

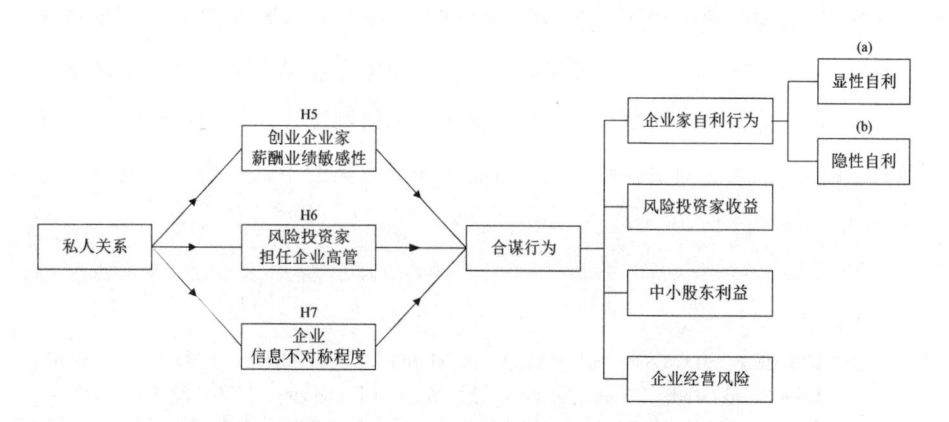

图 5.1 私人关系下合谋行为形成机制的假设提出思路

一、私人关系、创业企业家薪酬业绩敏感性与合谋行为

在公司治理体系中，薪酬契约是非常重要的激励和约束机制，是缓解委

托代理问题的有效途径和重要手段。① 基于强化理论和期望理论,企业管理人员在实现企业绩效提升之后,获得预期的薪酬激励,将进一步调动管理层的工作积极性,强化管理层的工作动机,促进公司持续发展。因此,董事会一般会以企业的经营业绩为基础来制定管理层的薪酬契约方案,通过高管薪酬提升幅度来体现激励强度。但在某些情况下,企业高管薪酬却与业绩不相对称,例如,出现"天价薪酬""零薪酬"以及高管年薪与公司业绩严重倒挂等现象。② 高管薪酬与业绩脱节的情况会导致薪酬激励和约束机制的失灵。姜付秀等发现当家族成员不担任董事长时,资金占用、关联交易等控股股东私利行为更多;管理层的薪酬业绩敏感性、离职业绩敏感性较低而在职消费更高,表明控股股东与公司管理层存在合谋行为的倾向。③

根据管理层权力理论,创业企业家拥有较大的企业决策权,会对自身薪酬契约产生重要影响,容易导致创业企业家薪酬与企业业绩脱节。④ 有研究表明,风险投资可以增强企业治理,提高高管薪酬契约有效性。但是,当风险投资家和创业企业家存在私人关系时,会形成"自己人监督自己人"的局面,无法相互约束和制衡,导致创业企业家可以影响薪酬契约的制定,更容易为自身谋取私利。⑤ 创业企业家可能会利用自身权力去谋取更高的薪酬,同时降低薪酬业绩敏感性,维持自身的利益,避免自身薪酬因未来企业经营业绩变差等而降低。当风险投资家与创业企业家存在私人关系时,风险投资家碍于私人关系,将削弱在企业高管薪酬契约机制设计与执行过程中的参与和监督作用,无法抑制创业企业家对制定薪酬方案的不良影响,导致高管薪

---

① ULLAH F, JIANG P, SHAHAB Y, et al. Block Ownership and CEO Compensation: Does Board Gender Diversity Matter? [J]. Applied Economics, 2020, 52 (6): 583.
② 刘慧龙. 控制链长度与公司高管薪酬契约 [J]. 管理世界, 2017 (3): 95.
③ 佟爱琴, 马惠娴. 卖空的事前威慑、公司治理与高管隐性腐败 [J]. 财贸经济, 2019, 40 (6): 85.
④ 佟爱琴, 马惠娴. 卖空的事前威慑、公司治理与高管隐性腐败 [J]. 财贸经济, 2019, 40 (6): 85.
⑤ 王会娟, 张然. 私募股权投资与被投资企业高管薪酬契约:基于公司治理视角的研究 [J]. 管理世界, 2012 (9): 156.

酬体系与业绩基础相脱离，降低薪酬契约的公平性和有效性。① 因此，风险投资家和创业企业家有可能通过薪酬契约机制实现增加创业企业家收益的合谋目的。

首先，当创业企业家的薪酬业绩敏感性降低时，企业经营业绩的好坏对创业企业家的薪酬高低影响并不大，这不能有效地激励创业企业家提升企业业绩，反而会促使创业企业家通过其他手段为自己谋取福利，为产生自利行为提供了温床。为了增加个人显性或者隐性收入，创业企业家会通过各种手段和渠道获取超额薪酬，增加隐性的在职消费，并将超额薪酬、在职消费等自利行为合理化。② 在职消费是代理成本的表现形式，不仅会增加创业企业家的不合理消费，还会损害股东利益。管理层权力的影响和不当干涉，将导致货币薪酬远离最优契约下的合理水平。③ 如果管理层薪酬在公司业绩加速下降的时候不降反增或降幅小于公司业绩下滑幅度，将进一步削弱货币薪酬与业绩的敏感程度，引发高管谋求更多的在职消费等隐性自利行为。④

其次，当创业企业家薪酬业绩敏感性低时，有助于降低风险资本退出获利阶段业绩波动对自身收益的影响，为提高风险投资家退出收益提供有利条件。在风险投资退出获利阶段，投资企业成功上市，风险投资家要考虑在资本市场出售其持有股份，尽快实现退出获利，但是这可能会对公司的股价和财务状况产生负面影响。⑤ 因为这种方式通常会导致大量的股票供应，可能会导致公司股价短期内剧烈波动，给公司带来一定的财务压力。因此，企业

---

① YIN M, ZHANG J, HAN J, et al. Impact of CEO-board Social Ties on Accounting Conservatism: Internal Control Quality as a Mediator [J]. The North American Journal of Economics and Finance, 2020, 52: 101172.
② 赵国宇. CEO 会利用多个大股东"制衡"从中获利吗？——来自 CEO 超额薪酬的经验证据 [J]. 外国经济与管理, 2019, 41 (8): 126.
③ 佟爱琴, 马惠娴. 卖空的事前威慑、公司治理与高管隐性腐败 [J]. 财贸经济, 2019, 40 (6): 85.
④ ZHANG X, GAO S, ZENG Y. An Empirical Study of The Relationship between Accounting Conservatism and Executive Compensation-performance Sensitivity [J]. International Journal of Accounting and Information Management, 2019, 27 (10): 130.
⑤ GOMPERS P, GORNALL W, KAPLAN S N, et al. How do Venture Capitalists Make Decisions? [J]. Journal of Financial Economics, 2020, 135 (1): 169.

一般会与风险投资家达成协议，限制风险资本退出的规模和频率。① 但是如果企业家自身的薪酬业绩敏感性低，那么股价下跌对公司的正常经营和发展的负面影响不会传递到自身薪酬上来。那么，企业家就缺乏限制风险资本退出的规模和频率的动机。如果企业的股价表现良好，风险投资家可以通过出售部分或全部股份获得更高的收益，从而实现自身的最大化收益。

再次，当创业企业家薪酬业绩敏感性低时，创业企业家更可能会将自己的利益放在公司利益之前，从而导致中小股东利益受到损害。因为创业企业家通常是公司的主要股东和管理者，对公司的决策和运营具有重大影响。如果创业企业家的薪酬与公司业绩关联程度较低，他们可能会缺乏动力来推动公司业绩的提升，从而导致公司的价值下降，这将直接影响中小股东的投资回报。② 如果创业企业家将公司视为个人利益的延伸之地，可能会采取一些损害公司利益的行为，例如，挪用公司资金、虚构业绩等，这也会直接影响中小股东的利益。另外，当创业企业家薪酬业绩敏感性低时，他们可能会过度追求公司的短期利益，而忽视了公司的长远发展，这也会对中小股东的利益产生负面影响。③ 因此，当创业企业家薪酬业绩敏感性低时，中小股东利益更容易受到损害。

最后，薪酬业绩敏感性降低意味着创业企业家的薪酬与公司业绩的关联程度减弱，这可能会降低他们的工作动力和积极性，更容易增加企业风险。一般来说，创业企业家薪酬与业绩的关联程度越高，越能激发他们的积极性，推动公司快速发展，减少企业风险。如果创业企业家薪酬业绩敏感性低，他们可能不太关注企业的长期发展，而更多地关注短期业绩，这可能会导致企业经营不稳定。④ 当创业企业家薪酬业绩敏感性低时，他们可能会过于关注个人利益，而忽视公司治理，这可能会导致企业管理混乱。薪酬业绩

---

① 蒋岳祥，洪方韡. 风险投资与企业绩效：对新三板挂牌企业对赌协议和股权激励的考察［J］. 浙江学刊，2020（3）：133.
② ANTÓN M, EDERER F, GINÉ M, et al. Common Ownership, Competition, and Top Management Incentives［J］. Journal of Political Economy，2023，131（5）：1294.
③ 刘慧龙. 控制链长度与公司高管薪酬契约［J］. 管理世界，2017（3）：95.
④ 刘慧龙. 控制链长度与公司高管薪酬契约［J］. 管理世界，2017（3）：96.

敏感性降低时，创业企业家更容易做出一些不理性的投资决策行为，从而增加企业风险。例如，他们可能会过于追求高回报而忽视风险控制，从而导致企业面临经营波动风险。综上，基于创业企业家与风险投资家存在的私人关系，创业企业家会打破风险投资家的监督和约束行为，制定有利于维护自身利益的薪酬及激励机制，降低薪酬业绩敏感性，即使在企业经营业绩不佳的情况下也能保全自身利益。较低的薪酬业绩敏感性又促使创业企业家通过其他渠道和制度获取在职消费和超额薪酬，满足自利行为，同时为风险投资家提高退出收益创造有利条件。但是，创业企业家薪酬业绩敏感性降低可能会导致中小股东利益受损，同时增加企业风险。

基于以上分析，提出研究假设 H5。

H5：创业企业家薪酬业绩敏感性在私人关系和合谋行为之间起中介效应。

H5-1：创业企业家与风险投资家的私人关系会降低创业企业家的薪酬业绩敏感性，进而增加创业企业家的显性自利行为（a）与隐性自利行为（b）。

H5-2：创业企业家与风险投资家的私人关系会降低创业企业家的薪酬业绩敏感性，进而增加风险投资家收益。

H5-3：创业企业家与风险投资家的私人关系会降低创业企业家的薪酬业绩敏感性，进而损害中小股东利益。

H5-4：创业企业家与风险投资家的私人关系会降低创业企业家的薪酬业绩敏感性，进而增加企业经营风险。

二、私人关系、风险投资家担任企业高管与合谋行为

风险投资对高新科技产业发展和中小企业成长起到了重要的推动作用。高新科技企业和创业企业是风险投资机构投资的主要目标。该类公司具备专业性强、行业壁垒高、经营时间较短、发展前景和市场收益不确定等特征。而且在投资过程中会存在信息不对称性问题，会导致风险投资机构无法客

观、真实、全面地了解被投资企业的风险。① 为了有效控制风险，风险投资家在提供资金后，会为被投资企业提供监督管理和增值服务，包括派出人员担任被投资企业高管、进入被投资企业董事会或监事会等方式参与被投资公司的治理，以达到提升决策质量，降低代理成本、投资风险的目的，实现融资支持、增值服务和监督控制相结合的目标。②

但是，风险投资家进入被投资企业参与公司治理，会影响创业企业家的自身财富和战略决策权力。由于双方效用目标和收益目标存在不一致，在一定情况下，风险投资家担任高管参与公司治理会引发纠纷，这时候就会受到创业企业家的抵触。然而，当风险投资家与创业企业家存在私人关系时，基于信任和沟通，风险投资家与创业企业家更容易协商解决投后管理中的问题和争端，同时也更容易引导双方开展合谋行为。根据社会交换理论，存在私人关系的企业家和风险投资家，基于共同的行为方式、社会资源或交际关系，有助于增进双方信任，更快建立起互惠互利的交易关系。③ 因此，当风险投资家与创业企业家存在私人关系时，风险投资家更容易进入企业担任高管。

第一，具有私人关系的风险投资家担任高管，创业企业家面临的约束会更少，有利于其增加自利行为。在公司治理结构中，不同高管需要遵守公司内部规章制度分担不同职务，高管之间存在一定的约束或者制约关系。此外，高管之间也可能存在竞争关系，相互制约和监督，以确保公司的利益最大化。这些约束关系可以有效地防止创业企业家自利行为的发生，保障公司和股东的利益。而具有私人关系的风险投资家担任高管，会降低对创业企业家的约束。陆瑶等的研究发现，老乡关系可能会导致CEO和董事之间的信任

---

① WU L, XU L. Venture Capital Certification of Small and Medium–sized Enterprises Towards Banks：Evidence from China ［J］. Accounting and Finance，2020，60（2）：1601.
② AMORNSIRIPANITCH N, GOMPERS P A, XUAN Y. More than Money：Venture Capitalists on Boards ［J］. The Journal of Law, Economics, and Organization，2019，35（3）：513.
③ 黄福广，贾西猛. 校友关系、信任与风险投资交易 ［J］. 经济管理，2018，40（7）：161.

和互惠关系加强,从而增加了违规行为的风险。① 具有私人关系的风险投资家担任高管,会导致其与创业企业家之间有更多的信息交流和资源共享,双方无法有效制约,甚至可能相互包庇。这使创业企业家更容易采取自利行为。

第二,具有私人关系的风险投资家担任企业高管,有助于提高风险资本投资收益。风险投资家与创业企业家的私人关系会减少企业高管的抵触,增加风险投资家担任被投资企业高管的可能性。风险投资家担任企业高管进一步为风险投资家增加个人收益,谋求个人福利提供了便利性。风险投资家通常具有丰富的创业和管理经验,能够为企业提供指导和建议,但通常也会更加关注企业的退出机制和投资回报,参与企业决策制定,为扩大风险资本退出收益提供了便利。风险投资家担任高管后,可以积极参与公司治理,并从中获得更多的社会声誉以及个人收益。

第三,具有私人关系的风险投资家担任企业高管,可能会损害中小股东的利益。由于中小股东对企业内部信息的获取和掌握较为困难,而高管和大股东通常可以掌握更多的信息和资源,从而更容易控制公司的决策和管理。这种信息不对称可能会导致中小股东的利益得不到保护,甚至遭受损失。② 具有私人关系的风险投资家担任企业高管后,更有可能与创业企业家相互勾结,通过各种手段,例如,薪酬激励、人事调整等,控制企业的决策和管理,从而损害中小股东的利益。他们还可能通过在职消费、股权转让等方式,将企业的价值转移给自己,使得中小股东面临股权稀释和投资价值下降的风险。

第四,具有私人关系的风险投资家担任企业高管,更容易增加企业经营风险。当风险投资家担任高管后,风险投资家有动机提高公司估值水平,操纵资本市场,获得更高投资收益。这种行为可能会导致企业面临巨大的风险和损失,进而影响企业的长远发展。因此,具有私人关系的风险投资家担任

---

① 陆瑶,胡江燕. CEO与董事间"老乡"关系对公司违规行为的影响研究 [J]. 南开管理评论, 2016, 19 (2): 52.
② 顾乃康,邓剑兰,陈辉. 控制大股东侵占与企业投融资决策研究 [J]. 管理科学, 2015, 28 (5): 54.

企业高管，企业经营可能会面临更大的风险。

综上，风险投资家与创业企业家的私人关系会降低风险投资机构对企业的监督效应，减少企业高管的抵触，从而增加风险投资家担任被投资企业高管的可能性。风险投资家担任企业高管进一步为创业企业家谋求个人福利和为风险投资家增加个人收益提供了便利性，损害中小股东利益和增加企业风险。

基于以上分析，提出研究假设 H6。

H6：风险投资家担任企业高管在私人关系和合谋行为之间起中介效应。

H6-1：创业企业家与风险投资家的私人关系有助于风险投资家担任企业高管，进而增加创业企业家的显性自利行为（a）与隐性自利行为（b）。

H6-2：创业企业家与风险投资家的私人关系有助于风险投资家担任企业高管，进而增加风险投资家收益。

H6-3：创业企业家与风险投资家的私人关系有助于风险投资家担任企业高管，进而损害中小股东利益。

H6-4：创业企业家与风险投资家的私人关系有助于风险投资家担任企业高管，进而增加企业经营风险。

三、私人关系、企业信息不对称程度与合谋行为

信息不对称问题一直是影响中小股东和个人交易者投资的重要因素。[①] 为有效保障投资人合法利益，政府和监管部门要求上市公司披露详尽的、高质量的财务报告。除了法律法规强制要求披露的信息外，管理层还会切合企业发展实际需求制定信息的分类标准，划分哪些可以公开，哪些应当保密。在制定标准的过程中，管理者或者内部人具有绝对的信息优势。为了维护自身利益，管理者或者内部人可以通过影响会计信息质量、信息披露规则选取等方式隐藏不利信息。[②] 这种机会主义行为会扭曲股价，降低资源配置的效

---

① 张程睿. 公司信息披露对投资者保护的有效性：对中国上市公司 2001—2013 年年报披露的实证分析 [J]. 经济评论, 2016 (1): 132.
② 赵璨, 宿莉莎, 曹伟. 混合所有制改革：治理效应还是资源效应：基于不同产权性质下企业投资效率的研究 [J]. 上海财经大学学报, 2021, 23 (1): 75.

率，不利于企业和资本市场的发展。股东和外部投资者受到这种非真实的会计信息披露影响，无法掌握企业真实的运营状况，将会影响其投资决策，难以实现有效的资源配置，甚至带来较大的投资损失。①

当风险投资家和创业企业家存在私人关系时，双方有动机降低企业信息的披露水平，营造适合发生合谋行为的内部环境。风险投资家和创业企业家可能会共同控制企业的决策和管理，而他们会利用自己的优势地位，降低企业信息的披露水平，使得其他投资者无法获取完整准确的企业信息，从而增加企业信息不对称程度。当风险投资家和创业企业家之间存在私人关系，双方更容易沟通一些私密信息，这些信息不容易被外界获取。他们可能会更倾向于保护彼此的利益和隐私，而不愿意将相关信息公开或者透露给外部投资者。创业企业家更有可能通过影响会计信息质量、信息披露规则选取等方式导致企业信息不公开不透明，使中小股东等其他投资者无法获取完整准确的企业信息，进而促进合谋行为的发生。

第一，信息不对称容易导致创业企业家采取机会主义行为、谋取个人私利。创业企业家作为企业的管理者和决策者，通常具有较大的权力和资源，在企业决策和管理过程中，会有较强的自利动机。信息披露可以使企业的经营状况、财务状况和风险状况等更加透明，防止创业企业家利用信息不对称谋取私利。当企业信息不对称程度较高时，监管机构和股东往往难以获得充分的信息，难以有效地监督和约束创业企业家行为，创业企业家也更容易实施自己的意愿和决策。当企业信息不对称程度较高时，创业企业家可能感觉自身行为不易被发现或被追究责任，从而降低了他们的道德风险，这使其更容易增加自利行为。

第二，企业信息不对称有利于风险资本退出，增加风险投资家的投资收益。企业信息不对称使风险投资家更容易获得更多的退出机会。因为企业内部人士掌握了更多的信息，所以他们更容易预测企业未来的发展趋势，从而更容易选择合适的退出时机，降低风险退出成本，提高退出的成功率和收益。

---

① BUSHMAN R M, SMITH A J. Transparency, Financial Accounting Information, and Corporate Governance [J]. Economic Policy Review, 2003, 9: 65.

第三，企业信息不对称程度越高，中小股东利益越得不到有效保护。在上市公司中，信息不对称会导致交易成本增加、交易效率降低，导致资本市场以及经理人市场出现失灵。创业企业家可以通过隐瞒重要信息，让中小股东无法了解企业的真实情况，从而影响中小股东的投资决策。创业企业家可以通过操纵信息披露，如虚报业绩、隐瞒负面信息等，误导中小股东的投资决策。[1] 创业企业家可以利用企业的资源，如资金、技术、客户资源等，为自己谋取私利，损害中小股东的利益。

第四，信息不对称会增加企业经营风险。由于中小投资者以及外部监督者不论是获取信息的渠道还是技术手段都处于弱势，信息不对称程度越高的企业，股东越不容易发觉风险投资家与创业企业家的合谋行为。[2] 企业内部人员也更容易掩盖错误和违法行为，从而使监管机构难以全面了解企业的真实情况，难以有效地监管企业的经营行为。创业企业家掌握更多的信息，可能会误导股东和投资者，使投资者难以准确评估企业的价值和前景，从而增加了投资风险。企业信息不对称程度较高时，风险投资家和创业企业家更有可能通过操纵市场价格、传播虚假信息等手段谋取利益，从而对企业造成负面影响，增加企业风险。从长远看，上市公司信息不对称对企业的可持续健康发展有消极影响，公司信誉度会受到影响，现实和潜在投资者对上市公司的信赖和未来发展的信心也会降低，企业经营风险增加。

基于以上分析，提出研究假设 H7。

H7：企业信息不对称程度在私人关系和合谋行为之间起中介效应。

H7-1：创业企业家与风险投资家的私人关系会提高企业信息不对称程度，进而增加创业企业家的显性自利行为（a）与隐性自利行为（b）。

H7-2：创业企业家与风险投资家的私人关系会提高企业信息不对称程度，进而增加风险投资家收益。

H7-3：创业企业家与风险投资家的私人关系会提高企业信息不对称程

---

[1] 李文贵，路军. 网络平台互动与股价崩盘风险："沟通易"还是"操纵易"[J]. 中国工业经济，2022（7）：178.

[2] 王克敏，王华杰，李栋栋，等. 年报文本信息复杂性与管理者自利：来自中国上市公司的证据[J]. 管理世界，2018，34（12）：120.

度,进而损害中小股东利益。

H7-4:创业企业家与风险投资家的私人关系会提高企业信息不对称程度,进而增加企业经营风险。

第二节 数据来源、变量定义与模型

一、数据来源

本章研究是在第四章基础上展开的机制分析。因此,数据来源与第四章一致,实证观测单元为创业企业,面板数据的整体观察窗口为2009—2021年。研究中使用的自变量、因变量和控制变量等测量方式与第四章定义相同。数据的获取涉及CVSource数据库、国泰安系列研究数据库、上市公司官网披露的年报和其他信息渠道。

二、变量定义

(一) 中介变量

1. 创业企业家薪酬业绩敏感性

参考支晓强等的研究,企业家薪酬包括了货币薪酬与股权薪酬。[1] 企业家薪酬业绩敏感性(Pps)等于货币薪酬敏感性与股权薪酬敏感性之和。货币薪酬敏感性为企业高管薪酬总额的变化值与企业总市值变化值的比值,股权薪酬敏感性用管理层持股比例来衡量。[2] 货币薪酬敏感度 Comp Sensitivity 的计算公式如下:

$$Comp\ Sensitivity = (COMP_{i,t} - COMP_{i,t-1}) / (MV_{i,t} - MV_{i,t-1}) \quad (5-1)$$

其中,$COMP_{i,t}$表示i公司t年的所有高级管理人员年度报酬总额;

---

[1] 支晓强,童盼. 管理层业绩报酬敏感度、内部现金流与企业投资行为:对自由现金流和信息不对称理论的一个检验 [J]. 会计研究,2007 (10):73.

[2] 苏冬蔚,熊家财. 股票流动性、股价信息含量与 CEO 薪酬契约 [J]. 经济研究,2013 (11):56.

$COMP_{i,t-1}$ 表示 i 公司 t-1 年的所有高级管理人员年度报酬总额；$MV_{i,t}$ 表示 i 公司 t 年的考虑非流通因素的总市值；$MV_{i,t-1}$ 表示 i 公司 t-1 年的考虑非流通因素的总市值。

本书用管理层持股比例来衡量业绩股权敏感度 Stock Sensitivity。这样，可以得到样本公司企业家薪酬业绩敏感性：

$$Pps = Comp\ Sensitivity + Stock\ Sensitivity \tag{5-2}$$

需要注意的是本书剔除了高管薪酬业绩敏感性为负的观测值，原因在于负的观测值表示薪酬与企业业绩无关，不属于本书的对象。

2. 风险投资家担任企业高管

为了有效控制投资风险，风险投资家在提供资金后会对企业进行监督管理、提供增值服务，包括担任企业高管参与公司治理。[①] 当风险投资家在被投资企业担任董事、监事和其他高管时，Vchigh 取值为 1，否则为 0。

3. 企业信息不对称程度

参考洪金明等的研究，本书采用企业信息披露水平这一指标衡量企业信息不对称程度（Fdq）。企业信息披露水平采用深圳证券交易所的信息披露考评指标来衡量。根据《深圳证券交易所上市公司信息披露考核办法》，该指标每年发布一次，对上市公司上一年度的信息披露工作做出评价，是具有较好权威性和全面性的信息披露考评制度。该指标主要从公司信息披露的及时性、准确性、完整性和合法性四方面，综合奖惩情况、与监管机构的配合等情况，从高到低分为 A、B、C、D 四个等级。本书将深圳证券交易所网站发布的上市公司信息披露质量评级 A、B、C、D 分别赋值为 4、3、2、1，数值越大企业信息不对称程度越低。

（二）因变量、自变量与控制变量

因变量分别是企业家自利行为、风险投资家收益、中小股东利益以及企业经营风险。四个维度具体的表征与测量详见第四章第三节"因变量"。

自变量为风险投资家与创业企业家之间的私人关系，当不存在私人关系

[①] 费文颖，杨扬. 风险企业家完全控制权下风险投资家持股比例及再谈判[J]. 科学学与科学技术管理，2013，34（5）：152.

<<< 第五章 私人关系下风险投资家与创业企业家合谋行为的形成机制

时，变量标记为0；当存在一种私人关系时变量标记为1；当存在两种私人关系时变量标记为2，依次类推，私人关系的取值范围为[0，5]的自然数。具体测量方法与第四章第三节"自变量"内容一致。

同时本书控制被投资企业特征变量，包括企业规模（Firm_size）、净资产收益率（Firm_profit）、资产负债率（Firm_lever）、无形资产比率（Firm_itg）、每股收益（Firm_eps）；控制风险投资家特征变量，包括年龄（Entre_age）、性别（Entre_gder）、学历（Entre_edu）、从业经验（Entre_exp）；控制创业企业家特征变量，性别（VCs_gder）、学历（VCs_edu）、从业经验（VCs_exp）；控制风险投资机构特征变量，风险投资机构声誉（VC_rep）、投资项目经验（VC_size）、机构性质（VC_own）；控制行业固定效应（Industry）和时间固定效应（Year）。控制变量具体定义与第四章定义相同。

三、中介变量的描述性统计

首先对本章研究中介变量进行描述性统计（统计结果见表5.1），其中创业企业家薪酬业绩敏感性和企业信息不对称程度是面板数据，风险投资家担任企业高管是截面数据。根据描述性统计结果，创业企业家薪酬业绩敏感性均值为0.18，信息不对称程度均值为1.99，另外有53%的风险投资家担任企业高管。中介变量的数据离散程度不高，极端值影响较小。

表5.1 中介变量的描述性统计

Variables	N	Mean	S.D.	Min	P50	Max
Pps	1,600	0.18	0.15	0.00	0.17	0.75
Fdq	1,600	1.99	0.59	1.00	2.00	4.00
Vchigh	715	0.53	0.50	0.00	1.00	1.00

四、实证模型

为了检验私人关系下风险投资家与创业企业家合谋行为形成机制，本书采用温忠麟提出的中介效应检验程序以及模型来检验文中提出的有关研究假设。[①] 相关检验模型如图 5.2 所示，检验程序如图 5.3 所示。在图 5.2 中，X 为自变量，Y 为因变量。M 为 X 与 Y 关系的中介变量。a、b、c、c' 为变量前的系数，e_1、e_2、e_3 为误差项。

由于主回归模型包含了面板数据模型与截面数据模型，所以加入中介变量的回归模型也包含了面板数据与截面数据模型。当利用面板数据检验中介效应时，对应的层次回归模型方程如公式（5-3）—（5-5）所示。

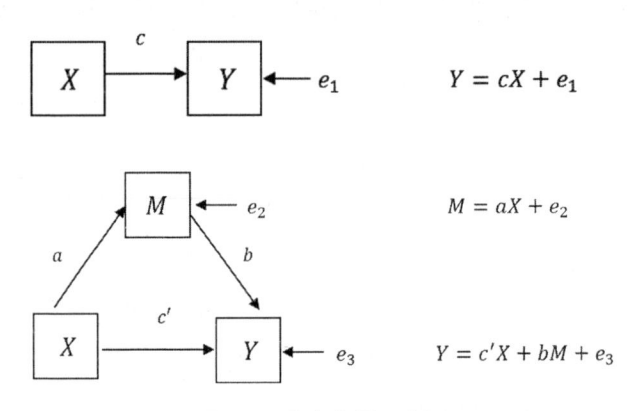

$$Y = cX + e_1$$

$$M = aX + e_2$$

$$Y = c'X + bM + e_3$$

图 5.2　中介变量示意图

第一步：将因变量与自变量同时放入以下回归模型中：

$$Y_{it} = \alpha_i + \delta_t + c\sum X_{it} + \gamma\sum Z_{it} + \varepsilon_{it} \qquad (5\text{-}3)$$

第二步：将中介变量与自变量同时放入以下回归模型中：

$$M_{it} = \alpha_i + \delta_t + a\sum X_{it} + \gamma\sum Z_{it} + \varepsilon_{it} \qquad (5\text{-}4)$$

第三步：将因变量、中介变量及自变量同时放入以下回归模型中：

$$Y_{it} = \alpha_i + \delta_t + c'\sum X_{it} + b\sum M_{it} + \gamma\sum Z_{it} + \varepsilon_{it} \qquad (5\text{-}5)$$

以上三步中，Y_{it} 为企业 i 在年份 t 的因变量，X_{it} 为企业 i 在年份 t 的自变量，M_{it} 为企业 i 在年份 t 的中介变量。Z_{it} 为企业 i 在年份 t 的控制变量，α_i 和

---

① 温忠麟，叶宝娟. 中介效应分析：方法和模型发展［J］. 心理科学进展，2014，22（5）：731.

δ_t 是企业和年份的固定效应，ε_{it} 为误差项。

当利用截面数据检验中介效应时，对应的层次回归模型方程如公式（5-6）、（5-7）和（5-8）所示。

$$Y_i = c \sum X_i + \gamma \sum Z_i + \varepsilon_i \tag{5-6}$$

$$M_i = a \sum X_i + \gamma \sum Z_i + \varepsilon_i \tag{5-7}$$

$$Y_i = c' \sum X_i + b \sum M_i + \gamma \sum Z_i + \varepsilon_i \tag{5-8}$$

其中，Y_i 为企业 i 的因变量，X_i 为企业 i 的自变量，M_i 为企业 i 的中介变量，Z_i 为企业 i 的控制变量，ε_i 为误差项。

中介效应的检验步骤具体如下：

第一，检验因变量与自变量关系的回归系数 c，如果显著，继续下面的第二步。否则停止分析。

第二，做 Baron 和 Kenny 部分中介效应检验，即依次检验中介变量与自变量关系的系数 a，以及因变量与中介变量关系的系数 b。[1] 如果都显著，意味着自变量对因变量的影响至少有一部分是通过中介变量开放式创新实现的，第一类错误率小于或等于 0.05，继续下面的第三步。如果至少有一个不显著，由于该检验的功效较低（第二类错误率较大），所以还不能下结论，转到第四步。

第三，做 Judd 和 Kenny 完全中介检验中的第三个检验（因为前两个在上一步已经完成），即检验系数 c'。[2] 如果不显著，说明是完全中介过程，即自变量对因变量的影响都是通过中介变量实现的；如果显著，说明只是部分中介过程，即自变量对因变量的影响只有一部分是通过中介变量实现的，检验结束。

第四，做 Sobel 检验。[3] 如果显著，意味着中介效应显著，否则中介效应

---

[1] BARON R M, KENNY D A. The Moderator – Mediator Variable Distinction in Social Psychological Research: Conceptual, Strategic, and Statistical Considerations [J]. Journal of Personality and Social Psychology, 1986, 51 (6): 1173.

[2] JUDD C M, KENNY D A. Process Analysis: Estimating Mediation in Treatment Evaluations [J]. Evaluation Review, 1981, 5 (5): 602.

[3] SOBEL M E. Asymptotic Confidence Intervals for Indirect Effects in Structural Equation Models [J]. Sociological Methodology, 1982, 13: 290.

不显著。检验结束。

中介效应的检验步骤如图5.3所示。

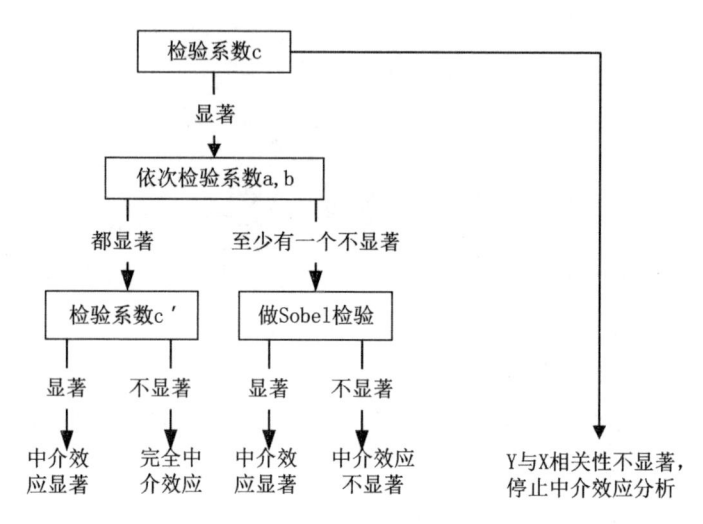

图5.3 中介效应检验步骤

第三节 基于私人关系的合谋行为形成机制的验证

一、创业企业家薪酬业绩敏感性对私人关系与合谋行为的中介效应

表5.2验证了创业企业家薪酬业绩敏感性对私人关系和合谋行为的中介效应。根据机制实证模型的三步法，第一步将因变量与自变量同时放入回归模型中，第二步将中介变量与自变量同时放入回归模型中，第三步将因变量、中介变量及自变量同时放入回归模型中来验证创业企业家薪酬业绩敏感性的中介效应。由于第一步回归模型是验证私人关系对合谋行为的影响，该部分回归结果已列明在表4.6和表4.7中，为了避免重复列明占用写作篇幅，以下回归结果列明第二、三步回归结果并进行分析。

<<< 第五章 私人关系下风险投资家与创业企业家合谋行为的形成机制

表5.2 创业企业家薪酬业绩敏感性的中介效应

Variables	(1) Pps	(2) Overpay	(3) Pps	(4) Cpc	(5) Pps	(6) VCself	(7) Pps	(8) Msexpr	(9) Pps	(10) Risk
Guanxi	-0.019***	0.060***	-0.019***	0.073***	-0.015*	1.810**	-0.019***	-0.126***	-0.019***	0.002***
	(-5.047)	(5.440)	(-5.047)	(2.639)	(-1.685)	(2.379)	(-5.047)	(-7.714)	(-5.047)	(3.664)
Pps		-0.317***		-0.961***		-1.875		0.064		-0.001
		(-2.958)		(-4.336)		(-0.814)		(0.510)		(-0.122)
Firm_size	-0.033***	-0.061**	-0.033***	0.339***	-0.066***	0.810	-0.033***	0.057**	-0.033***	-0.002
	(-3.836)	(-2.217)	(-3.836)	(5.487)	(-5.106)	(1.029)	(-3.836)	(2.083)	(-3.836)	(-1.087)
Firm_profit	-0.007	0.795***	-0.007	-0.637	-0.100	-23.187	-0.007	0.568**	-0.007	-0.140***
	(-0.089)	(3.173)	(-0.089)	(-1.441)	(-0.236)	(-1.124)	(-0.089)	(1.968)	(-0.089)	(-5.393)
Firm_lever	-0.016	0.251**	-0.016	0.184	0.087	-7.924**	-0.016	0.163	-0.016	-0.002
	(-0.406)	(2.287)	(-0.406)	(0.810)	(0.822)	(-2.159)	(-0.406)	(1.561)	(-0.406)	(-0.379)
Firm_itg	-0.082	0.775**	-0.082	0.560	-0.460***	-7.770	-0.082	0.667	-0.082	0.032
	(-0.830)	(2.363)	(-0.830)	(0.788)	(-3.157)	(-0.383)	(-0.830)	(1.628)	(-0.830)	(1.181)
Firm_eps	0.019*	-0.070*	0.019*	0.183***	0.027	1.752**	0.019*	-0.166***	0.019*	0.014***
	(1.688)	(-1.886)	(1.688)	(2.731)	(0.826)	(2.212)	(1.688)	(-3.469)	(1.688)	(4.711)

201

续表

Variables	(1)	(2)	(3)	(4)	(5)	(6)	(7)	(8)	(9)	(10)
Entre_age	−0.050	0.100	−0.050	−0.323	−0.074	−2.617	−0.050	−0.044	−0.050	−0.019**
	(−0.858)	(0.436)	(−0.858)	(−1.244)	(−1.594)	(−0.913)	(−0.858)	(−0.429)	(−0.858)	(−2.366)
Entre_gder	0.008	−0.249**	0.008	−0.218	0.044***	1.942	0.008	−0.006	0.008	−0.005
	(0.257)	(−2.332)	(0.257)	(−1.468)	(3.315)	(1.587)	(0.257)	(−0.127)	(0.257)	(−1.152)
Entre_edu	−0.001	−0.001	−0.001	−0.026	−0.009	0.478*	−0.001	−0.004	−0.001	−0.001*
	(−0.372)	(−0.048)	(−0.372)	(−1.250)	(−0.863)	(1.667)	(−0.372)	(−0.443)	(−0.372)	(−1.809)
Entre_exp	0.017*	−0.023	0.017*	0.030	0.027	0.117	0.017*	0.127***	0.017*	−0.007***
	(1.952)	(−0.757)	(1.952)	(0.658)	(1.380)	(0.164)	(1.952)	(4.909)	(1.952)	(−3.657)
VCs_gder	0.003	−0.013	0.003	0.030	0.032	0.536	0.003	−0.023	0.003	0.001
	(0.184)	(−0.225)	(0.184)	(0.324)	(1.427)	(0.985)	(0.184)	(−0.707)	(0.184)	(0.412)
VCs_edu	0.016*	0.000	0.016*	−0.019	−0.005	0.323	0.016*	0.018	0.016*	−0.001
	(1.693)	(0.014)	(1.693)	(−0.345)	(−0.649)	(1.006)	(1.693)	(0.926)	(1.693)	(−0.538)
VCs_exp	0.005	0.005	0.005	0.010	−0.003	0.260	0.005	0.007	0.005	−0.000
	(0.394)	(0.112)	(0.394)	(0.139)	(−0.412)	(0.539)	(0.394)	(0.240)	(0.394)	(−0.261)
VC_rep	−0.029**	−0.025	−0.029**	−0.082	−0.020	0.617	−0.029**	0.042	−0.029**	−0.000

续表

Variables	(1)	(2)	(3)	(4)	(5)	(6)	(7)	(8)	(9)	(10)
	(−2.445)	(−0.532)	(−2.445)	(−1.104)	(−1.618)	(0.722)	(−2.445)	(1.477)	(−2.445)	(−0.173)
VC_size	−0.005	0.019	−0.005	−0.010	−0.015**	0.174	−0.005	0.001	−0.005	0.002*
	(−0.910)	(0.904)	(−0.910)	(−0.287)	(−2.262)	(0.493)	(−0.910)	(0.123)	(−0.910)	(1.815)
VC_own	0.013	0.026	0.013	−0.078	0.013	0.100	0.013	0.010	0.013	−0.005**
	(0.973)	(0.480)	(0.973)	(−0.866)	(0.792)	(0.098)	(0.973)	(0.324)	(0.973)	(−2.442)
Constant	1.057***	0.838	1.057***	9.069***	1.875***	−4.589	1.057***	−1.392**	1.057***	0.156***
	(3.753)	(0.762)	(3.753)	(4.903)	(5.160)	(−0.308)	(3.753)	(−1.994)	(3.753)	(3.581)
Year	Yes	Yes	Yes	Yes	Yes	Yes	Yes	Yes	Yes	Yes
Industry	Yes	Yes	Yes	Yes	Yes	Yes	Yes	Yes	Yes	Yes
N	1600	1600	1600	1600	715	715	1600	1600	1600	1600
Adj-R²	0.125	0.061	0.125	0.255	0.115	0.131	0.125	0.385	0.125	0.192

注：括号内为 t 检验值；***、** 和 * 分别表示 1%、5% 与 10% 的显著性水平。

模型（1）—（4）验证假设 H5-1 创业企业家薪酬业绩敏感性在私人关系与创业企业家自利行为之间的中介效应。其中，模型（1）—（2）验证假设 H5-1（a）创业企业家薪酬业绩敏感性在私人关系与创业企业家显性自利行为之间的中介效应。模型（1）验证自变量私人关系对中介变量创业企业家薪酬业绩敏感性的影响，结果显示负向显著（β=-0.019，p<0.01），说明私人关系可显著降低创业企业家薪酬业绩敏感性。模型（2）将自变量与中介变量同时放入回归模型探究其对因变量的影响，结果显示中介变量创业企业家薪酬业绩敏感性对因变量创业企业家显性自利行为的影响负向显著（β=-0.317，p<0.01）。基于此，本书进一步考察自变量私人关系对创业企业家显性自利行为的影响，结果显示正向显著（β=0.060，p<0.01）。由此可以看出创业企业家薪酬业绩敏感性对私人关系与创业企业家显性自利行为的中介效应为部分中介效应。假设 H5-1（a）得到验证。

模型（3）—（4）验证假设 H5-1（b）创业企业家薪酬业绩敏感性在私人关系与创业企业家隐性自利行为之间的中介效应。模型（3）验证自变量私人关系对中介变量创业企业家薪酬业绩敏感性的影响，结果显示负向显著（β=-0.019，p<0.01），说明私人关系可显著降低创业企业家薪酬业绩敏感性。模型（4）将自变量与中介变量同时放入回归模型探究其对因变量的影响，结果显示中介变量创业企业家薪酬业绩敏感性对因变量创业企业家隐性自利行为的影响负向显著（β=-0.961，p<0.01）。基于此，本书进一步考察自变量私人关系对创业企业家隐性自利行为的影响，结果显示正向显著（β=0.073，p<0.01）。可以看出创业企业家薪酬业绩敏感性对私人关系与创业企业家隐性自利行为的中介效应为部分中介效应。假设 H5-1（b）得到验证。

模型（5）—（6）验证假设 H5-2 创业企业家薪酬业绩敏感性在私人关系与风险投资家收益之间的中介效应。模型（5）验证自变量私人关系对中介变量创业企业家薪酬业绩敏感性的影响，结果显示负向显著（β=-0.015，p<0.1），说明私人关系可显著降低创业企业家薪酬业绩敏感性。模型（6）将自变量与中介变量同时放入回归模型探究其对因变量的影响，结果显示中介变量创业企业家薪酬业绩敏感性对因变量风险投资家收益的影响不显著（β=-1.875，p>0.1）。基于此，本书进一步进行 Sobel 检验，如表5.3所示，发现

<<< 第五章 私人关系下风险投资家与创业企业家合谋行为的形成机制

Sobel 检验结果的 p 值大于 0.1，说明中介效应不显著。假设 H5-2 未得到支持。

表 5.3 创业企业家薪酬业绩敏感性中介效应的 Sobel 检验

私人关系—创业企业家薪酬业绩敏感性—风险投资家收益			
	Coef	StdErr	Z	P>|Z|
Sobel	-0.028	0.034	-0.828	0.408
Goodman-1（Aroian）	-0.028	0.040	-0.709	0.478
Goodman-2	-0.028	0.027	-1.039	0.299
A coefficient	-0.015	0.013	-1.189	0.235
B coefficient	-1.875	1.625	-1.154	0.248
Indirect effect	-0.028	0.034	-0.828	0.408
Direct effect	-1.810	0.540	-3.350	0.001
私人关系—创业企业家薪酬业绩敏感性—中小股东利益			
	Coef	StdErr	Z	P>|Z|
Sobel	-0.003	0.002	-1.296	0.195
Goodman-1（Aroian）	-0.003	0.002	-1.282	0.200
Goodman-2	-0.003	0.002	-1.311	0.190
A coefficient	-0.022	0.003	-6.545	0.000
B coefficient	0.124	0.094	1.322	0.186
Indirect effect	-0.003	0.002	-1.296	0.195
Direct effect	-0.096	0.013	-7.686	0.000
私人关系—创业企业家薪酬业绩敏感性—企业经营风险			
	Coef	StdErr	Z	P>|Z|
Sobel	-0.001	0.000	-0.096	0.923
Goodman-1（Aroian）	-0.001	0.000	-0.095	0.924
Goodman-2	-0.001	0.000	-0.097	0.922
A coefficient	-0.022	0.003	-6.545	0.000
B coefficient	-0.001	0.004	-0.096	0.923
Indirect effect	-0.001	0.000	-0.096	0.923
Direct effect	-0.003	0.001	-6.175	0.000

205

实证结果不支持前文的假设，主要在于企业家的薪酬业绩敏感性对风险投资家收益并没有实证上的显著影响。这可能存在以下几个原因：首先，薪酬业绩敏感性对风险投资家收益的影响可能被其他因素影响所掩盖，削弱了其影响的显著性。风险投资支持的企业更多是创新创业企业，在市场竞争激烈、行业环境复杂的情况下，企业特征等因素可能会对风险投资家收益产生更为显著的影响。其次，企业可能存在其他约束创业企业家的机制，进而降低了薪酬业绩敏感性与风险投资家收益的关联性。例如，股权激励计划、行业声誉等因素可能在提供激励约束方面发挥重要作用，从而减弱了薪酬业绩的关联性对风险投资家收益的影响。

模型（7）—（8）验证假设 H5-3 创业企业家薪酬业绩敏感性在私人关系与中小股东利益之间的中介效应。模型（7）验证自变量私人关系对中介变量创业企业家薪酬业绩敏感性的影响，结果显示负向显著（$\beta=-0.019$，$p<0.01$），说明私人关系可显著降低创业企业家薪酬业绩敏感性。模型（8）将自变量与中介变量同时放入回归模型探究其对因变量的影响，结果显示中介变量创业企业家薪酬业绩敏感性对因变量中小股东利益的影响不显著（$\beta=0.064$，$p>0.1$）。本书进一步进行 Sobel 检验，如表 5.3 所示，结果发现 Sobel 检验结果 p 值大于 0.1，说明中介效应不显著。假设 H5-3 未得到支持。

实证结果表明，创业企业家薪酬业绩敏感性对中小股东利益的影响不显著，可能有以下几个原因：首先，当前的实证研究可能没有完全捕捉到创业企业家薪酬业绩敏感性与中小股东利益之间复杂的关系。可能是受到未被研究的因素影响，如内部治理机制以及外部监督等因素的调节作用。其次，创业企业家的薪酬业绩敏感性可能传递的信号效果不够明显。尽管这种敏感性常被视为管理层行为和动机的信号，但可能未能得到充分接受或被误解，降低了其对中小股东利益影响的程度。企业家的其他私利行为可能影响更加强烈，干扰了薪酬业绩敏感性的影响效果。

模型（9）—（10）验证假设 H5-4 创业企业家薪酬业绩敏感性在私人关系与企业经营风险之间的中介效应。模型（9）验证自变量私人关系对中介变量创业企业家薪酬业绩敏感性的影响，结果显示负向显著（$\beta=-0.019$，$p<0.01$），说明私人关系可显著降低创业企业家薪酬业绩敏感性。模型（10）

将自变量与中介变量同时放入回归模型探究其对因变量的影响,结果显示中介变量创业企业家薪酬业绩敏感性对因变量企业经营风险的影响不显著($\beta=-0.001$,$p>0.1$)。基于此,本书进一步进行 Sobel 检验,如表 5.3 所示,结果发现 Sobel 检验结果的 p 值大于 0.1,说明中介效应不显著,假设 H5-4 没有得到支持。综上,假设 H5 得到部分支持。

虽然创业企业家薪酬业绩敏感性在理论上会影响企业风险,但是实际情况可能受到其他因素的影响,导致薪酬业绩敏感性对企业风险的影响存在差异,在实证结果上并不显著。创业企业的本质决定了其面临的高风险和不确定性。即使创业企业家在薪酬业绩敏感性上有所不同,但由于企业自身特征和外部风险等因素的存在,这种敏感性可能难以显著影响企业风险的程度。创业企业的风险受到创业者自身行为以外的外部环境因素的影响,政策环境、市场竞争和经济状况等宏观因素可能对企业风险产生一定影响,从而减弱了创业企业家薪酬业绩敏感性对企业风险的影响。综上所述,薪酬业绩敏感性低并不一定会直接影响风险投资家收益、中小股东利益和企业经营风险,需要综合考虑不同的因素以全面了解其影响。

二、风险投资家担任企业高管对私人关系与合谋行为的中介效应

表 5.4 验证假设 H6 风险投资家担任企业高管对私人关系与合谋行为的中介效应。模型(1)—(4)验证假设 H6-1 风险投资家担任企业高管在私人关系与企业家自利行为之间的中介效应模型。其中模型(1)—(2)验证假设 H6-1(a)风险投资家担任企业高管在私人关系与创业企业家显性自利行为之间的中介效应。模型(1)验证自变量私人关系对中介变量风险投资家担任企业高管的影响,结果显示正向显著($\beta=0.008$,$p<0.05$),说明私人关系可促进风险投资家担任企业高管。模型(2)将自变量与中介变量同时放入回归模型探究其对因变量的影响,结果显示中介变量风险投资家担任企业高管对因变量创业企业家显性自利行为的影响不显著($\beta=0.020$,$p>0.1$)。基于此,本书进一步进行 Sobel 检验,如表 5.5 所示,发现 Sobel 检验结果的 p 值大于 0.1,说明中介效应不显著。假设 H6-1(a)没有得到支持。

表5.4 风险投资家担任企业高管的中介效应

Variables	(1) Vchigh	(2) Overpay	(3) Vchigh	(4) Cpc	(5) vchigh	(6) VCself	(7) Vchigh	(8) Msexpr	(9) Vchigh	(10) Risk
Guanxi	0.008**	0.067***	0.008**	0.091***	0.182***	1.564***	0.008**	−0.126***	0.008**	0.002***
	(2.271)	(6.089)	(2.271)	(3.347)	(4.148)	(2.671)	(2.271)	(−8.022)	(2.271)	(3.656)
Vchigh		0.020		0.078		1.204***		−0.119***		0.001
		(0.676)		(1.513)		(2.665)		(−3.401)		(0.801)
Firm_size	−0.066***	−0.053**	−0.066***	0.381***	−0.016	0.954*	−0.066***	0.045*	−0.066***	−0.002
	(−4.911)	(−1.989)	(−4.911)	(6.086)	(−0.415)	(1.764)	(−4.911)	(1.705)	(−4.911)	(−1.025)
Firm_profit	−0.336*	0.788***	−0.336*	−0.591	−0.680	−22.181**	−0.336*	0.531*	−0.336*	−0.139***
	(−1.800)	(3.060)	(−1.800)	(−1.298)	(−1.156)	(−2.571)	(−1.800)	(1.857)	(−1.800)	(−5.374)
Firm_lever	0.083	0.257**	0.083	0.198	0.208	−8.337***	0.083	0.172*	0.083	−0.002
	(1.394)	(2.310)	(1.394)	(0.840)	(1.314)	(−4.083)	(1.394)	(1.646)	(1.394)	(−0.394)
Firm_itg	−0.687***	0.787**	−0.687***	0.694	−1.125	−5.553	−0.687***	0.569	−0.687***	0.033
	(−3.105)	(2.370)	(−3.105)	(0.982)	(−1.641)	(−0.497)	(−3.105)	(1.373)	(−3.105)	(1.202)
Firm_eps	0.179***	−0.071*	0.179***	0.147**	0.064	1.624**	0.179***	−0.142***	0.179***	0.014**
	(4.903)	(−1.892)	(4.903)	(2.065)	(1.158)	(2.457)	(4.903)	(−2.974)	(4.903)	(4.470)

续表

Variables	(1)	(2)	(3)	(4)	(5)	(6)	(7)	(8)	(9)	(10)
Entre_age	0.002	0.115	0.002	-0.272	-0.083	-2.377	0.002	-0.053	0.002	-0.019**
	(0.035)	(0.525)	(0.035)	(-1.120)	(-0.625)	(-1.362)	(0.035)	(-0.517)	(0.035)	(-2.384)
Entre_gder	0.013	-0.250**	0.013	-0.229	0.093	1.747	0.013	-0.003	0.013	-0.005
	(0.394)	(-2.380)	(0.394)	(-1.631)	(1.188)	(1.226)	(0.394)	(-0.068)	(0.394)	(-1.144)
Entre_edu	0.002	-0.000	0.002	-0.025	0.016	0.476***	0.002	-0.004	0.002	-0.001*
	(0.389)	(-0.026)	(0.389)	(-1.197)	(1.178)	(2.813)	(0.389)	(-0.438)	(0.389)	(-1.810)
Entre_exp	-0.121***	-0.030	-0.121***	0.023	-0.019	0.090	-0.121***	0.113***	-0.121***	-0.007***
	(-6.587)	(-0.986)	(-6.587)	(0.520)	(-0.486)	(0.190)	(-6.587)	(4.310)	(-6.587)	(-3.499)
VCs_gder	-0.081***	-0.016	-0.081***	0.034	-0.038	0.522	-0.081***	-0.033	-0.081***	0.001
	(-4.478)	(-0.270)	(-4.478)	(0.375)	(-0.664)	(0.721)	(-4.478)	(-1.019)	(-4.478)	(0.467)
VCs_edu	0.053***	-0.003	0.053***	-0.040	0.168***	0.130	0.053***	0.026	0.053***	-0.001
	(4.156)	(-0.084)	(4.156)	(-0.714)	(6.481)	(0.404)	(4.156)	(1.290)	(4.156)	(-0.595)
VCs_exp	0.006	0.003	0.006	0.006	-0.017	0.286	0.006	0.008	0.006	-0.000
	(0.373)	(0.082)	(0.373)	(0.081)	(-0.514)	(0.928)	(0.373)	(0.268)	(0.373)	(-0.275)
VC_rep	-0.047**	-0.019	-0.047**	-0.049	-0.016	0.675	-0.047**	0.034	-0.047**	-0.000
										(-0.000)

续表

Variables	(1)	(2)	(3)	(4)	(5)	(6)	(7)	(8)	(9)	(10)
	(-2.269)	(-0.392)	(-2.269)	(-0.656)	(-0.423)	(1.610)	(-2.269)	(1.190)	(-2.269)	(-0.120)
VC_size	0.015**	0.020	0.015**	-0.007	0.022	0.176	0.015**	0.003	0.015**	0.002*
	(2.183)	(0.992)	(2.183)	(-0.190)	(1.332)	(1.011)	(2.183)	(0.255)	(2.183)	(1.794)
VC_own	-0.036**	0.022	-0.036**	-0.088	-0.025	0.104	-0.036**	0.006	-0.036**	-0.005
	(-2.006)	(0.400)	(-2.006)	(-0.996)	(-0.562)	(0.212)	(-2.006)	(0.193)	(-2.006)	(-2.423)
Constant	2.357***	0.579	2.357***	7.718***	0.579	-8.802	2.357***	-0.987	2.357***	0.153***
	(6.054)	(0.558)	(6.054)	(4.223)	(0.568)	(-0.663)	(6.054)	(-1.473)	(6.054)	(3.557)
Year	Yes	Yes	Yes	Yes	Yes	Yes	Yes	Yes	Yes	Yes
Industry	Yes	Yes	Yes	Yes	Yes	Yes	Yes	Yes	Yes	Yes
N	1600	1600	1600	1600	715	715	1600	1600	1600	1600
Adj-R^2	0.227	0.052	0.227	0.265	0.106	0.138	0.227	0.386	0.227	0.193

注：括号内为 t 检验值；***、**和*分别表示1%、5%与10%的显著性水平。

表5.5 风险投资家担任企业高管中介效应的 Sobel 检验

私人关系—风险投资家担任企业高管—显性自利行为				
	Coef	StdErr	Z	P>∣Z∣
Sobel	0.001	0.000	0.386	0.699
Goodman-1（Aroian）	0.001	0.000	0.282	0.778
Goodman-2	0.001	0.000	1.074	0.283
A coefficient	0.007	0.007	0.986	0.324
B coefficient	0.018	0.042	0.420	0.675
Indirect effect	0.001	0.000	0.386	0.699
Direct effect	0.083	0.012	7.028	0.000
私人关系—风险投资家担任企业高管—隐性自利行为				
	Coef	StdErr	Z	P>∣Z∣
Sobel	0.001	0.001	0.236	0.814
Goodman-1（Aroian）	0.001	0.001	0.168	0.867
Goodman-2	0.001	0.000	1.355	0.175
A coefficient	0.007	0.007	0.986	0.324
B coefficient	0.018	0.073	0.243	0.808
Indirect effect	0.001	0.001	0.236	0.814
Direct effect	0.213	0.021	10.324	0.000
私人关系—风险投资家担任企业高管—企业经营风险				
	Coef	StdErr	Z	P>∣Z∣
Sobel	0.001	0.000	0.753	0.451
Goodman-1（Aroian）	0.001	0.000	0.630	0.529
Goodman-2	0.001	0.000	0.996	0.319
A coefficient	0.007	0.007	0.986	0.324
B coefficient	0.002	0.002	1.166	0.243
Indirect effect	0.001	0.000	0.753	0.451
Direct effect	0.003	0.001	6.214	0.000

模型（3）—（4）验证假设 H6-1（b）风险投资家担任企业高管在私人关系与创业企业家隐性自利行为之间的中介效应。模型（3）验证自变量私人关系对中介变量风险投资家担任企业高管的影响，结果显示正向显著（β=0.008，p<0.05），说明私人关系可促进风险投资家担任企业高管。模型（4）将自变量与中介变量同时放入回归模型探究其对因变量的影响，结果显示中介变量风险投资家担任企业高管对因变量创业企业家隐性自利行为的影响不显著（β=0.078，p>0.1）。本书进一步进行 Sobel 检验，如表 5.5 所示，发现 Sobel 检验结果的 p 值大于 0.1，说明中介效应不显著。假设 H6-1（b）未得到支持。

实证结果研究显示风险投资家担任企业高管没有影响创业企业家的自利行为，可能存在以下原因。首先，私人关系影响创业企业家自利行为，更多的是依赖非正式契约的关系治理实现的，而担任高管属于正式契约的范畴，公司治理机制的规范性要求和外部监管机构的审查，可以防止风险投资家帮助创业企业家获取个人利益。这些机制通常指导企业高管的行为，包括风险投资家，以确保他们遵守法律规章和最佳实践。如果公司治理机制有效，可能会限制与创业企业家具有私人关系的风险投资家对个人私利的追求。除了内部治理，企业面临的外部监督也会影响风险投资家担任企业高管能发挥的作用，其他因素如市场竞争、行业监管等，也会对创业企业家的决策行为产生影响。因此，实证结果没有显示出与创业企业家私人关系的风险投资家对个人私利的影响，可能是因为其他因素的作用覆盖了这种关系的影响。

模型（5）—（6）验证假设 H6-2 风险投资家担任企业高管在私人关系与风险投资家收益之间的中介效应。模型（5）验证自变量私人关系对中介变量风险投资家担任企业高管的影响，结果显示正向显著（β=0.182，p<0.01），说明私人关系可促进风险投资家担任企业高管。模型（6）将自变量与中介变量同时放入回归模型探究其对因变量的影响，结果显示中介变量风险投资家担任企业高管对因变量风险投资家收益的影响正向显著（β=1.204，p<0.01）。基于此，本书进一步考察自变量私人关系对风险投资家收益的影响，结果显示正向显著（β=1.564，p<0.01）。由此可以看出风险投资家与创业企业家存在私人关系时，风险投资家更有可能担任企业高管，且

风险投资家担任企业高管在私人关系和风险投资家收益之间起中介效应。假设 H6-2 得到验证。

模型（7）—（8）验证假设 H6-3 风险投资家担任企业高管在私人关系与中小股东利益之间的中介效应。模型（7）验证自变量私人关系对中介变量风险投资家担任企业高管的影响，结果显示正向显著（$\beta=0.008$，$p<0.05$），说明私人关系可促进风险投资家担任企业高管。模型（8）将自变量与中介变量同时放入回归模型探究其对因变量的影响，结果显示中介变量风险投资家担任企业高管对因变量中小股东利益的影响负向显著（$\beta=-0.119$，$p<0.01$）。基于此，本书进一步考察自变量私人关系对中小股东利益的影响，结果显示负向显著（$\beta=-0.126$，$p<0.01$）。可以看出风险投资家担任企业高管对私人关系与中小股东利益的中介效应为部分中介效应。假设 H6-3 得到验证。

模型（9）—（10）验证假设 H6-4 风险投资家担任企业高管在私人关系与企业经营风险之间的中介效应。模型（9）验证自变量私人关系对中介变量风险投资家担任企业高管的影响，结果显示正向显著（$\beta=0.008$，$p<0.05$），说明私人关系可促进风险投资家担任企业高管。模型（10）将自变量与中介变量同时放入回归模型探究其对因变量的影响，发现中介变量风险投资家担任企业高管对因变量企业经营风险的影响不显著（$\beta=0.001$，$p>0.1$）。本书进一步进行 Sobel 检验，如表 5.5 所示，结果发现 Sobel 检验结果的 p 值大于 0.1，说明中介效应不显著，假设 H6-4 未得到支持。综上，假设 H6 得到部分支持。

实证研究的结果显示，风险投资家担任企业高管对企业风险的影响在统计上没有显著性。这可能是因为该影响是多方面的，既存在正向影响又存在负向影响，相互抵消。虽然风险投资家担任企业高管可能有提高公司估值水平以获取更高的投资回报的动机，并可能通过操纵资本市场导致企业面临损失，从而影响企业风险。然而，如果与创业企业家有私人关系的风险投资家作为企业高管能够建立良好的沟通和配合关系，这可能减少潜在的风险因素，从而削弱增加企业风险的可能性。此外，与创业企业家存在私人关系的风险投资家作为企业高管还可以为企业提供专业知识、工作经验和行业联系等资源,从而增加机会并减少面临的风险。多种因素共同作用下,最终风险投资家担任企业高管没有对企业风险产生显著影响。

三、企业信息不对称程度对私人关系与合谋行为的中介效应

表5.6验证企业信息不对称程度对私人关系与合谋行为的中介效应。模型(1)—(4)验证假设H7-1企业信息不对称程度在私人关系与企业家自利行为之间的中介效应模型。其中模型(1)—(2)验证假设H7-1(a)企业信息不对称程度在私人关系与创业企业家显性自利行为之间的中介效应。模型(1)验证自变量私人关系对中介变量企业信息不对称程度的影响,结果显示正向显著($\beta=0.063$,$p<0.01$),说明私人关系可增加企业信息不对称程度。模型(2)将自变量与中介变量同时放入回归模型探究其对因变量的影响,结果显示中介变量企业信息不对称程度对因变量创业企业家显性自利行为的影响不显著($\beta=0.007$,$p>0.1$)。基于此,本书进一步进行Sobel检验,如表5.7所示,发现Sobel检验结果的p值小于0.05,说明中介效应显著。假设H7-1(a)得到支持。

表 5.6 企业信息不对称程度的中介效应

Variables	(1) Fdq	(2) Overpay	(3) Fdq	(4) Cpc	(5) Fdq	(6) VCself	(7) Fdq	(8) Msexpr	(9) Fdq	(10) Risk
Guanxi	0.063***	0.066***	0.063***	0.091***	0.102	1.673**	0.063***	−0.121***	0.063***	0.002***
	(3.365)	(6.107)	(3.365)	(3.303)	(1.372)	(2.337)	(3.365)	(−7.577)	(3.365)	(3.500)
Fdq		0.007		0.020		1.077		−0.102***		0.002**
		(0.436)		(0.673)		(1.614)		(−4.758)		(2.323)
Firm_size	−0.100***	−0.051*	−0.100***	0.375***	0.051	0.989	−0.100***	0.044*	−0.100***	−0.002
	(−2.980)	(−1.878)	(−2.980)	(5.955)	(1.031)	(1.221)	(−2.980)	(1.690)	(−2.980)	(−0.997)
Firm_profit	−2.787***	0.817***	−2.787***	−0.574	−2.712***	−25.921	−2.787***	0.275	−2.787***	−0.134***
	(−7.111)	(3.171)	(−7.111)	(−1.267)	(−4.078)	(−1.258)	(−7.111)	(0.919)	(−7.111)	(−5.159)
Firm_lever	0.478***	0.254**	0.478***	0.194	0.315	−7.747**	0.478***	0.213**	0.478***	−0.003
	(3.828)	(2.283)	(3.828)	(0.823)	(1.458)	(−2.112)	(3.828)	(2.046)	(3.828)	(−0.529)
Firm_itg	−0.986**	0.803**	−0.986**	0.660	−1.633	−8.665	−0.986**	0.556	−0.986**	0.034
	(−1.963)	(2.431)	(−1.963)	(0.930)	(−1.589)	(−0.428)	(−1.963)	(1.396)	(−1.963)	(1.237)
Firm_eps	0.118**	−0.076**	0.118**	0.163**	−0.134*	1.558*	0.118**	−0.153***	0.118**	0.014***
	(2.085)	(−2.084)	(2.085)	(2.409)	(−1.830)	(1.759)	(2.085)	(−3.165)	(2.085)	(4.673)

续表

Variables	(1)	(2)	(3)	(4)	(5)	(6)	(7)	(8)	(9)	(10)
Entre_age	-0.097	0.112	-0.097	-0.256	-0.093	-2.578	-0.097	-0.064	-0.097	-0.019**
	(-0.628)	(0.511)	(-0.628)	(-1.046)	(-0.482)	(-0.831)	(-0.628)	(-0.620)	(-0.628)	(-2.355)
Entre_gder	-0.227***	-0.249**	-0.227***	-0.225	-0.203***	1.641	-0.227***	-0.028	-0.227***	-0.004
	(-2.629)	(-2.366)	(-2.629)	(-1.588)	(-2.840)	(1.329)	(-2.629)	(-0.555)	(-2.629)	(-1.033)
Entre_edu	-0.017	-0.000	-0.017	-0.025	0.008	0.504	-0.017	-0.007	-0.017	-0.001*
	(-1.379)	(-0.016)	(-1.379)	(-1.202)	(0.408)	(1.642)	(-1.379)	(-0.658)	(-1.379)	(-1.779)
Entre_exp	-0.107***	-0.027	-0.107***	0.015	-0.061	0.001	-0.107***	0.118***	-0.107***	-0.007***
	(-3.031)	(-0.895)	(-3.031)	(0.346)	(-0.865)	(0.002)	(-3.031)	(4.551)	(-3.031)	(-3.539)
VCs_gder	0.018	-0.014	0.018	0.028	-0.003	0.474	0.018	-0.021	0.018	0.001
	(0.419)	(-0.245)	(0.419)	(0.307)	(-0.063)	(0.810)	(0.419)	(-0.653)	(0.419)	(0.399)
VCs_edu	-0.012	-0.004	-0.012	-0.035	0.015	0.349	-0.012	0.018	-0.012	-0.001
	(-0.445)	(-0.118)	(-0.445)	(-0.613)	(0.495)	(1.183)	(-0.445)	(0.946)	(-0.445)	(-0.514)
VCs_exp	0.008	0.003	0.008	0.007	0.011	0.277	0.008	0.007	0.008	-0.000
	(0.203)	(0.067)	(0.203)	(0.098)	(0.242)	(0.591)	(0.203)	(0.270)	(0.203)	(-0.280)
VC_rep	0.004	-0.015	0.004	-0.057	0.102	0.765	0.004	0.042	0.004	-0.000

续表

Variables	(1)	(2)	(3)	(4)	(5)	(6)	(7)	(8)	(9)	(10)
VC_size	(0.092)	(-0.311)	(0.092)	(-0.766)	(1.188)	(0.799)	(0.092)	(1.552)	(0.092)	(-0.155)
	-0.005	0.020	-0.005	-0.006	-0.025	0.175	-0.005	0.000	-0.005	0.002*
	(-0.309)	(0.968)	(-0.309)	(-0.156)	(-0.783)	(0.471)	(-0.309)	(0.035)	(-0.309)	(1.836)
VC_own	-0.012	0.022	-0.012	-0.089	-0.013	0.061	-0.012	0.008	-0.012	-0.005**
	(-0.286)	(0.397)	(-0.286)	(-1.013)	(-0.210)	(0.062)	(-0.286)	(0.288)	(-0.286)	(-2.437)
Constant	5.015***	0.491	5.015***	7.836***	1.714	-6.258	5.015***	-0.777	5.015***	0.147***
	(5.396)	(0.471)	(5.396)	(4.269)	(1.363)	(-0.363)	(5.396)	(-1.214)	(5.396)	(3.404)
Year	Yes	Yes	Yes	Yes	Yes	Yes	Yes	Yes	Yes	Yes
Industry	Yes	Yes	Yes	Yes	Yes	Yes	Yes	Yes	Yes	Yes
N	1600	1600	1600	1600	715	715	1600	1600	1600	1600
Adj-R²	0.162	0.051	0.162	0.265	0.103	0.136	0.162	0.394	0.162	0.197

注：括号内为 t 检验值；***、**和*分别表示1%、5%与10%的显著性水平。

表5.7 企业信息不对称程度中介效应的Sobel检验

私人关系—企业信息不对称程度—显性自利行为				
	Coef	StdErr	Z	P>|Z|
Sobel	0.004	0.002	2.228	0.026
Goodman-1 (Aroian)	0.004	0.002	2.200	0.028
Goodman-2	0.004	0.002	2.257	0.024
A coefficient	0.077	0.013	5.737	0.000
B coefficient	0.054	0.022	2.418	0.016
Indirect effect	0.004	0.002	2.228	0.026
Direct effect	0.087	0.012	7.306	0.000
私人关系—企业信息不对称程度—隐性自利行为				
	Coef	StdErr	Z	P>|Z|
Sobel	0.005	0.003	1.485	0.098
Goodman-1 (Aroian)	0.005	0.003	1.464	0.086
Goodman-2	0.005	0.003	1.506	0.095
A coefficient	0.077	0.013	5.737	0.000
B coefficient	0.059	0.039	1.537	0.026
Indirect effect	0.005	0.003	1.485	0.085
Direct effect	0.208	0.021	10.016	0.000
私人关系—企业信息不对称程度—风险投资家收益				
	Coef	StdErr	Z	P>|Z|
Sobel	0.109	0.067	1.634	0.090
Goodman-1 (Aroian)	0.109	0.070	1.563	0.098
Goodman-2	0.109	0.064	1.715	0.086
A coefficient	0.102	0.046	2.197	0.028
B coefficient	1.077	0.441	2.444	0.015
Indirect effect	0.109	0.067	1.634	0.082
Direct effect	1.673	0.540	3.099	0.002

<<< 第五章 私人关系下风险投资家与创业企业家合谋行为的形成机制

模型（3）—（4）验证假设 H7-1（b）企业信息不对称程度在私人关系与创业企业家隐性自利行为之间的中介效应。模型（3）验证自变量私人关系对中介变量企业信息不对称程度的影响，结果显示正向显著（β=0.063，p<0.01），说明私人关系可促进企业信息不对称程度。模型（4）将自变量与中介变量同时放入回归模型探究其对因变量的影响，结果显示中介变量企业信息不对称程度对因变量创业企业家隐性自利行为的影响不显著（β=0.020，p>0.1）。本书进一步进行 Sobel 检验，如表 5.7 所示，发现 Sobel 检验结果的 p 值小于 0.1，说明中介效应显著。假设 H7-1（b）得到支持。综上，假设 H7-1 得到支持。

模型（5）—（6）验证假设 H7-2 企业信息不对称程度在私人关系与风险投资家收益之间的中介效应。模型（5）验证自变量私人关系对中介变量企业信息不对称程度的影响，结果显示正向显著（β=0.102，p<0.01），说明私人关系加剧了企业信息不对称程度。模型（6）将自变量与中介变量同时放入回归模型探究其对因变量的影响，结果显示中介变量企业信息不对称程度对因变量风险投资家收益的影响不显著（β=1.077，p>0.1）。基于此，本书进一步进行 Sobel 检验，如表 5.7 所示，发现 Sobel 检验结果的 p 值小于 0.1，说明中介效应显著。假设 H7-2 得到验证。

模型（7）—（8）验证假设 H7-3 企业信息不对称程度在私人关系与中小股东利益之间的中介效应。模型（7）验证自变量私人关系对中介变量企业信息不对称程度的影响，结果显示正向显著（β=0.063，p<0.01），说明私人关系可显著提高企业信息不对称程度。模型（8）将自变量与中介变量同时放入回归模型探究其对因变量的影响，结果显示中介变量企业信息不对称程度对因变量中小股东利益的影响负向显著（β=-0.102，p<0.01）。基于此，本书进一步考察自变量私人关系对因变量中小股东利益的影响，结果显示负向显著（β=-0.121，p<0.01）。由此可以看出企业信息不对称程度对私人关系与中小股东利益的中介效应为部分中介效应。假设 H7-3 得到验证。

模型（9）—（10）验证假设 H7-4 企业信息不对称程度在私人关系与企业经营风险之间的中介效应。模型（9）验证自变量私人关系对中介变量企业信息不对称程度的影响，结果显示正向显著（β=0.063，p<0.01），说

明私人关系可显著增加企业信息不对称程度。模型（10）将自变量与中介变量同时放入回归模型探究其对因变量的影响，结果显示中介变量企业信息不对称程度对因变量企业经营风险的影响正向显著（$\beta=0.002$，$p<0.05$）。基于此，本书进一步考察自变量私人关系对因变量企业经营风险的影响，结果显示正向显著（$\beta=0.002$，$p<0.01$）。由此可以看出企业信息不对称程度对私人关系与企业经营风险的中介效应为部分中介效应。假设 H7-4 得到验证。

本章小结

本章讨论了在风险投资家和创业企业家之间的私人关系下，合谋行为的形成机制。基于合谋行为理论分析，以薪酬激励、参与治理和隐藏信息三个维度，探讨了私人关系对合谋行为的影响。首先，通过实证模型验证了创业企业家薪酬业绩敏感性在私人关系与创业企业家自利行为之间的中介效应。但是，结果表明薪酬业绩敏感性对风险投资家收益、中小股东利益以及企业经营风险的影响不显著。其次，本书发现风险投资家担任企业高管对创业企业家的自利行为和企业经营风险的影响在统计上没有显著性。然而，风险投资家担任企业高管的中介效应，在私人关系对风险投资家收益和中小股东利益的影响过程中显著成立。最后，研究了企业信息不对称程度对私人关系与合谋行为的影响。结果表明，企业信息不对称程度在私人关系与创业企业家显性自利行为以及隐性自利行为之间存在中介效应，还在私人关系与风险投资家收益、中小股东利益以及企业经营风险之间产生了中介效应。本书研究结果不仅有助于企业管理者和风险投资家更好地理解私人关系对企业行为和决策的影响，还为风险投资决策、企业治理和信息不对称管理提供了实际应用的见解和策略建议，有望促进相关领域的研究和实践发展。

第六章

私人关系下风险投资家与创业企业家合谋行为的治理

第一节 私人关系下合谋行为治理的研究假设

本节从公司治理角度，分析如何约束和防范风险投资家与创业企业家的合谋行为。公司治理是指企业为了协调各利益相关者权益而采取的一系列内部制度安排，其目标在于监督和约束管理层，缓解委托代理问题，涵盖了股权结构治理、董事会治理和高管治理等内容（李维安等，2019）。[①] 本书将围绕股权激励、股权制衡和独立董事这三方面展开公司治理对合谋行为影响的研究。有关假设提出的思路如图 6.1 所示。

一、股权激励对私人关系下合谋行为的影响

企业经营者和所有者之间存在委托代理关系。创业企业家是企业实际经营者，也是股东财富的受托人。创业企业家通过合理经营为股东带来投资收益，同时创业企业家获得相应报酬。由于委托代理问题的存在，创业企业家注重企业发展短期利益而忽略长远发展利益，更倾向于在经营企业的过程中满足自身利益最大化。[②] 薪酬制度是高管的核心，包括货币薪酬和股权激励

[①] 李维安，郝臣，崔光耀，等. 公司治理研究 40 年：脉络与展望 [J]. 外国经济与管理，2019，41（12）：161.

[②] REID G C. The Application of Principal-agent Methods to Investor-investee Relations in the UK Venture Capital Industry [J]. Venture Capital: An International Journal of Entrepreneurial Finance, 1999, 1 (4): 285.

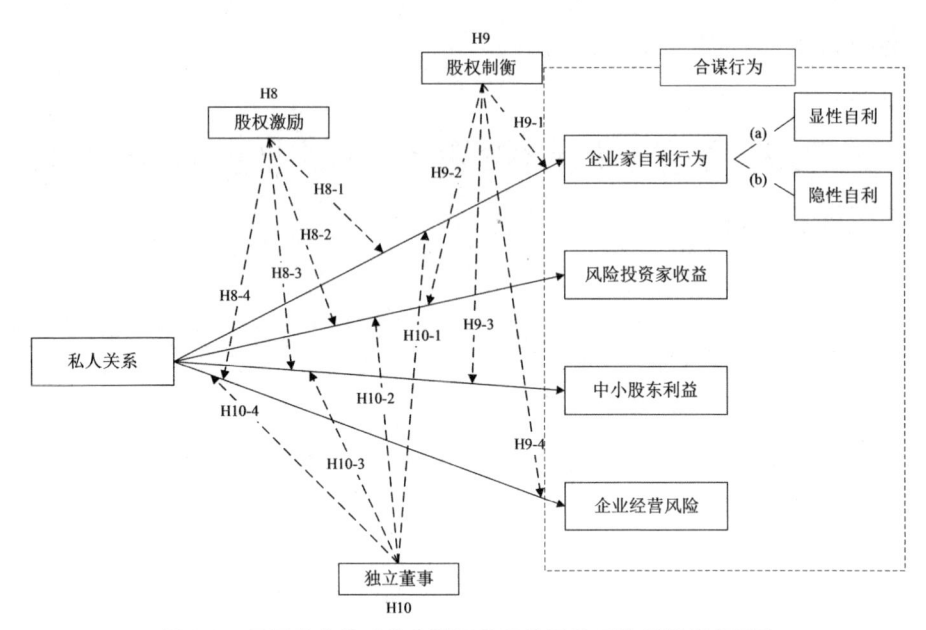

图6.1 基于私人关系的合谋行为的公司治理的假设提出思路

两部分。当创业企业家与风险投资家存在私人关系时，创业企业家的货币薪酬契约容易被其手中的权力影响，降低薪酬业绩敏感性，导致货币薪酬无法有效激励企业家和高管。[①] 创业企业家会通过职权便利性，通过与风险投资家互惠互利，利用多种方式和渠道实现自利行为。因此，只有通过有效的激励约束机制安排，才能保障受托责任，约束合谋行为。

股权激励，主要是股票期权和限制性股票，是一种长效激励机制。该机制能够产生利益趋同效应，促使管理层重视企业长期价值。[②] 通过股权激励可激发管理者的自我激励与自我约束感，促使管理者在日常管理和重大决策时，既考虑短期业绩，也重视长期发展。马庆魁等利用中国上市公司2007—2016年的面板数据，采用两阶段最小二乘法进行了实证检验，研究结果表明

[①] 崔九九，刘俊勇．董事会连通性与高管薪酬有效性：来自相对业绩评价的经验证据［J］．山西财经大学学报，2022，44（3）：100．

[②] 田轩，孟清扬．股权激励计划能促进企业创新吗［J］．南开管理评论，2018，21（3）：176．

股权激励对研究投资和试验开发投资均有显著促进作用。① 刘井建等以我国沪深 A 股 2009—2013 年实施股权激励计划的上市公司为研究样本，通过面板回归分析发现高管股权激励对于大股东掏空程度存在抑制作用；在股权集中度低、控股层级高和两权分离度大，以及市场化程度低、国有性质和集团控股的公司中，高管股权激励对大股东掏空的抑制作用显著，有助于保护投资者的利益。

企业实施股权激励机制可有效约束风险投资家与创业企业家的合谋行为。一方面，企业实施股权激励会增加风险投资家与创业企业家的合谋成本，从而对合谋行为产生约束效应。企业实施股权激励，将创业企业家的自身利益与企业的长期利益捆绑，促使创业企业家为了获得更丰厚的股权利益回报而不得不综合考虑企业的短期发展和长期利益的统一性。② 合谋行为会为创业企业家追求自利行为，风险投资家提高投资收益提供便利性，但是也会增加企业经营风险，增加企业股价波动，降低外部投资者的信任，损害企业的长期价值，进一步损害创业企业家的长远利益。在此情况下，创业企业家会降低合谋行为动力，更愿意从企业长远利益出发，经营好企业，通过股权收益获得更高的回报。另一方面，企业实行股权激励，将管理层个人利益与企业长期利益保持一致，其他高管也会基于自身利益，限制和约束创业企业家合谋行为。因为风险投资家与创业企业家合谋导致企业经营风险增加，违背了持有股权的其他高管的意愿。为了维护自身利益，防止自身利益被合谋行为盗取，其他高管会采取措施监督和约束风险投资家与创业企业家的合谋行为。

企业通过实施股权激励机制，会有效约束风险投资家与创业企业家的合谋行为。

基于以上分析，提出研究假设 H8。

H8：企业实施股权激励会减弱私人关系对合谋行为的影响。

---

① 马庆魁，樊梦晨. 管理层激励、机构投资者持股与企业异质研发 [J]. 科研管理，2021，42（9）：140.
② 陈文哲，石宁，梁琪，等. 股权激励模式选择之谜：基于股东与激励对象之间的博弈分析 [J]. 南开管理评论，2022，25（1）：189.

H8-1：企业实施股权激励会减弱私人关系对创业企业家自利行为的正向影响，即会减弱私人关系对创业企业家显性自利行为（a）与隐性自利行为（b）的正向影响。

H8-2：企业实施股权激励会减弱私人关系对风险投资家收益的正向影响。

H8-3：企业实施股权激励会减弱私人关系对中小股东利益的负向影响。

H8-4：企业实施股权激励会减弱私人关系对企业经营风险的正向影响。

二、股权制衡对私人关系下合谋行为的影响

现实中，股权制衡是指为建立公司大股东相互监督的股权分配模式，往往由几个大股东共同掌控公司控制权，大股东之间相互牵制，任何一个大股东都无法单独控制企业的重大决策。① 股权制衡度是指大股东之间相互制衡的程度，主要表现为除第一大股东外的大股东对第一大股东的制衡程度，是衡量公司股权稳定性强弱的重要指标。② 合理的股权制衡设计，可以对第一大股东形成有效的监督和一定程度的制约。当第一大股东产生道德风险或者其他损害企业的行为时，其他大股东可以形成联合体，对第一大股东的行为形成约束或者纠正，避免公司遭受损失。股权制衡的约束力度与其他大股东持股比例之和呈正相关。

在我国资本市场尤其是创业板市场，创业企业家往往是企业大股东，而风险投资机构一般也在前十大股东之列，这为二者的合谋行为提供了有利条件。在一股独大的情况下，缺少监督和约束机制的局面为创业企业家与风险投资家的合谋行为提供很大的便利性。但是，通过引入股权制衡机制，将公司的控制权分散在几个大股东之间，可以有效减轻股权过度集中而引发的负面影响，通过内部牵制，企业重大决策无法由创业企业家一人决定，从而达

---

① 赵国宇，禹薇. 大股东股权制衡的公司治理效应：来自民营上市公司的证据 [J]. 外国经济与管理，2018, 40 (11): 60.

② XU X L, CHEN H H, LI Y, et al. The Role of Equity Balance and Executive Stock Ownership in the Innovation Efficiency of Renewable Energy Enterprises [J]. Journal of Renewable and Sustainable Energy, 2019, 11 (5): 55901.

到对合谋行为的监督作用。一个企业中往往存在多个大股东，每个大股东都基于自身利益参与决策，更有动机了解更多信息，并监督企业家的自利行为。[1] 因此，在企业股权结构中，与创业企业家不在同一个私人关系圈子的大股东持股比例越高，越有可能约束企业家的自利行为，以及与风险投资家的其他合谋行为。

股权制衡对公司治理的影响受到了相关学者的关注。张良等研究了国有企业与民营企业 2006—2008 年的股权制衡度对企业绩效的影响。研究发现，随着股权分置改革的进行，股权因素已经逐步影响企业绩效，股权越分散，股权制衡度越高，企业绩效越好。[2] 蒋弘等分析了在并购活动中股权制衡对控股股东与高管人员合谋行为的影响。利用大股东效用模型分析了股权制衡在公司治理中的治理功效，实证结果显示，股权制衡将会压缩高管人员在并购活动中谋求私有收益的空间，当控股股东与高管人员存在合谋行为时，上市公司的股权制衡程度越高，高管人员通过并购获取的私有收益越少，公司并购效益也越好。陈德萍等深入分析了国内外关于股权结构与公司绩效的影响因素，运用回归分析法，考察中小企业板上市公司股权制衡度对公司绩效的影响因素。[3] 结果表明构建大股东多元化、股权相互制衡的治理机制，有助于解决目前我国上市公司治理中的一些问题。

基于以上分析，提出研究假设 H9。

H9：企业实施股权制衡度会减弱私人关系对合谋行为的影响。

H9-1：企业实施股权制衡度会减弱私人关系对创业企业家自利行为的正向影响，即会减弱私人关系对创业企业家显性自利行为（a）以及隐性自利行为（b）的正向影响。

H9-2：企业实施股权制衡度会减弱私人关系对风险投资家收益的正向影响。

---

[1] JIANG F, CAI W, WANG X, et al. Multiple Large Shareholders and Corporate Investment: Evidence from China [J]. Journal of Corporate Finance, 2018, 50: 66.

[2] 张良，王平，毛道维. 股权集中度、股权制衡度对企业绩效的影响 [J]. 统计与决策，2010, 26 (7): 151.

[3] 陈德萍，陈永圣. 股权集中度、股权制衡度与公司绩效关系研究：2007—2009 年中小企业板块的实证检验 [J]. 会计研究，2011 (1): 38.

H9-3：企业实施股权制衡度会减弱私人关系对中小股东利益的负向影响。

H9-4：企业实施股权制衡度会减弱私人关系对企业经营风险的正向影响。

三、独立董事对私人关系下合谋行为的影响

公司董事会由董事组成，是公司重要的经营决策机构，是公司治理的主要力量。独立董事作为董事会成员，是公司决策层的重要组成人员，需要参与公司重大决策，包括重大决策的事前酝酿、内部制定和最终发布等环节。独立董事作为外部专家参与董事会决策，担负着监督和咨询管理层、对股东负责的使命和任务。[1] 独立董事积极参与公司治理和重大决策，能够提高对治理层和管理层的监督，加强对企业盈余操纵的管控，对于企业的委托代理问题能够起到一定程度的缓解作用。独立董事制度的有效性一方面在于独立董事在产生程序方面、人格方面、利益方面和行权方面都具有独立性，另一方面还由于独立董事能够将事前监督、内部监督以及决策过程监督紧密结合起来，更好地发挥监督功能。[2]

由于委托代理问题的存在，风险投资家与创业企业家可能产生合谋行为，实施自利行为，侵害中小股东利益，增加经营风险。而合谋行为是在董事会监督和公司治理的范围之内。但是，董事会成员本身会受到高管层的"浸润"，有可能与高管层发生勾结，降低监督动力，同高管层侵蚀企业利益。[3] 在这种情况下，独立董事在维持董事会的监督和治理作用方面发挥着至关重要的作用。独立董事制度监督功能主要在于制约公司经理层、利益的实际关联与经济民主之要求三方面。独立董事比例越高，越能切断董事会与

---

[1] HUANG H H, WANG C, XIE H, et al. Independent Director Attention and the Cost of Equity Capital [J]. Journal of Business Finance & Accounting, 2021, 48 (7-8): 1468.

[2] LIU Y, MA S, TANG X. Independent Director Networks and Executive Perquisite Consumption——"Collusion" or "Coordination" in Governance? [J]. Emerging Markets Finance and Trade, 2022, 58 (13): 1.

[3] 陆静, 张莹, 向诚. 独立董事制度对公司违规行为的影响：来自中国 A 股市场的经验证据 [J]. 重庆大学学报（社会科学版）, 2020, 26 (5): 102.

企业管理层的利益关联,越能保证独立董事在董事会中的影响力。[①] 当公司的独立董事具有更高的独立性时,更容易监督和约束企业家的自利行为,有助于发现侵犯中小股东利益的资产侵占和掏空等行为,从而抑制风险投资家与创业企业家的合谋行为。

罗进辉等利用中国 A 股国有控股上市公司 2005—2013 年的数据从国有企业高管薪酬视角考察本地独立董事的监督作用。[②] 结果发现本地独立董事具有信息优势,监督能力更强,进而能更有效地约束高管获取超额薪酬的代理行为。上市公司合谋问题一直是证券监管部门和理论界关注的热点和难点,而良好的激励约束机制对防范上市公司合谋行为具有显著的积极作用。闫邹先通过对上市公司的实证分析发现,在影响上市公司合谋行为的诸因素中,独立董事是最重要的因素。为了有效地防范上市公司的合谋行为,企业应当加大独立董事比例。

基于以上分析,提出研究假设 H10。

H10:独立董事会减弱私人关系对合谋行为的影响。

H10-1:独立董事会减弱私人关系对创业企业家自利行为的正向影响,即会减弱私人关系对创业企业家显性自利行为(a)与隐性自利行为(b)的正向影响。

H10-2:独立董事会减弱私人关系对风险投资家收益的正向影响。

H10-3:独立董事会减弱私人关系对中小股东利益的负向影响。

H10-4:独立董事会减弱私人关系对企业经营风险的正向影响。

[①] 徐晓俊. 独立董事制度会影响股价崩盘风险吗:基于独立性和专业性视角的研究[J]. 会计之友,2020(8):95.
[②] 罗进辉,向元高,林筱勋. 本地独立董事监督了吗?:基于国有企业高管薪酬视角的考察[J]. 会计研究,2018(7):57.

第二节　数据来源、研究样本与模型

一、数据来源

本章研究是在第四章基础上展开的治理分析。因此，数据来源与第四章一致，实证观测单元为创业企业，面板数据的整体观察窗口为2009—2021年。研究中使用的自变量、因变量和控制变量等测量方式与第四章定义相同。数据的获取涉及CVSource数据库、国泰安系列研究数据库、上市公司官网披露的年报和其他信息等渠道。

二、变量定义

（一）调节变量

1. 股权激励

股权激励（Hold）有助于降低企业委托代理成本（如股票期权计划或限制性股票计划等）。参照陈红等的研究，利用董事长持股比例衡量股权激励。①

2. 股权制衡度

股权制衡度（Balance）越高的企业，出现一股独大、侵吞其他中小股东利益的现象越不明显。参照王文寅等的研究，用前十大股东中其他大股东对存在私人关系的风险投资家和创业企业家的制衡能力来测量股权制衡度。②具体计算公式如下：

$$Balance = [Sum(S1:S10) - (Se+Sv)] / (Se+Sv) \quad (6-1)$$

其中，Se为创业企业家持股比例、Sv为具有私人关系的风险投资家所在

---

① 陈红，郭丹. 股权激励计划：工具还是面具：上市公司股权激励、工具选择与现金股利政策[J]. 经济管理，2017，39（2）：85.

② 王文寅，刘佳. 家族企业股权制衡度与研发投入的门槛效应分析[J]. 统计与决策，2021，37（7）：185.

机构的持股比例，$Sum（S1：S10）$ 为前十大股东持股比例之和。

3. 独立董事

独立董事的独立性越高，独立董事对企业经营的监督效应就越强。本书用独立董事人数占董事会总人数的比例，即独立董事占比来衡量独立董事的独立性。[①]

（二）因变量、自变量与控制变量

因变量分别是企业家产生自利行为、风险投资家收益、中小股东利益以及企业经营风险。四个维度具体的表征与测量详见第四章第三节"因变量"。

自变量为风险投资家与创业企业家之间的私人关系，当不存在私人关系时，变量标记为0；当存在一种私人关系时变量标记为1；当存在两种私人关系时变量标记为2，依次类推，私人关系的取值范围为［0，5］的自然数。具体测量方法与第四章第三节"自变量"内容一致。

同时本书控制被投资企业特征变量，包括企业规模（Firm_size）、净资产收益率（Firm_profit）、资产负债率（Firm_lever）、无形资产比率（Firm_itg）、每股收益（Firm_eps）；控制风险投资家特征变量，包括年龄（Entre_age）、性别（Entre_gder）、学历（Entre_edu）、从业经验（Entre_exp）；控制创业企业家特征变量，包括性别（VCs_gder）、学历（VCs_edu）、从业经验（VCs_exp）；控制风险投资机构特征变量，包括风险投资机构声誉（VC_rep）、投资项目经验（VC_size）、机构性质（VC_own）；控制行业固定效应（Industry）和时间固定效应（Year）。控制变量具体定义与第四章定义相同。

三、调节变量的描述性统计

该部分实证检验假设 H8—H10，从股权激励、股权制衡度以及独立董事的调节效应，探究基于私人关系的风险投资家与创业企业家合谋行为的公司治理。首先对本章研究调节变量进行描述性统计（统计结果见表6.1）。根据描述性统计结果，研究样本中董事长持股比例平均为20%；前十大股东中其

[①] 刘琳晨，陈暮紫，吴武清. 独立董事的高管背景与"独立性"：基于董事会投票的经验证据［J］. 南开经济研究，2019（6）：199.

他大股东持股总和是存在私人关系的风险投资家和创业企业家的持股总和的3.76倍；独立董事在董事会中的平均占比为38%。

表6.1 面板数据各变量的描述性统计

Variables	N	Mean	S.D.	Min	P50	Max
Hold	1,600	0.20	0.16	0.00	0.20	0.59
Balance	1,600	3.76	8.22	0.00	0.26	52.86
Inddir	1,600	0.38	0.05	0.33	0.33	0.50

四、实证模型

对于股权激励、股权制衡度与独立董事的调节作用的检验，本书采用温忠麟等提出的调节效应检验程序，如图6.2所示。[①] 其中 X 为自变量，Y 为因变量，M 为调节变量，a、b、c 为变量前的系数，e 为误差项。在分析调节效应时，自变量和调节变量需要中心化处理。随后回归并分析估计和检验交叉项系数 c 的显著性。如果 c 显著（H0：$c=0$ 的假设被拒绝），说明 M 的调节效应显著。

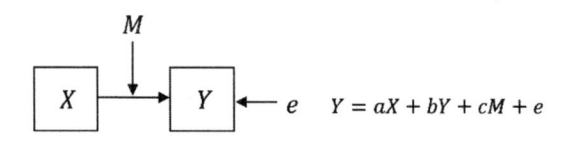

$$Y = aX + bY + cM + e$$

图6.2 调节效应检验程序示意图

在调节效应检验中本书用到的层次回归模型如公式（6-2）和（6-3）所示。通过比较在加入交互项前后的 R^2 是否有明显的增加或者方程中的交互项系数 η_2 是否显著来判断调节效应是否显著。由于主回归模型包含了面板数据模型与截面数据模型，所以加入调节变量的回归模型也包含了面板数据模型与截面数据模型。当利用面板数据检验调节效应时，对应的回归模型方程如下所述。

---

① 温忠麟，张雷，侯杰泰. 有中介的调节变量和有调节的中介变量 [J]. 心理学报，2006，38（3）：448.

第一步：将自变量私人关系与调节变量同时放入回归模型，得到回归方程的系数 R_1^2。

$$Y_{it} = \alpha_i + \delta_t + \beta_1 \sum X_{it} + \eta_1 \sum M_{it} + \gamma \sum Z_{it} + \varepsilon_{it} \qquad (6-2)$$

第二步：在第一步基础上加入自变量与调节变量的交互项，得到回归方程的系数 R_2^2。

$$Y_{it} = \alpha_i + \delta_t + \beta_1 \sum X_{it} + \eta_1 \sum M_{it} + \eta_2 \sum M_{it} \times \sum M_{it} + \gamma \sum Z_{it} + \varepsilon_{it} \qquad (6-3)$$

以上两步中，Y_{it} 为企业 i 在年份 t 的因变量，X_{it} 为企业 i 在年份 t 的风险投资家与创业企业家的私人关系，M_{it} 为企业 i 在年份 t 的调节变量，$\sum X_{it} \times \sum M_{it}$ 为私人关系与调节变量的交互项；Z_{it} 为企业 i 在年份 t 的控制变量，α_i 和 δ_t 是企业和年份的固定效应，ε_{it} 为误差项。

当利用截面数据检验调节效应时，对应的回归模型方程如下：

$$Y_i = \beta_1 \sum X_i + \eta_1 \sum M_i + \gamma \sum Z_i + \varepsilon_i \qquad (6-4)$$

$$Y_i = \beta_1 \sum X_i + \eta_1 \sum M_i + \eta_2 \sum M_i \times \sum M_i + \gamma \sum Z_i + \varepsilon_i \qquad (6-5)$$

其中，Y_i 为企业 i 的因变量，X_i 为企业 i 的风险投资家与创业企业家的私人关系，M_i 为企业 i 的调节变量，$\sum X_i \times \sum M_i$ 为私人关系与调节变量的交互项；Z_i 为企业 i 的控制变量，ε_i 为误差项。

第三节 基于私人关系的合谋行为公司治理的验证

一、股权激励对私人关系与合谋行为的调节效应

表6.2验证 H8-1、H8-2、H8-3 与 H8-4。将自变量私人关系与调节变量股权激励放入模型（1）、（3）、（5）、（7）与（9）进行回归，将自变量与调节变量的交互项放入模型（2）、（4）、（6）、（8）与（10）进行回归。

表 6.2　股权激励的调节效应

Variables	(1) Overpay	(2) Overpay	(3) Cpc	(4) Cpc	(5) VCself	(6) VCself	(7) Msexpr	(8) Msexpr	(9) Risk	(10) Risk
Hold_Guanxi		−0.112*		−0.580***		−4.596*		3.965***		−0.015***
		(−1.694)		(−3.401)		(−1.867)		(7.498)		(−3.291)
Guanxi	0.060***	0.058***	0.107***	0.099***	2.112***	2.273***	−0.896***	−0.819***	0.002***	0.002***
	(5.402)	(5.333)	(3.990)	(3.738)	(3.598)	(3.571)	(−9.780)	(−8.975)	(3.437)	(3.098)
Hold	−0.423***	−0.395***	−0.837***	−0.945***	−6.201***	−5.802***	1.604***	1.690***	−0.012**	−0.011**
	(−4.037)	(−3.788)	(−3.988)	(−4.272)	(−5.503)	(−5.108)	(2.858)	(3.048)	(−2.282)	(−2.189)
Firm_size	−0.064**	−0.061**	0.402***	0.413***	0.691	0.733	0.550***	0.566***	−0.002	−0.002
	(−2.379)	(−2.297)	(6.571)	(6.821)	(1.294)	(1.376)	(3.179)	(3.305)	(−1.356)	(−1.273)
Firm_profit	0.836***	0.852***	−0.706	−0.622	−19.989**	−19.627**	3.202	2.800	−0.139***	−0.137***
	(3.336)	(3.385)	(−1.522)	(−1.321)	(−2.457)	(−2.415)	(1.499)	(1.307)	(−5.337)	(−5.400)
Firm_lever	0.272**	0.272**	0.176	0.189	−7.266***	−7.443***	1.272*	1.146	−0.002	−0.002
	(2.472)	(2.455)	(0.755)	(0.817)	(−3.670)	(−3.770)	(1.796)	(1.627)	(−0.329)	(−0.285)
Firm_itg	0.796**	0.813**	0.649	0.775	−8.171	−7.045	6.272**	4.819*	0.031	0.035
	(2.443)	(2.489)	(0.917)	(1.091)	(−0.736)	(−0.636)	(2.234)	(1.777)	(1.159)	(1.297)
Firm_eps	−0.070*	−0.075**	0.156**	0.132**	1.907***	1.885***	−1.220***	−1.149***	0.015***	0.014***

续表

Variables	(1)	(2)	(3)	(4)	(5)	(6)	(7)	(8)	(9)	(10)
Entre_age	(-1.930)	(-2.087)	(2.321)	(1.966)	(2.975)	(2.942)	(-3.795)	(-3.591)	(4.811)	(4.754)
	0.077	0.085	-0.162	-0.109	-3.860**	-3.706**	-0.075	-0.374	-0.021***	-0.020**
Entre_gder	(0.334)	(0.378)	(-0.696)	(-0.473)	(-2.281)	(-2.184)	(-0.100)	(-0.510)	(-2.604)	(-2.514)
	-0.247**	-0.245**	-0.239*	-0.238*	1.870	1.761	-0.078	0.013	-0.004	-0.004
Entre_edu	(-2.294)	(-2.304)	(-1.674)	(-1.645)	(1.337)	(1.247)	(-0.208)	(0.035)	(-1.101)	(-1.124)
	-0.001	0.000	-0.024	-0.021	0.442***	0.403**	-0.018	-0.019	-0.001*	-0.001*
Entre_exp	(-0.048)	(0.030)	(-1.187)	(-1.083)	(2.707)	(2.448)	(-0.273)	(-0.283)	(-1.848)	(-1.820)
	-0.011	-0.013	-0.020	-0.026	0.198	0.204	0.734***	0.778***	-0.007***	-0.007***
VCs_gder	(-0.355)	(-0.410)	(-0.476)	(-0.639)	(0.425)	(0.437)	(4.331)	(4.520)	(-3.355)	(-3.437)
	-0.019	-0.021	0.038	0.025	0.594	0.460	0.048	0.122	0.001	0.000
VCs_edu	(-0.325)	(-0.369)	(0.430)	(0.296)	(0.826)	(0.632)	(0.207)	(0.539)	(0.337)	(0.219)
	0.006	0.006	-0.056	-0.055	0.333	0.297	0.156	0.131	-0.000	-0.000
VCs_exp	(0.157)	(0.158)	(-0.998)	(-0.997)	(1.099)	(0.986)	(1.091)	(0.954)	(-0.311)	(-0.281)
	-0.001	-0.001	0.017	0.019	0.266	0.288	-0.001	-0.025	-0.001	-0.001
VC_rep	(-0.021)	(-0.015)	(0.256)	(0.289)	(0.861)	(0.940)	(-0.003)	(-0.150)	(-0.336)	(-0.324)
	-0.023	-0.021	-0.047	-0.043	0.581	0.579	0.353	0.310	-0.001	-0.000

续表

Variables	(1)	(2)	(3)	(4)	(5)	(6)	(7)	(8)	(9)	(10)
	(−0.496)	(−0.455)	(−0.636)	(−0.587)	(1.417)	(1.403)	(1.569)	(1.432)	(−0.299)	(−0.250)
VC_size	0.021	0.020	−0.007	−0.008	0.136	0.143	−0.002	−0.005	0.002*	0.002*
	(1.013)	(0.988)	(−0.195)	(−0.234)	(0.785)	(0.817)	(−0.018)	(−0.057)	(1.803)	(1.819)
VC_own	0.021	0.020	−0.085	−0.088	−0.112	−0.214	0.044	0.043	−0.005**	−0.005**
	(0.379)	(0.366)	(−1.004)	(−1.051)	(−0.235)	(−0.438)	(0.201)	(0.202)	(−2.441)	(−2.486)
Constant	0.981	0.897	6.830***	6.394***	3.226	1.875	−12.494***	−11.744**	0.174***	0.167***
	(0.910)	(0.839)	(3.937)	(3.742)	(0.250)	(0.145)	(−2.594)	(−2.477)	(4.091)	(3.992)
Year	Yes	Yes	Yes	Yes	Yes	Yes	Yes	Yes	Yes	Yes
Industry	Yes	Yes	Yes	Yes	Yes	Yes	Yes	Yes	Yes	Yes
N	1600	1600	1600	1600	715	715	1575	1575	1600	1600
Adj-R^2	0.069	0.076	0.301	0.320	0.159	0.163			0.194	0.203
Chi^2							32.80	70.32		

注：括号内为 t 检验值；***、**和*分别表示1%、5%与10%的显著性水平。

模型（1）—（2）验证股权激励对私人关系与创业企业家显性自利行为的影响，从回归结果来看交互项的系数负向显著（η=-0.112，p<0.10）。对比模型（1）与模型（2）的 R^2，可以看出加了交互项后，R^2 从 0.069 增加至 0.076，说明调节作用显著。本书进一步画出调节效应图，从图 6.3a 中可以看出股权激励对私人关系与创业企业家显性自利行为的正相关关系有减弱作用。假设 H8-1（a）得到支持。

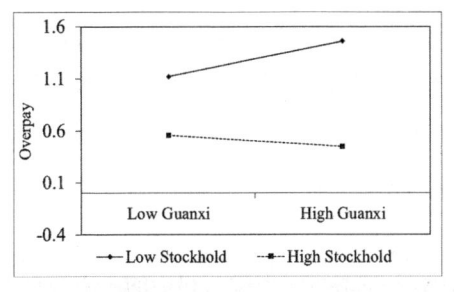

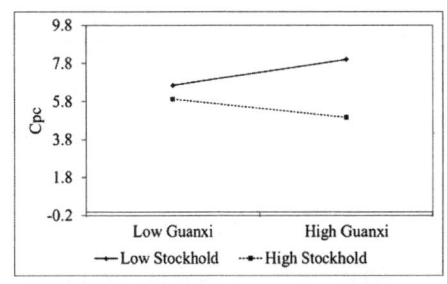

a 股权激励—私人关系—显性自利行为

b 股权激励—私人关系—隐性自利行为

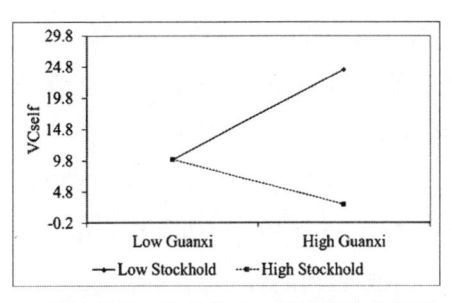

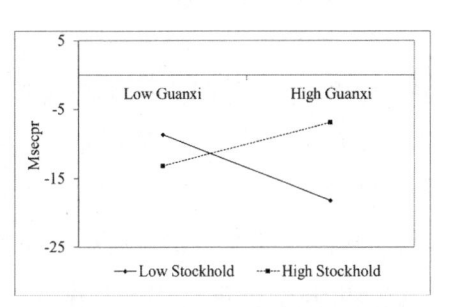

c 股权激励—私人关系—风险投资家收益

d 股权激励—私人关系—中小股东利益

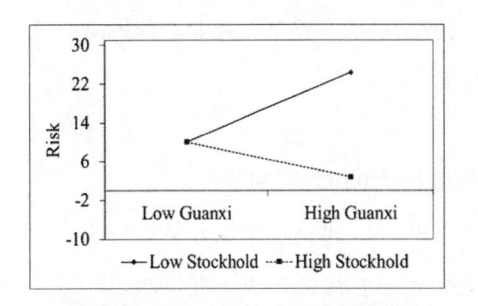

e 股权激励—私人关系—企业经营风险

图 6.3 股权激励调节效应图

模型（3）—（4）验证股权激励对私人关系与创业企业家隐性自利行为的影响，回归结果显示交互项系数负向显著（η=-0.580，p<0.01）。对比模型（3）与模型（4）的 R^2，可以看出加了交互项后，R^2 从 0.301 增加至 0.320，说明调节作用显著。本书进一步画出调节效应图，从图 6.3b 中看出股权激励对私人关系与创业企业家隐性自利行为正相关关系有减弱作用。假设 H8-1（b）得到支持。

模型（5）—（6）验证股权激励对私人关系与风险投资家收益的影响，从回归结果来看交互项的系数负向显著（η=-4.596，p<0.1）。对比模型（5）与模型（6）的 R^2，可以看出加了交互项后，R^2 从 0.159 增加至 0.163，调节作用显著。本书进一步画出调节效应图，从图 6.3c 中可以看出股权激励对私人关系与风险投资家收益的正相关关系有减弱作用。假设 H8-2 得到支持。

模型（7）—（8）验证股权激励对私人关系与中小股东利益的影响，回归结果显示交互项系数正向显著（η=3.965，p<0.01）。对比模型（7）与模型（8）的 Chi^2，可以看出加了交互项后，Chi^2 从 32.80 增加至 70.32，说明调节作用显著。本书进一步画出调节效应图，从图 6.3d 中可以看出股权激励对私人关系与中小股东利益的负相关关系有减弱作用。假设 H8-3 得到支持。

模型（9）—（10）验证股权激励对私人关系与企业经营风险的影响，从回归结果来看股权激励与企业经营风险 Risk 的交互项的系数负向显著（$η_1$=-0.015，p<0.01）。对比模型（9）与模型（10）的 R^2，可以看出加了交互项后，R^2 从 0.194 增加至 0.203，说明调节作用显著。本书进一步画出调节效应图，从图 6.3e 中可以看出股权激励对私人关系与企业经营风险的负相关关系有减弱作用。假设 H8-4 得到支持。

二、股权制衡度对私人关系与合谋行为的调节效应

表 6.3 验证 H9-1、H9-2、H9-3 与 H9-4。将自变量私人关系与调节变量股权制衡度放入模型（1）、（3）、（5）、（7）与模型（9）进行回归，将自变量与调节变量的交互项放入模型（2）、（4）、（6）、（8）与模型（10）进行回归。

第六章 私人关系下风险投资家与创业企业家合谋行为的治理

表6.3 股权制衡度的调节效应

Variables	(1) Overpay	(2) Overpay	(3) Cpc	(4) Cpc	(5) VCself	(6) VCself	(7) Msexpr	(8) Msexpr	(9) Risk	(10) Risk
Balance_Guanxi		-5.304***		-13.667***		-0.065**		37.448***		-0.325***
		(-3.313)		(-4.967)		(-2.559)		(3.837)		(-4.894)
Guanxi	0.074***	0.081***	0.112***	0.130***	2.242***	3.486***	-1.056***	-1.142***	0.003***	0.004***
	(6.198)	(7.051)	(3.973)	(4.895)	(3.689)	(4.446)	(-10.491)	(-10.863)	(4.827)	(5.462)
Balance	-3.943	-0.973	-9.839*	-2.883	-0.023***	-0.025***	62.996***	52.234***	-0.509***	-0.375***
	(-1.441)	(-0.369)	(-1.897)	(-0.754)	(-3.218)	(-4.105)	(4.714)	(4.077)	(-4.566)	(-4.033)
Firm_size	-0.046*	-0.042	0.387***	0.393***	0.953*	0.919*	0.420**	0.417**	-0.001	-0.001
	(-1.665)	(-1.507)	(5.998)	(6.235)	(1.774)	(1.733)	(2.417)	(2.426)	(-0.647)	(-0.556)
Firm_profit	0.797***	0.867***	-0.627	-0.450	-22.432***	-21.171***	2.870	2.362	-0.139***	-0.135***
	(3.019)	(3.534)	(-1.311)	(-1.030)	(-2.649)	(-2.523)	(1.330)	(1.106)	(-5.513)	(-5.298)
Firm_lever	0.268**	0.255**	0.224	0.196	-8.364***	-8.093***	1.465**	1.438**	-0.002	-0.002
	(2.394)	(2.373)	(0.944)	(0.836)	(-4.136)	(-3.996)	(2.049)	(2.032)	(-0.251)	(-0.353)
Firm_itg	0.821**	0.790**	0.707	0.655	-9.199	-10.066	4.942*	5.208*	0.036	0.036
	(2.494)	(2.418)	(0.981)	(0.909)	(-0.820)	(-0.915)	(1.754)	(1.877)	(1.338)	(1.333)
Firm_eps	-0.079**	-0.077	0.154**	0.158**	1.533**	1.457**	-1.018***	-1.003***	0.014***	0.014***

237

续表

Variables	(1)	(2)	(3)	(4)	(5)	(6)	(7)	(8)	(9)	(10)
	(-2.139)	(-2.084)	(2.261)	(2.322)	(2.378)	(2.286)	(-3.187)	(-3.160)	(4.503)	(4.555)
Entre_age	0.118	0.112	-0.226	-0.246	-2.047	-2.300	-0.817	-0.687	-0.016**	-0.017**
	(0.540)	(0.519)	(-0.883)	(-0.987)	(-1.178)	(-1.354)	(-1.087)	(-0.926)	(-2.050)	(-2.169)
Entre_gder	-0.253**	-0.237**	-0.237*	-0.201	1.634	1.464	0.012	-0.057	-0.005	-0.004
	(-2.398)	(-2.294)	(-1.659)	(-1.386)	(1.166)	(1.070)	(0.033)	(-0.153)	(-1.308)	(-1.110)
Entre_edu	-0.000	-0.001	-0.026	-0.029	0.506***	0.504***	-0.034	-0.027	-0.001*	-0.001*
	(-0.041)	(-0.131)	(-1.200)	(-1.352)	(2.935)	(2.902)	(-0.502)	(-0.411)	(-1.812)	(-1.923)
Entre_exp	-0.031	-0.015	0.005	0.046	-0.108	-0.130	0.838***	0.767***	-0.007***	-0.007***
	(-1.035)	(-0.487)	(0.115)	(1.100)	(-0.221)	(-0.267)	(4.742)	(4.414)	(-3.772)	(-3.362)
VCs_gder	-0.017	-0.016	0.023	0.024	0.421	0.347	0.072	0.070	0.001	0.001
	(-0.289)	(-0.285)	(0.252)	(0.261)	(0.582)	(0.479)	(0.308)	(0.303)	(0.307)	(0.312)
VCs_edu	-0.007	-0.006	-0.042	-0.039	0.329	0.337	0.229	0.233*	-0.001	-0.001
	(-0.194)	(-0.168)	(-0.739)	(-0.701)	(1.073)	(1.118)	(1.601)	(1.655)	(-0.804)	(-0.780)
VCs_exp	0.006	0.008	0.015	0.020	0.346	0.345	-0.125	-0.135	0.000	0.000
	(0.133)	(0.201)	(0.211)	(0.284)	(1.133)	(1.148)	(-0.718)	(-0.788)	(0.033)	(0.098)
VC_rep	-0.014	-0.018	-0.054	-0.061	0.814*	0.787*	0.384*	0.352	-0.000	-0.000

<<< 第六章 私人关系下风险投资家与创业企业家合谋行为的治理

续表

Variables	(1)	(2)	(3)	(4)	(5)	(6)	(7)	(8)	(9)	(10)
VC_size	(−0.286)	(−0.391)	(−0.711)	(−0.827)	(1.951)	(1.906)	(1.704)	(1.592)	(−0.165)	(−0.213)
	0.020	0.017	−0.007	−0.012	0.124	0.073	0.008	0.036	0.001*	0.001
	(0.953)	(0.841)	(−0.189)	(−0.334)	(0.705)	(0.418)	(0.096)	(0.420)	(1.766)	(1.600)
VC_own	0.020	0.022	−0.094	−0.091	0.249	0.248	0.025	0.021	−0.005**	−0.005**
	(0.361)	(0.398)	(−1.069)	(−1.038)	(0.505)	(0.507)	(0.113)	(0.097)	(−2.516)	(−2.543)
Constant	0.404	0.315	7.558***	7.468***	−9.540	−7.660	−6.980	−7.337	0.134***	0.132***
	(0.389)	(0.304)	(4.109)	(4.088)	(−0.720)	(−0.587)	(−1.464)	(−1.553)	(3.100)	(3.135)
Year	Yes	Yes	Yes	Yes	Yes	Yes	Yes	Yes	Yes	Yes
Industry	Yes	Yes	Yes	Yes	Yes	Yes	Yes	Yes	Yes	Yes
N	1600	1600	1600	1600	715	715	1575	1575	1600	1600
Adj-R²	0.053	0.073	0.266	0.270	0.144	0.160			0.198	0.215
Chi²							59.18	73.98		

注：括号内为 t 检验值；***、**和*分别表示 1%、5%与 10%的显著性水平。

模型（1）与模型（2）验证股权制衡度对私人关系与创业企业家显性自利行为关系的影响。发现交互项系数负向显著（η=-5.304，p<0.01）。对比模型（1）与模型（2）的 R^2，加了交互项后，R^2 从0.053增加至0.073，说明调节作用显著。本书进一步画出调节效应图，图6.4a 中显示股权制衡度对私人关系与创业企业家显性自利行为正相关关系有减弱作用。假设 H9-1 (a) 得到支持。

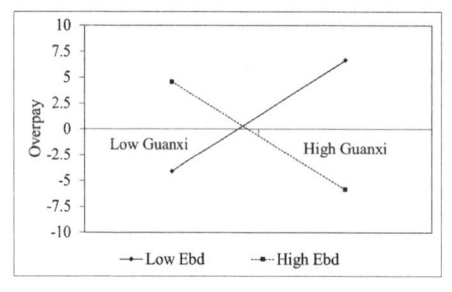

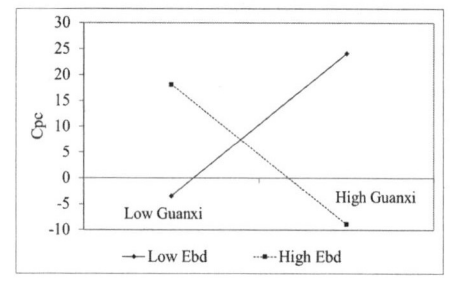

a 股权制衡度—私人关系—显性自利行为   b 股权制衡度—私人关系—隐性自利行为

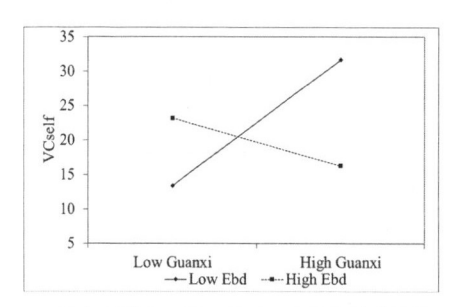

c 股权制衡度—私人关系—风险投资家收益   d 股权制衡度—私人关系—中小股东利益

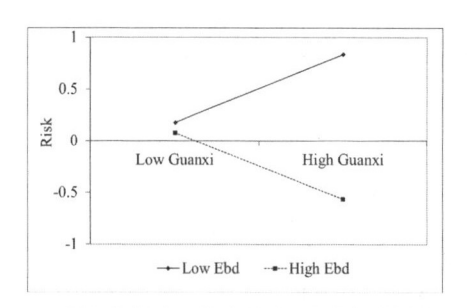

e 股权制衡度—私人关系—企业经营风险

图6.4 股权制衡度调节效应图

模型（3）与模型（4）验证股权制衡度对私人关系与创业企业家隐性自利行为关系的影响。发现交互项系数负向显著（η=-13.667，p<0.01）。对比模型（3）与模型（4）的 R^2，加了交互项后，R^2 从 0.266 增加至 0.270，说明调节作用显著。本书进一步画出调节效应图，从图 6.4b 中看出股权制衡度对私人关系与创业企业家隐性自利行为正相关关系有减弱作用。假设 H9-1（b）得到支持。

模型（5）与模型（6）验证股权制衡度对私人关系与风险投资家收益的影响，从回归结果来看交互项的系数负向显著（η=-0.065，p<0.05）。对比模型（5）与模型（6）的 R^2，可以看出加了交互项后，R^2 从 0.144 增加至 0.160，调节作用显著。本书进一步画出调节效应图，从图 6.4c 中可以看出股权制衡度对私人关系与风险投资家收益的正相关关系有减弱作用。假设 H9-2 得到支持。

模型（7）与模型（8）验证股权制衡度对私人关系与中小股东利益的影响。回归结果显示交互项系数正向显著（η=37.448，p<0.01）。对比模型（7）与模型（8）的 Chi^2，发现加了交互项后，Chi^2 从 59.18 增加至 73.98，说明调节作用显著。本书进一步画出调节效应图，从图 6.4d 中看出股权制衡度对私人关系与中小股东利益的负相关关系有减弱作用。假设 H9-3 得到支持。

模型（9）与模型（10）验证股权制衡度对私人关系与企业经营风险的影响，从回归结果来看股权制衡度与企业经营风险 Risk 的交互项的系数负向显著（η=-0.325，p<0.01）。对比模型（9）与模型（10）的 R^2，可以看出加了交互项后，R^2 从 0.198 增加至 0.215，说明调节作用显著。本书进一步画出调节效应图，从图 6.4e 中可以看出股权制衡度对私人关系与企业经营风险的负相关关系有减弱作用。假设 H9-4 得到支持。

三、独立董事对私人关系与合谋行为的调节效应

表 6.4 验证 H10-1、H10-2、H10-3 与 H10-4。将自变量私人关系与调节变量独立董事放入模型（1）、（3）、（5）、（7）与模型（9）进行回归，将自变量与调节变量交互项放入模型（2）、（4）、（6）、（8）与模型（10）进行回归。

表 6.4 独立董事独立性的调节效应

Variables	(1) Overpay	(2) Overpay	(3) Cpc	(4) Cpc	(5) VCself	(6) VCself	(7) Msexpr	(8) Msexpr	(9) Risk	(10) Risk
Inddir_Guanxi		-0.578***		-1.005**		-26.120***		5.468*		-0.042***
		(-3.130)		(-2.123)		(-2.705)		(1.894)		(-3.584)
Guanxi	0.066***	0.059***	0.088***	0.076***	2.226***	2.577***	-0.917***	-0.902***	0.002***	0.002***
	(6.063)	(5.410)	(3.219)	(2.693)	(3.866)	(4.410)	(-9.922)	(-9.712)	(3.667)	(3.014)
Inddir	0.021	0.146	-1.653***	-1.457***	-20.858***	-20.891***	-0.690	-0.925	-0.025	-0.018
	(0.087)	(0.600)	(-3.136)	(-2.969)	(-5.548)	(-5.685)	(-0.393)	(-0.524)	(-1.449)	(-1.097)
Firm_size	-0.051*	-0.049*	0.367***	0.370***	1.025*	1.008*	0.497***	0.490***	-0.002	-0.002
	(-1.885)	(-1.810)	(5.808)	(5.888)	(1.943)	(1.899)	(2.872)	(2.842)	(-1.179)	(-1.097)
Firm_profit	0.795***	0.809***	-0.520	-0.489	-16.801**	-16.663**	3.312	3.233	-0.139***	-0.137***
	(3.061)	(3.148)	(-1.184)	(-1.119)	(-1.994)	(-1.983)	(1.543)	(1.511)	(-5.336)	(-5.335)
Firm_lever	0.257**	0.250**	0.166	0.153	-8.797***	-8.549***	1.353*	1.346*	-0.003	-0.003
	(2.299)	(2.242)	(0.709)	(0.659)	(-4.375)	(-4.220)	(1.891)	(1.888)	(-0.489)	(-0.559)
Firm_itg	0.798**	0.815**	0.691	0.719	-5.602	-6.183	6.018**	5.892**	0.033	0.034
	(2.413)	(2.482)	(1.006)	(1.055)	(-0.495)	(-0.546)	(2.122)	(2.087)	(1.200)	(1.245)
Firm_eps	-0.075**	-0.074**	0.142**	0.143**	1.282**	1.302**	-1.163***	-1.156***	0.014***	0.014***

续表

Variables	(1)	(2)	(3)	(4)	(5)	(6)	(7)	(8)	(9)	(10)
	(-2.002)	(-1.997)	(2.090)	(2.124)	(2.002)	(2.025)	(-3.625)	(-3.614)	(4.597)	(4.648)
Entre_age	0.111	0.112	-0.300	-0.297	-2.618	-2.874*	-0.403	-0.401	-0.019**	-0.019**
	(0.509)	(0.513)	(-1.241)	(-1.235)	(-1.531)	(-1.702)	(-0.538)	(-0.538)	(-2.426)	(-2.409)
Entre_gder	-0.251**	-0.262**	-0.201	-0.216	1.639	1.535	-0.048	-0.056	-0.004	-0.004
	(-2.381)	(-2.543)	(-1.433)	(-1.562)	(1.123)	(1.077)	(-0.126)	(-0.148)	(-0.997)	(-1.074)
Entre_edu	-0.000	0.001	-0.029	-0.026	0.484***	0.423**	-0.026	-0.029	-0.001*	-0.001*
	(-0.015)	(0.101)	(-1.350)	(-1.241)	(2.805)	(2.419)	(-0.385)	(-0.436)	(-1.872)	(-1.713)
Entre_exp	-0.028	-0.028	0.021	0.020	0.150	0.128	0.811***	0.811***	-0.007***	-0.007***
	(-0.920)	(-0.926)	(0.466)	(0.454)	(0.329)	(0.283)	(4.752)	(4.761)	(-3.564)	(-3.634)
VCs_gder	-0.014	-0.019	0.023	0.015	0.250	0.148	0.012	0.024	0.001	0.000
	(-0.243)	(-0.321)	(0.251)	(0.166)	(0.349)	(0.208)	(0.050)	(0.104)	(0.370)	(0.204)
VCs_edu	-0.005	-0.004	-0.028	-0.027	0.394	0.381	0.185	0.183	-0.001	-0.001
	(-0.125)	(-0.109)	(-0.501)	(-0.486)	(1.294)	(1.251)	(1.289)	(1.278)	(-0.462)	(-0.420)
VCs_exp	0.003	0.004	0.002	0.003	0.364	0.387	-0.028	-0.030	-0.001	-0.000
	(0.073)	(0.094)	(0.023)	(0.040)	(1.201)	(1.287)	(-0.161)	(-0.175)	(-0.311)	(-0.292)
VC_rep	-0.016	-0.019	-0.055	-0.060	0.756*	0.700*	0.330	0.328	-0.000	-0.000

续表

Variables	(1)	(2)	(3)	(4)	(5)	(6)	(7)	(8)	(9)	(10)
VC_size	0.020	0.023	−0.007	−0.003	0.045	0.049	−0.002	−0.007	0.002*	0.002**
	(0.975)	(1.118)	(−0.208)	(−0.073)	(0.261)	(0.283)	(−0.019)	(−0.080)	(1.778)	(2.037)
VC_own	0.022	0.019	−0.087	−0.092	0.021	−0.068	0.036	0.046	−0.005**	−0.005**
	(0.402)	(0.345)	(−0.991)	(−1.060)	(0.042)	(−0.138)	(0.163)	(0.207)	(−2.428)	(−2.566)
Constant	0.513	0.427	8.851***	8.700***	−2.237	−0.497	−9.641**	−9.405*	0.171***	0.165***
	(0.489)	(0.406)	(4.778)	(4.733)	(−0.172)	(−0.038)	(−1.993)	(−1.950)	(3.895)	(3.766)
Year	Yes	Yes	Yes	Yes			Yes	Yes	Yes	Yes
Industry	Yes	Yes	Yes	Yes			Yes	Yes	Yes	Yes
N	1600	1600	1600	1600	715	715	1575	1575	1600	1600
Adj-R²	0.052	0.065	0.266	0.270	0.160	0.179			0.195	0.204
Chi²							32.38	53.18		

注：括号内为 t 检验值；***、**和*分别表示1%、5%与10%的显著性水平。

模型（1）与模型（2）验证独立董事对私人关系与创业企业家显性自利行为关系的影响。发现交互项系数负向显著（η=−0.578，p<0.01）。对比模型（1）与模型（2）的 R^2，加了交互项后，R^2 从 0.052 增加至 0.065，说明调节作用显著。进一步画出调节效应图，从图 6.5a 中看出独立董事独立性对私人关系与创业企业家显性自利行为的正相关关系有减弱作用。假设 H10-1（a）得到支持。

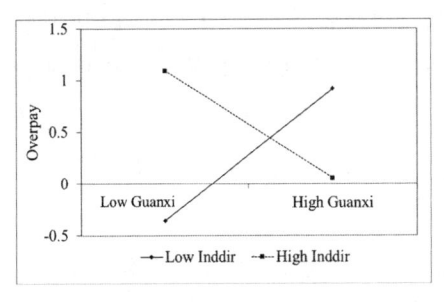

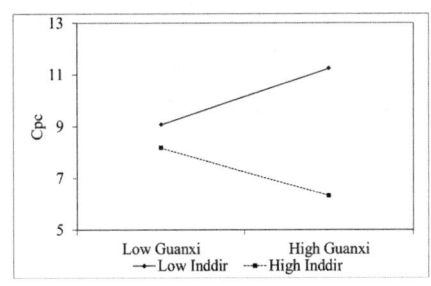

a 独立董事—私人关系—显性自利行为

b 独立董事—私人关系—隐性自利行为

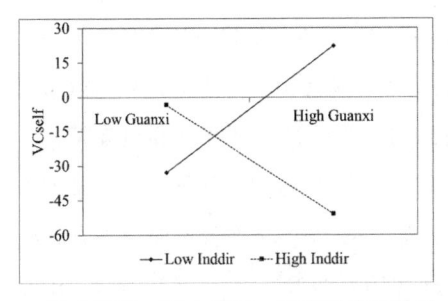

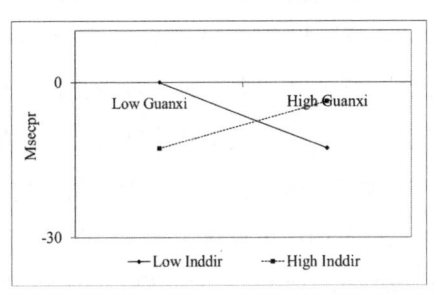

c 独立董事—私人关系—风险投资家收益

d 独立董事—私人关系—中小股东利益

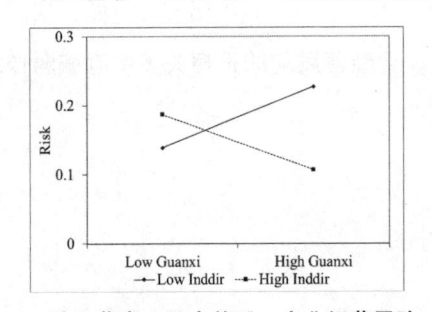

e 独立董事—私人关系—企业经营风险

图 6.5　独立董事调节效应图

模型（3）与模型（4）验证独立董事对私人关系与创业企业家隐性自利

行为关系的影响。发现交互项系数负向显著（$\eta=-1.005$，$p<0.05$）。对比模型（3）与模型（4）的 R^2，加了交互项后，R^2 从 0.266 增加至 0.270，说明调节作用显著。进一步画出调节效应图，从图 6.5b 中看出独立董事对私人关系与创业企业家的隐性自利行为正相关关系有减弱作用。假设 H10-1（b）得到支持。

模型（5）与模型（6）验证独立董事对私人关系与风险投资家收益关系的影响。从回归结果来看交互项的系数负向显著（$\eta=-26.120$，$p<0.01$）。对比模型（5）与模型（6）的 R^2，加了交互项后，R^2 从 0.160 增加至 0.179，说明调节作用显著。进一步画出调节效应图，从图 6.5c 看出独立董事对私人关系与风险投资家收益的正相关关系有减弱作用。假设 H10-2 得到支持。

模型（7）与模型（8）验证独立董事对私人关系与中小股东利益关系的影响。从回归结果来看交互项的系数正向显著（$\eta=5.468$，$p<0.10$）。对比模型（7）与模型（8）的 Chi^2，加了交互项后，Chi^2 从 32.38 增加至 53.18，说明调节作用显著。进一步画出调节效应图，从图 6.5d 中看出独立董事对私人关系与中小股东利益负相关关系有减弱作用。假设 H10-3 得到支持。

模型（9）与模型（10）验证独立董事对私人关系与企业经营风险的影响。从回归结果看独立董事与企业经营风险 Risk 交互项系数负向显著（$\eta=-0.042$，$p<0.01$）。对比模型（9）与模型（10）的 R^2，加了交互项后，R^2 从 0.195 增加至 0.204，说明调节作用显著。本书进一步画出调节效应图，从图 6.5e 中可以看出独立董事对私人关系与企业经营风险的正相关关系有减弱作用。假设 H10-4 得到支持。

本章小结

本章节从公司治理的角度来深入探讨如何有效地限制和预防风险投资家与创业企业家之间的合谋行为。公司治理是指企业为了协调并平衡各种利益相关者的权益而采取的一系列内部制度安排。其主要目标是监督和制约管理层的行为，同时缓解因代理问题而产生的潜在冲突。公司治理的内容通常包括股权结构治理、董事会治理以及高管治理等要素。本书将重点研究公司治理对合谋行为的影响，特别是在股权激励、股权制衡和董事会治理这三方面的作用。研究发现，这些公司治理要素可以显著地抑制私人关系导致的合谋行为。公司可以通过股权激励机制，激发创业企业家的积极性，并降低其追求私人关系的自利行为。当股权分散在多个股东之间时，风险投资家不容易控制企业，因此也就难以与创业企业家合谋私利。有效的董事会治理机制可以提供独立的监督和决策机构，降低风险投资家与创业企业家之间的合谋机会。总之，通过采用股权激励、股权制衡和董事会治理等手段，可以有效地减少私人关系对企业行为的负面影响，降低风险投资家与创业企业家之间的合谋可能性，从而增强公司的治理和透明度，保护各股东的利益，降低企业的经营风险水平。

第七章

结论与展望

第一节　假设检验结果汇总

通过第四章到第六章对全书提出的 10 个主假设（包含 24 个子假设）进行验证，显示 8 个主假设得到支持，2 个主假设得到部分支持；19 个子假设得到支持，5 个子假设未得到支持。研究检验结果见表 7.1。假设 H1—H4 均得到支持，说明创业企业家与风险投资家的私人关系有利于二者产生合谋行为。假设 H5、H6 得到部分支持，其中假设 H5-2、H5-3、H5-4 未得到支持，说明私人关系通过降低创业企业家薪酬业绩敏感性进而增加创业企业家自利行为，但并不会带来风险投资家收益增加、中小股东利益受损以及企业经营风险增加的局面。假设 H6-1、H6-4 未得到支持，说明私人关系有利于风险投资家担任企业高管，进而增加风险投资家收益，损害中小股东利益，但并不会影响创业企业家自利行为及企业经营情况。H7 得到支持说明私人关系会增加企业信息不对称程度，进而容易助长企业家的自利行为，风险投资家提高收益，中小股东利益受损，企业经营风险增加。基于实证结果，本书绘制了基于私人关系合谋行为形成机制的相关作用路径图，详见图 7.1。假设 H8—H10 均得到支持，说明创业企业可通过设置股权激励、增加股权制衡度以及提高独立董事独立性来有效监督和约束基于私人关系的风险投资家与创业企业家的合谋行为。

表 7.1　研究检验结果汇总表

研究内容	研究假设	实证结果
私人关系对合谋行为的影响	H1：风险投资家和创业企业家的私人关系会增加创业企业家自利行为，即增加创业企业家的显性自利行为（a）与隐性自利行为（b）	支持
	H2：风险投资家和创业企业家的私人关系会增加风险投资家收益	支持
	H3：风险投资家和创业企业家的私人关系会侵害中小股东利益	支持
	H4：风险投资家和创业企业家的私人关系会增加企业经营风险	支持
基于私人关系的合谋行为形成机制	H5：创业企业家薪酬业绩敏感性在私人关系和合谋行为之间起中介效应	部分支持
	H5-1：创业企业家与风险投资家的私人关系会降低创业企业家的薪酬业绩敏感性，进而增加创业企业家的显性自利行为（a）与隐性自利行为（b）	支持
	H5-2：创业企业家与风险投资家的私人关系会降低创业企业家的薪酬业绩敏感性，进而增加风险投资家收益	未支持
	H5-3：创业企业家与风险投资家的私人关系会降低创业企业家的薪酬业绩敏感性，进而损害中小股东利益	未支持
	H5-4：创业企业家与风险投资家的私人关系会降低创业企业家的薪酬业绩敏感性，进而增加企业经营风险	未支持
	H6：风险投资家担任企业高管在私人关系和合谋行为之间起中介效应	部分支持
	H6-1：创业企业家与风险投资家的私人关系有助于风险投资家担任企业高管，进而增加创业企业家的显性自利行为（a）与隐性自利行为（b）	未支持
	H6-2：创业企业家与风险投资家的私人关系有助于风险投资家担任企业高管，进而增加风险投资家收益	支持
	H6-3：创业企业家与风险投资家的私人关系有助于风险投资家担任企业高管，进而损害中小股东利益	支持
	H6-4：创业企业家与风险投资家的私人关系有助于风险投资家担任企业高管，进而增加企业经营风险	未支持
	H7：企业信息不对称程度在私人关系和合谋行为之间起中介效应	支持
	H7-1：创业企业家与风险投资家的私人关系会提高企业信息不对称程度，进而增加创业企业家的显性自利行为（a）与隐性自利行为（b）	支持
	H7-2：创业企业家与风险投资家的私人关系会提高企业信息不对称程度，进而增加风险投资家收益	支持
	H7-3：创业企业家与风险投资家的私人关系会提高企业信息不对称程度，进而损害中小股东利益	支持
	H7-4：创业企业家与风险投资家的私人关系会提高企业信息不对称程度，进而增加企业经营风险	支持

续表

研究内容	研究假设	实证结果
基于私人关系的合谋行为的公司治理	H8：企业实施股权激励会减弱私人关系对合谋行为的影响	支持
	H8-1：企业实施股权激励会减弱私人关系对创业企业家自利行为的正向影响，即会减弱私人关系对创业企业家显性自利行为（a）与隐性自利行为（b）的正向影响	支持
	H8-2：企业实施股权激励会减弱私人关系对风险投资家收益的正向影响	支持
	H8-3：企业实施股权激励会减弱私人关系对中小股东利益保护的负向影响	支持
	H8-4：企业实施股权激励会减弱私人关系对企业经营风险的正向影响	支持
	H9：企业实施股权制衡度会减弱私人关系对合谋行为的影响	支持
	H9-1：企业实施股权制衡度会减弱私人关系对创业企业家自利行为的正向影响，即会减弱私人关系对创业企业家显性自利行为（a）与隐性自利行为（b）的正向影响	支持
	H9-2：企业实施股权制衡度会减弱私人关系对风险投资家收益的正向影响	支持
	H9-3：企业实施股权制衡度会减弱私人关系对中小股东利益保护的负向影响	支持
	H9-4：企业实施股权制衡度会减弱私人关系对企业经营风险的正向影响	支持
	H10：独立董事会减弱私人关系对合谋行为的影响	支持
	H10-1：独立董事会减弱私人关系对创业企业家自利行为的正向影响，即会减弱私人关系对创业企业家显性自利行为（a）与隐性自利行为（b）的正向影响	支持
	H10-2：独立董事会减弱私人关系对风险投资家收益的正向影响	支持
	H10-3：独立董事会减弱私人关系对中小股东利益的负向影响	支持
	H10-4：独立董事会减弱私人关系对企业经营风险的正向影响	支持

<<< 第七章 结论与展望

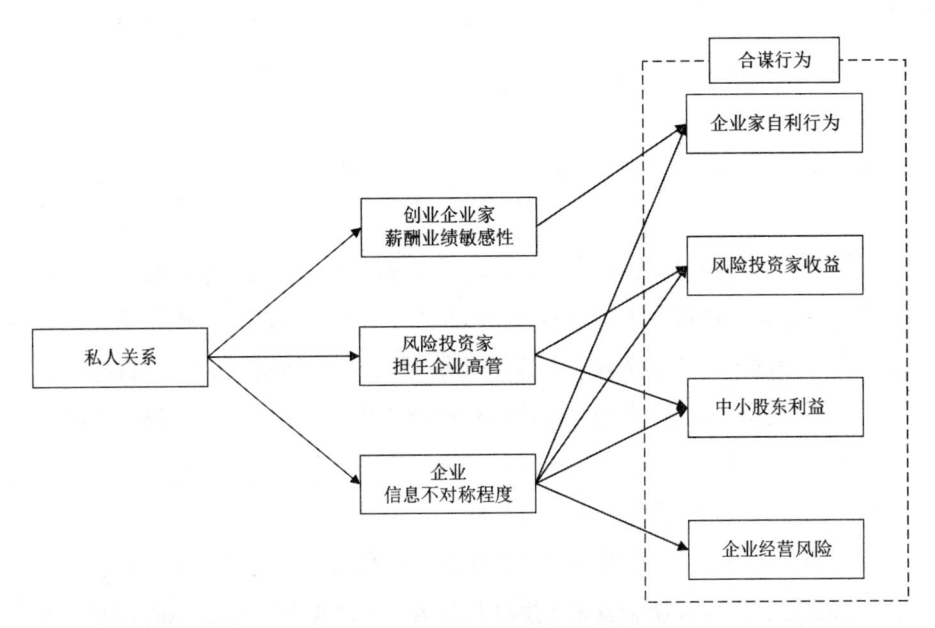

图 7.1 基于私人关系的合谋行为形成路径

关于风险投资家与创业企业家私人关系对合谋行为影响的研究结果，与现有文献的部分研究结论保持一致或者具有类似逻辑关系。

第一，本书提到的风险投资家与创业企业家的合谋行为是风险投资交易中的监督人与代理人在代理人内部激励不足时出现的，因此可以通过股权激励的方式治理和防范合谋行为的发生。这与 Laffont 等提到的合谋行为形成机制相辅相成，即合谋行为的发生依赖于较差的公司治理环境，尤其是企业出现内部人控制局面而又激励不足时。[1] 若要治理合谋行为，更多的是提高合谋行为成本，加强公司治理环境，增加激励。这与本书提出的利用股权激励治理风险投资家与创业企业家的合谋行为的思想一致。

第二，对于最优的防范合谋行为的研究，Tirole 总结了在"硬信息"条件下，委托人可以从三方面来防范合谋行为：创造对监管者的激励，减少合

---

[1] LAFFONT J-J, MARTIMORT D. Mechanism Design with Collusion and Correlation [J]. Econometrica, 2000, 68 (2): 309.

谋行为的收益，提高合谋行为的交易成本。① 本书提出的三种治理手段遵从了该原则。本书提出的通过股权激励的方式治理风险投资家与创业企业家的合谋行为与该文献提出的"创造对监管者的激励"类似。另外，本书提出提高独立董事独立性，实施股权制衡是为了增加监督、提高合谋行为的交易成本。

第三，本书通过实证研究发现风险投资家与创业企业家依托私人关系的合谋行为侵害中小股东利益，这与 Shleifer 等从法律经济学的视角出发，提出的公司治理中的"隧道效应"理论相辅相成。② "隧道效应"是指控股股东为了自己的利益而产生的从公司转移资产和利润的行为，它解释了中小股东的利益被控股股东联合代理人合谋行为侵害的现象。本书也提出私人关系下的合谋行为包括对中小股东利益的侵害。

第四，本书提出风险投资家与创业企业家私人关系会降低创业企业家的薪酬敏感性，进而促使企业家产生自利行为。该结论与孙世敏等的研究结果的逻辑保持一致。该书以中国 A 股上市公司 2012—2017 年报数据为研究对象，检验合谋掏空对高管隐性薪酬及其经济效应的影响，提出薪酬契约是缓解委托人与代理人利益冲突的主要手段，以显性薪酬为主，隐性薪酬为辅。③ 隐性薪酬因其灵活性且不受薪酬管制约束，成为大股东与高管分享掏空收益的重要方式。研究结果表明：合谋掏空提升高管隐性薪酬，削弱隐性薪酬"效率观"表现，表明隐性薪酬在一定程度上是掏空动机下的私有利益分享。

第五，本书提出风险投资家与创业企业家基于私人关系发生合谋行为的结论与朱滔提出的董事长与 CEO 之间存在以共享高薪的方式进行合谋行为现象的核心思想保持一致。该学者发现当董事长在上市公司领薪时，如果董事长与管理层存在合谋行为，董事长更容易与管理层达成"默契"，将自身薪

---

① TIROLE J. Hierarchies and Bureaucracies: On the Role of Collusion in Organizations [J]. Journal of Law Economics and Organization, 1986, 2 (2): 181.
② SHLEIFER A, VISHNY R W, PORTA R L, et al. Investor Protection and Corporate Governance [J]. Journal of Financial Economics, 2000, 58 (1-2): 3.
③ 孙世敏，陈怡秀，刘奕彤. 合谋掏空对高管隐性薪酬及其经济效应影响研究：考虑业绩风险与高管依附性特征 [J]. 管理工程学报, 2022, 36 (2): 109.

酬和管理层薪酬建立在更容易控制的公司规模之上。① 同时，在合谋行为发生时，监督人与管理层之间的"默契"有助于监督人获得管理层慷慨对待的"回报"而共享高薪。

第二节 研究结论

本书根据社会认同理论、社会交换理论、亲关系不道德行为等理论，结合中国社会关系网络"差序格局"的特点和风险投资活动中的委托代理关系，从私人关系视角聚焦风险投资交易中的合谋行为研究。通过全面分析私人关系对风险投资家与创业企业家合谋行为的影响，以及基于私人关系的合谋行为的形成机制及公司治理措施，为政府、机构和企业等防范和治理合谋行为提供决策依据。围绕该研究内容，本书通过理论推理、演绎归纳等方法提出研究假设，选择2009—2018年上市且有风险资本支持的创业板企业为样本企业，以企业上市当年以及上市后三年作为观测窗口来构造非平衡面板数据，通过实证方法验证研究假设是否成立。具体来说，本书的研究发现主要有以下几点：

第一，风险投资家和创业企业家之间存在私人关系在一定程度上会促使风险投资家与创业企业家产生合谋行为。具体表现为私人关系会增加企业家自利行为，增加风险投资家收益，侵害中小股东利益以及增加企业经营风险。在内生性问题分析方面，本书考虑了样本选择偏差、遗漏变量偏差以及动态面板可能带来的内生性问题之后，利用倾向得分匹配法、工具变量法以及系统GMM方法进一步验证上述结论的可靠性，结果显示上述结论可靠。与此同时，因为自变量私人关系是外生变量，本书排除了双向因果的可能性。本书通过替换解释变量对回归结果进一步进行稳健性检验，发现回归结果稳定。

---

① 朱滔. 董事薪酬、CEO薪酬与公司未来业绩：监督还是合谋？[J]. 会计研究，2015(8)：49.

第二，基于风险投资机构的产权性质不同、风险投资机构与被投资企业是否在同一省份、风险投资机构是否存在联合投资的情况，私人关系对风险投资家与创业企业家合谋行为的影响存在异质性。与非国有风险投资机构相比，国有风险投资机构的风险投资家与创业企业家的私人关系更容易使风险投资家与创业企业家发生合谋行为；与风险投资机构和被投资企业不在同一个省份的情况相比，当风险投资机构与被投资企业位于同一省份时，风险投资家与创业企业家的私人关系更容易导致合谋行为；与存在联合投资的创业企业相比，不存在联合投资的创业企业中，风险投资家与创业企业家因私人关系更容易发生合谋行为。

第三，私人关系会通过降低创业企业家薪酬业绩敏感性、帮助风险投资家担任企业高管、增加企业信息不对称程度来实现合谋行为。具体的作用路径如下：①私人关系—降低创业企业家薪酬业绩敏感性—增加创业企业家自利行为；②私人关系—帮助风险投资家担任企业高管—提高风险投资家收益；③私人关系—帮助风险投资家担任企业高管—损害中小股东利益；④私人关系—增加企业信息不对称程度—增加创业企业家自利行为；⑤私人关系—增加企业信息不对称程度—增加风险投资家收益；⑥私人关系—增加企业信息不对称程度—损害中小股东利益；⑦私人关系—增加企业信息不对称程度—增加企业经营风险。

第四，企业实施股权激励会减弱基于私人关系的风险投资家与创业企业家的合谋行为。企业实施股权激励可有效约束风险投资家与创业企业家的合谋行为。一方面，企业实施股权激励会增加风险投资家与创业企业家的合谋行为成本，从而对合谋行为产生约束效应。另一方面，企业实行管理层股权激励措施将管理层的个人利益与企业长期利益保持一致，其他高管也会基于自身利益，限制和约束创业企业家的合谋行为。本书利用董事长持股比例衡量股权激励，探究股权激励对私人关系与合谋行为关系的调节效应，实证结果表明股权激励具有负向调节效应，即股权激励可约束私人关系下风险投资家与创业企业家的合谋行为。

第五，企业实施股权制衡度会减弱基于私人关系的风险投资家与创业企业家的合谋行为。创业企业通过引入股权制衡机制，将公司的控制权分散在几个大股东之间，可以有效减轻股权过度集中而引发的负面影响，通过内部牵制，企业决策无法由创业企业家一人决定，从而达到对合谋行为起监督作用。在企业股权结构中，与创业企业家不在同一个私人关系圈子的大股东持股比例越高，越有可能约束合谋行为。本书通过实证探究股权制衡度对私人关系与合谋行为关系的调节效应，表明股权制衡度具有负向调节效应，即股权制衡度可约束私人关系下风险投资家与创业企业家的合谋行为。

第六，提高独立董事独立性会减弱基于私人关系的风险投资家与创业企业家的合谋行为。合谋行为属于董事会监督和治理范围之内。但是，董事会成员本身会受到高管层的"浸润"，有可能与高管层发生勾结，降低监督动力，同高管层侵蚀企业利益。在这种情况下，独立董事比例越高，越能切断董事会与企业管理层的利益关联，保证独立董事在董事会中的影响力。与此同时，独立董事的专业性体现在独立董事能够从公司的财务报告中发现问题，减少企业盈余管理和财务舞弊事件的发生，有效减少企业家自利行为，防止风险投资家提高自身投资收益的现象。本书通过实证探究独立董事对私人关系与合谋行为关系的调节效应，表明独立董事独立性具有负向调节效应，即独立董事独立性越高，私人关系下风险投资家与创业企业家合谋行为发生的可能性越低。

第三节 研究启示

一、理论启示

本书内容涉及管理学、经济学、社会学、心理学等多学科相关理论，具有鲜明的学科交叉特色，基于风险投资家和创业企业家互动的研究视角，构建了私人关系下合谋行为研究的相关理论框架，在此基础上揭示了私人关系视角下风险投资家与创业企业家合谋行为的形成机制，探究了如何通过公司治理防范约束风险投资家与创业企业家的合谋行为。本书拓展了风险投资家与创业企业家关系的研究内容，丰富了风险投资交易中合谋行为的理论研究成果，有助于更全面理解私人关系在风险投资交易的不同阶段发挥的不同作用。本书对相关领域的研究有一定的理论贡献和研究启示。具体表现在以下几点：

第一，本书基于风险投资家和创业企业家互动的研究视角，验证了风险投资家和创业企业家之间存在私人关系更容易导致合谋行为的产生，突破了以往研究聚焦于风险投资家与创业企业家在"投资选择"阶段的"合作关系"，丰富了"合作 or 合谋"相关领域的学术研究内容。现有研究中，关于私人关系对风险投资活动的影响研究，较多关注风险投资活动的"投资选择"阶段，相关研究表明私人关系能促进创业企业家和投资者双方的沟通和交流，增进信任合作，对开展风险投资交易具有积极影响。[1] 也有学者提出私人关系对风险投资交易的消极影响，主要包括私人关系可能增加机会主义、减弱风险投资对企业的控制和监督、增加非理性投资等。[2] 但是之前的研究对风险投资在"退出获利"阶段，风险投资家与创业企业家基于私人关系产生信任催生合谋行为，危害企业经营管理的相关研究明显不足。基于社会认同理论和社会交换理论等，有相同或者相似经历的群体间更容易产生社会认同，具有相似人力资本特征的私人关系能够促进情感信任机制的形成，在社会活动、商业活动中，更容易结成利益共同体。在风险投资家与创业企业家存在代理问题的前提下，在风险投资退出获利阶段，风险投资家要考虑在资本市场出售其持有股份，尽快实现退出获利，但是这可能会对公司的股价和财务状况产生负面影响。[3] 本书揭示了私人关系这一具有鲜明中国特色的影响因素对合谋行为的影响，表明在风险投资退出获利阶段，私人关系有可能催生风险投资家和创业企业家产生道德风险，发生双方"互惠互利"，但损坏中小股东利益，增加企业经营风险的合谋行为，有助于更全面理解私人关系在风险投资交易的不同阶段发挥的不同作用，拓展了私人关系对风险

---

[1] 黄福广，贾西猛. 校友关系、信任与风险投资交易 [J]. 经济管理，2018，40（7）：161.
[2] DING S, KIM M, ZHANG X. Do Firms Care about Investment Opportunities? Evidence from China [J]. Journal of Corporate Finance, 2018, 52: 214.
[3] GOMPERS P, GORNALL W, KAPLAN S N, et al. How do Venture Capitalists Make Decisions? [J]. Journal of Financial Economics, 2020, 135 (1): 169.

投资活动影响的理论框架。

　　第二，本书基于合谋行为定义、合谋行为主体及合谋行为的产生条件，提出了多维度的合谋行为表征体系，揭示了基于私人关系的风险投资家与创业企业家合谋行为的形成机制，丰富了风险投资交易中合谋行为的理论研究成果，也为其他领域合谋行为的实证研究提供了思路和方法的借鉴。公司治理作为委托代理关系的一种监督制衡体系，其中存在的合谋行为一直是无法回避的问题。① 在委托—监督—代理层次结构下，委托关系中的组织内合谋行为包括监管者和代理人之间的合谋行为、委托人与代理人之间的合谋行为以及委托人与委托人之间的合谋行为等三种类型，现有研究关于公司经营中的合谋行为的探讨场景，多数关注在企业股东、管理层、审计和外部监管等方面，而较少关注风险投资家与创业企业家之间的合谋行为。② 而关于合谋行为的影响因素，已有研究主要聚焦在经济利益、预期成本以及内外部环境质量方面。③ 本书研究私人关系对风险投资家与创业企业家合谋行为的影响，补充了合谋行为影响因素的相关理论研究。合谋行为具有隐秘性，相关研究只能通过观察其引起的现象来推断合谋行为的存在，因此本书利用代理变量表征合谋行为，具体包括企业家自利行为、风险投资家收益、中小股东利益以及企业经营风险。本书构建了私人关系下合谋行为研究相关理论框架，揭示了私人关系视角下风险投资家与创业企业家合谋行为的形成机制。伴随着中国风险投资市场的快速发展和金融市场的持续完善，本书构建的私人关系下合谋行为研究相关理论框架对合谋行为相关领域的研究可以提供一定的启发价值。

　　第三，本书对社会关系理论和不道德行为研究的相关理论进行了拓展，提出了亲关系不道德行为，从道德心理作用机制的解释视角，探寻私人关系引发道德伦理问题的逻辑，拓展了社会网络和私人关系对企业金融决策影响

---

① 董志强，蒲勇健. 掏空、合谋与独立董事报酬［J］. 世界经济，2006，29（6）：71.
② CHEN D, WEI X, WANG H. Controlling Shareholder's Ownership, Control Rights and Related-party Transactions-analysis of Regulatory Effects Based on Board Characteristics［J］. International Entrepreneurship Management Journal，2022，18（4）：1.
③ AZAR J, SCHMALZ M C, TECU I. Anticompetitive Effects of Common Ownership［J］. The Journal of Finance，2018，73（4）：1513.

的机理研究。私人关系是社会网络研究中的重要组成部分，现有文献研究私人关系对企业决策影响的理论假说，大多基于社会认同和社会交换等理论。[①] 但是，这些研究无法有效解释私人关系对关系外的利益相关者影响的机制。私人关系内部会形成稳定且特殊的道德标准和行为规范，有助于内部成员获取资源，也会形成软约束、惩罚违背关系道德的成员，当关系内外部利益存在矛盾时，内部成员为维护自己在关系网络中的利益和声誉，容易做出损害他人或者社会利益的不道德行为。[②] 这一过程中，行为人会因为维护了关系利益而产生道德推脱，降低了损害他人利益时的负疚感，削弱了社会道德准则的约束。[③] 这区别于出于自利而做出的不道德行为，以及员工为维护组织利益而产生的亲组织不道德行为。在亲组织不道德行为和关系社会学的基础上，本书提出亲关系不道德行为，从道德心理作用机制的解释视角，能够更全面地分析社会网络和私人关系对企业金融决策影响的机理。

二、实践启示

中国社会中存在"以人伦为经、以亲疏为纬"的关系网络，私人关系具有很深的文化根植性，企业经营和投资者行为也嵌入社会关系中。本书探究基于私人关系的风险投资交易中的合谋行为，解析风险投资家、创业企业家、中小股东等之间的利益关系，有充分的实际问题导向和理论基础支持，切合风险投资行业以及创业企业融资的特点，同时，本书对降低合谋行为的负面影响以及提升创业企业的治理效能具有较强的实践指导意义。在经济工作"稳"字当头的中国大环境下，全面深入研究私人关系对利益相关者和资本市场的影响机制和治理措施更具有重要的实践指导意义。具体表现在以下几点：

[①] 夏春玉，张志坤，张闯. 私人关系对投机行为的抑制作用何时更有效：传统文化与市场经济双重伦理格局视角的研究 [J]. 管理世界，2020，36（1）：130.

[②] FAIRCHILD R. Fairness Norms and Self-interest in Venture Capital/Entrepreneur Contracting and Performance [J]. International Journal of Behavioural Accounting and Finance, 2011, 2 (1): 4.

[③] 赵红丹，周君. 企业伪善、道德推脱与亲组织非伦理行为：有调节的中介效应 [J]. 外国经济与管理，2017，39（1）：15.

第一,要实现"防风险"和"稳金融"的经济发展目标,中国资本市场相关政府监管部门应加强对风险投资交易中合谋行为的识别、防范与治理。本书研究结论表明在风险投资交易中,风险投资家与创业企业家的私人关系容易产生合谋行为,扰乱资本市场的良性经营。资本市场监管部门不仅应充分意识到风险投资可以有力扶持创业企业生存与发展,还应意识到在法律法规和监管制度不完善的情况下,风险投资家与创业企业家之间的私人关系可能滋生合谋行为,并对金融市场秩序和产业长远发展带来负面影响。为了防范和治理风险投资家与创业企业家合谋行为带来的负面影响,一是政府等监管部门应该从源头进行制度建设和违规威慑,完善相关法规政策来防范和惩罚合谋行为,提高合谋行为发生的成本,降低风险投资家与创业企业家发生合谋行为的概率。二是监管部门应该加强对风险投资交易的监管,提高监管能力和水平,及时发现和处理合谋行为。三是监管部门应引导和要求企业加强信息披露,让投资者和公众能够更全面地了解企业真实情况,减少信息不对称,提高公众监督能力。

第二,应理性看待风险投资家与创业企业家之间的私人关系在风险投资活动的不同阶段发挥的不同作用,需要对风险投资介入创业企业后的影响进行综合评估,增强风险投资对高科技产业和创业企业快速、有序发展的支持作用。一方面,在创业初期,创业企业往往因资金缺乏而将企业快速发展的希望寄托在风险投资身上。风险投资家与创业企业家之间的私人关系在风险投资交易早期"投资选择"阶段,容易产生积极影响,促进双方形成"合作关系"。风险投资可以为创业企业注血,积极推动创业企业发展。另一方面,本书揭示了在风险投资"退出获利"阶段,存在私人关系的风险投资家与创业企业家更容易产生合谋行为,双方进行利益交换,并侵占中小股东利益,增加公司经营风险。为了减少合谋风险的发生,一是创业企业在引入风险投资前,应该充分了解风险投资的特点和管理模式,评估企业的管理制度及公司治理制度是否适合引入风险投资。如果企业管理制度薄弱,公司治理制度缺失,合谋行为发生的概率较高。二是在引入风险投资后应建立健全的内部控制体系,加强公司治理,防范合谋行为的发生。三是创业企业应注重自身实力提升和规范化管理,注重企业长期利益和长远发展,以提高企业的核心竞争力和市场地位，降低对风险投资的依赖。

第三，应充分认识社会网络和人情关系的积极和消极影响，创业公司可以通过恰当的公司治理手段管理风险投资家与创业企业家的私人关系，防范合谋行为发生，降低私人关系的消极影响。首先，创业企业可通过完善内部控制机制、建立健全的董事会和监事会制度、加强信息披露等方式，提高公司治理水平，规范企业经营行为，降低合谋行为发生的风险。例如，创业企业可通过提高创业企业家的薪酬业绩敏感性，对企业家的在职消费及薪酬做合理的制度约束，对风险投资家在担任企业高管的过程中涉及容易触发合谋行为节点的工作权责做相应的规定与约束等。其次，为防范私人关系导致合谋行为，可以推动创业企业与非国有风险投资机构、位于外省的风险投资机构、有联合投资的风险投资机构进行合作。一是与国有风险投资机构相比，非国有风险投资机构的投资决策更加市场化、更加灵活，具有更强的专业化和行业化水平，更注重企业的商业模式和盈利能力，受到私人关系影响的概率较低。二是创业企业选择与位于外省的风险投资机构进行合作可以减少地域交叉影响，降低合谋行为发生的可能性。同时，外省的风险投资机构通常具有更广泛的资源和网络，能够为创业企业提供更多元化的支持和帮助。三是联合投资可以降低单一投资者的影响，增加投资决策的透明度和公正性，降低合谋行为发生的概率。此外，联合投资可以为创业企业提供更多的资源和经验，促进企业的发展。

第四，应充分认识到风险投资家与创业企业家合谋行为对创业企业的中小股东利益的侵害和企业经营风险的影响，引导中小投资者理性投资，强化对中小股东正当利益的保护。风险投资家与创业企业家的私人关系会增加中小股东与企业之间的信息不对称程度，促使风险投资家与创业企业家产生合谋行为。一方面，信息不对称性会使市场参与者之间利益失衡，损害众多中小股东利益，这一现象会削弱现实和潜在投资者对上市公司未来发展的信心。另一方面，信息不对称性会增加交易成本，降低交易效率，增加企业的筹资和经营成本，增加经营风险。创业企业可以通过加强自身的风险意识和风险防范能力，提高信息披露水平，发挥自身的监督作用，促进企业的健康发展和稳定增长。具体而言，一是中小股东可以通过了解企业的经营状况、财务状况、管理层情况等方面的信息，评估企业的投资价值和风险水平，在投资决策中做出明智的选择。二是中小股东应该建议企业通过定期公布财务报告、重大事项公告、投资者关系活动等方式，向中小股东和社会公众披露企业的经营情况和发展计划，提高信息披露水平，提高披露频次和质量，降低信息不对称程度，增强投资者对企业的信心和认同感。三是中小股东还可以通过参与股东大会、行使表决权等方式，发挥自身的监督作用，保护自己的合法权益。

第四节　研究局限与展望

本书基于多学科相关理论，构建了私人关系下风险投资家与创业企业家合谋行为研究相关理论框架，在此基础上揭示了合谋行为的形成机制，探究了如何通过公司治理防范风险投资交易中的合谋行为。本书研究拓展了风险投资家与创业企业家关系的研究内容，丰富了风险投资交易中合谋行为的理论研究成果，同时对降低合谋行为的负面影响以及提升创业企业的治理效能具有较强的实践指导意义。同时，本书也存在一些研究不足之处。下面列出本书主要的研究局限之处，并提出进一步的研究展望。

第一，本书研究样本选择存在一定的局限性。受数据可获得性等因素影响，本书存在一定程度的样本选择偏差的内生性问题。该内生性问题源于两方面，一方面，因为本书的实证研究样本数据源于创业板上市公司，而未包含非上市创业型企业。不是每一家风险投资机构投资的创业型企业最终都会成功上市，不乏一些创业型企业在投资途中夭折或者短期内没有上市的情况。此类公司理应包含在观察样本范围内，然而此类公司的相关数据一般不会在公共信息渠道披露，所以难以获得。另一方面，为了避免私人关系的泛化，本书将自变量私人关系定义为存在校友、老乡、同事、政治关系及协会关系。现实中可以观察到，后天环境中经过社交、共事以及利益相关的合作慢慢培养起来的私人关系同样具备双方由于信任，且有社会资源交换的需求而产生合谋行为的可能性。但该部分数据无法通过二手数据渠道获得，因此对自变量私人关系的表征也存在样本选择偏差的内生性问题。后续研究中，本书一方面可通过问卷调查的方式收集非上市创业企业的相关数据，扩大样本数量，降低样本选择偏差；另一方面，可以通过设计科学合理的调查问卷来测量和反映泛化的私人关系产生的合谋问题。

第二，本书关于合谋行为的治理研究存在一定的局限性。本书暂未将风险投资家与创业企业家合谋行为的外部治理纳入研究范围。一方面，风险投资家与创业企业家合谋行为受到公司治理的约束和限制。股东为了维护自身权利，会对董事会及监事会提出建议、实施监督与激励，促使董事会出台有效的治理措施，并激励与监督董事会及监事会履行监督义务，保证公司治理措施有效实施，从而约束和治理风险投资交易中的合谋行为。另一方面，风险投资家与创业企业家合谋行为可以受到外部治理的约束和限制。企业在经营过程中会受到外部环境的影响，包括经营环境、政府监管、媒体监督等，这些外部因素都会影响风险投资家和创业企业家的行为，构成合谋行为外部治理因素。外部治理能够和企业公司治理相互协调互动，共同影响企业的规范化经营、监督和约束合谋行为。下一步研究中，可以考虑从媒体监督、市场治理和法律监管环境等方面分析外部治理对合谋行为的影响。首先，媒体监督能够通过对企业信息的披露和分析，让利益相关者及时有效地了解企业讯息，通过声誉机制和监督机制对创业企业家造成压力，规范创业企业家行为，保护投资者权益。其次，企业所处的市场竞争环境会影响创业企业家的经营压力，对其行为产生不同程度的治理作用，创业企业家更多地关注企业生产经营和未来发展，减少自利行为。最后，法律实际效力能够有效约束和惩罚扰乱经济秩序的违法行为，抑制风险投资家与创业企业家合谋行为的发生。

第三，在研究方法上，可以进一步拓展和丰富。下一阶段研究中，可以通过开展案例研究等途径，进一步深入和完善本书相关研究。风险投资交易在私人关系背景下的合谋行为问题是一个综合管理学、社会学、心理学和金融学的交叉问题，当前经济和社会生活中也陆续报道过相关的案例。因此，后续研究中，在统计与计量分析的基础上，可以通过问卷调查、调研访谈、文本归纳等方法，开展相关领域的案例研究，通过定量与定性相结合的研究方法，促进研究结论更加可靠、有指导性。例如，可以通过查找风险投资家与创业企业家存在合谋行为而受到证监会通报处罚的企业案例，包括恶意发布虚假信息抬高股票价格使股东利益受损、创业企业家谋取显性自利行为或者不合理的隐性自利行为等行为，分析这些企业案例中，风险投资家与创业企业家是否存在私人关系，以及合谋行为产生的原因和治理建议等。通过定性研究与定量研究相结合，促进基于私人关系的风险投资家与创业企业家合谋行为研究更加深入和全面。

参考文献

一、中文文献

(一) 专著

[1] 爱迪思. 企业生命周期 [M]. 赵睿, 陈甦, 何燕生, 译. 北京: 中国社会科学出版社, 1997.

[2] 安实, 王健, 赵泽斌. 风险投资理论与方法 [M]. 北京: 科学出版社, 2005.

(二) 期刊

[1] 白雅洁, 张铁刚. 资本市场开放与大股东掏空抑制: 掏空动机及约束的调节效应 [J]. 宏观经济研究, 2021 (10).

[2] 才国伟, 邵志浩, 徐信忠. 企业和媒体存在合谋行为吗?: 来自中国上市公司媒体报道的间接证据 [J]. 管理世界, 2015 (7).

[3] 蔡宁, 邓小路, 程亦沁. 风险投资网络具有"传染"效应吗?: 基于上市公司超薪酬的研究 [J]. 南开管理评论, 2017, 20 (2).

[4] 蔡宁, 何星. 社会网络能够促进风险投资的"增值"作用吗?: 基于风险投资网络与上市公司投资效率的研究 [J]. 金融研究, 2015 (12).

[5] 蔡宁, 徐梦周. 我国创投机构投资阶段选择及其绩效影响的实证研究 [J]. 中国工业经济, 2009 (10).

[6] 陈德萍, 陈永圣. 股权集中度、股权制衡度与公司绩效关系研究: 2007~2009 年中小企业板块的实证检验 [J]. 会计研究, 2011 (1).

[7] 陈德球, 孙颖, 王丹. 关系网络嵌入、联合创业投资与企业创新效率 [J]. 经济研究, 2021, 56 (11).

[8] 陈冬华, 陈信元, 万华林. 国有企业中的薪酬管制与在职消费

[J]. 经济研究, 2005 (2).

[9] 陈红, 郭丹. 股权激励计划: 工具还是面具?: 上市公司股权激励、工具选择与现金股利政策 [J]. 经济管理, 2017, 39 (2).

[10] 陈颉, 张玉利. 企业成长中的授权动因与障碍分析 [J]. 经济管理, 2004 (22).

[11] 陈文强. 控股股东涉入与高管股权激励: "监督"还是"合谋"? [J]. 经济管理, 2017, 39 (1).

[12] 陈文哲, 石宁, 梁琪, 等. 股权激励模式选择之谜: 基于股东与激励对象之间的博弈分析 [J]. 南开管理评论, 2022, 25 (1).

[13] 陈霞, 马连福, 贾西猛. 独立董事与 CEO 私人关系对公司绩效的影响 [J]. 管理科学, 2018, 31 (2).

[14] 陈鑫, 陈德棉, 乔明哲. 国有风险投资真的低效吗?: 基于区域技术进步的视角 [J]. 经济与管理研究, 2019, 40 (1).

[15] 陈艳, 高智林. 会计舞弊监管必须用强制手段吗?: 基于行为经济学的分析框架 [J]. 财经问题研究, 2017 (7).

[16] 陈艳, 罗正英. 分阶段投资策略对技术创新成果的影响: 基于 DID 模型的研究 [J]. 苏州大学学报 (哲学社会科学版), 2018, 39 (1).

[17] 陈运森, 谢德仁, 黄亮华. 董事的网络关系与公司治理研究述评 [J]. 南方经济, 2012 (12).

[18] 崔九九, 刘俊勇. 董事会连通性与高管薪酬有效性: 来自相对业绩评价的经验证据 [J]. 山西财经大学学报, 2022, 44 (3).

[19] 代彬, 彭程. 国际化董事会是高管自利行为的"避风港"还是"防火墙"?: 来自中国 A 股上市公司的经验证据 [J]. 中南财经政法大学学报, 2019 (4).

[20] 戴亦一, 肖金利, 潘越. "乡音"能否降低公司代理成本?: 基于方言视角的研究 [J]. 经济研究, 2016, 51 (12).

[21] 单松, 朱冠平. 企业经营风险会影响审计师的风险偏好吗? [J]. 财会通讯, 2020 (19).

[22] 董建卫, 党兴华, 陈蓉. 风险投资机构的网络位置与退出期限: 来自中国风险投资业的经验证据 [J]. 管理评论, 2012 (9).

[23] 董静, 汪江平, 翟海燕, 等. 服务还是监控: 风险投资机构对创

业企业的管理：行业专长与不确定性的视角［J］.管理世界，2017（6）.

［24］董静，赵端仪.风险投资家人力资本特征与风险投资基金募集关系研究［J］.科技进步与对策，2018，35（11）.

［25］董丽萍，张军.管理层薪酬激励与盈余管理关系：基于大股东治理视角［J］.中国流通经济，2018，32（12）.

［26］董志强，蒲勇健.掏空、合谋与独立董事报酬［J］.世界经济，2006，29（6）.

［27］董志强，汤灿晴.审计市场竞争与审计合谋：历史与理论考察［J］.审计与经济研究，2010（5）.

［28］杜德林，王姣娥.基于空间视角的风险投资研究进展与展望［J］.地理科学进展，2022，41（3）.

［29］杜兴强，熊浩.董事长—总经理老乡关系与研发投入［J］.投资研究，2017，36（9）.

［30］杜勇，孙帆，邓旭.共同机构所有权与企业盈余管理［J］.中国工业经济，2021（6）.

［31］段洪波，魏熙.审计中的"人和地利"：政治背景、私人关系与地缘偏好［J］.财会通讯，2021（11）.

［32］范良聪，刘璐，张新超.社会身份与第三方的偏倚：一个实验研究［J］.管理世界，2016（4）.

［33］费文颖，杨扬.风险企业家完全控制权下风险投资家持股比例及再谈判［J］.科学学与科学技术管理，2013，34（5）.

［34］冯套柱，陈妍圆，张阳.税收优惠、研发投入对企业绩效的影响研究：基于系统-GMM方法的实证研究［J］.会计之友，2019（19）.

［35］付辉."好风投"更能降低企业IPO抑价率吗？：基于"投、管、退"三部曲的视角［J］.上海财经大学学报，2018，20（2）.

［36］高闯，张清.创业企业家和创业投资者的控制权争夺［J］.经济与管理研究，2017，38（6）.

［37］高昊宇，杨晓光，叶彦艺.机构投资者对暴涨暴跌的抑制作用：基于中国市场的实证［J］.金融研究，2017（2）.

［38］顾乃康，邓剑兰，陈辉.控制大股东侵占与企业投融资决策研究［J］.管理科学，2015，28（5）.

[39] 韩瑾, 陈敏灵. 派遣董事对创业投资机构投资、募资的影响研究 [J]. 经济经纬, 2022, 39 (2).

[40] 何瑛, 于文蕾, 杨棉之. CEO 复合型职业经历、企业风险承担与企业价值 [J]. 中国工业经济, 2019 (9).

[41] 洪金明, 徐玉德, 李亚茹. 信息披露质量、控股股东资金占用与审计师选择: 来自深市 A 股上市公司的经验证据 [J]. 审计研究, 2011 (2).

[42] 侯广辉, 陈伦鑫, 廖桂铭. "强关系"何时变"强": 提升个体创造力的组织内非正式关系网络嵌入策略 [J]. 科技管理研究, 2022, 42 (4).

[43] 黄芳, 张莉芳. 管理层权力、审计委员会主任-高管私人关系与会计信息质量 [J]. 南京审计大学学报, 2020, 17 (1).

[44] 黄福广, 贾西猛. 校友关系、信任与风险投资交易 [J]. 经济管理, 2018, 40 (7).

[45] 黄福广, 贾西猛, 田莉. 风险投资机构高管团队知识背景与高科技投资偏好 [J]. 管理科学, 2016, 29 (5).

[46] 黄福广, 彭涛, 邵艳. 地理距离如何影响风险资本对新企业的投资 [J]. 南开管理评论, 2014, 17 (6).

[47] 黄福广, 王建业. 风险资本、高管激励与企业创新 [J]. 系统管理学报, 2019, 28 (4).

[48] 黄顺武, 俞凯. IPO 虚假信息披露的诱因: 监督无效还是暴富诱惑 [J]. 财经科学, 2019 (6).

[49] 姜安印, 张庆国. 关系型融资下的科技创业企业控制权配置机制研究 [J]. 兰州大学学报（社会科学版）, 2020, 48 (2).

[50] 姜付秀, 郑晓佳, 蔡文婧. 控股家族的"垂帘听政"与公司财务决策 [J]. 管理世界, 2017, 3.

[51] 蒋弘, 刘星. 股权制衡对并购中合谋行为经济后果的影响 [J]. 管理科学, 2012, 25 (3).

[52] 蒋岳祥, 洪方鞯. 风险投资与企业绩效: 对新三板挂牌企业对赌协议和股权激励的考察 [J]. 浙江学刊, 2020 (3).

[53] 焦媛媛, 付轼辉, 沈志锋, 等. 我国中小企业社会关系网络对其"走出去"意愿的作用机制研究 [J]. 科学学与科学技术管理, 2018, 39 (1).

[54] 孔东民，刘莎莎. 中小股东投票权、公司决策与公司治理：来自一项自然试验的证据 [J]. 管理世界，2017 (9).

[55] 雷光勇，曹雅丽，齐云飞. 风险资本、制度效率与企业投资偏好 [J]. 会计研究，2017 (8).

[56] 黎文靖，孔东民，刘莎莎，等. 中小股东仅能"搭便车"么？：来自深交所社会公众股东网络投票的经验证据 [J]. 金融研究，2012 (3).

[57] 李擘. 高管团队成员社会关系、联盟伙伴间信任与创新能力的关系 [J]. 中国科技论坛，2016 (4).

[58] 李培功，沈艺峰. 媒体的公司治理作用：中国的经验证据 [J]. 经济研究，2010，45 (4).

[59] 李维安，郝臣，崔光耀，等. 公司治理研究40年：脉络与展望 [J]. 外国经济与管理，2019，41 (12).

[60] 李文贵，路军. 网络平台互动与股价崩盘风险："沟通易"还是"操纵易" [J]. 中国工业经济，2022 (7).

[61] 李增泉，孙铮，王志伟. "掏空"与所有权安排：来自我国上市公司大股东资金占用的经验证据 [J]. 会计研究，2004 (12).

[62] 梁婧姝，刘涛雄. 企业创新韧性及风险投资的影响：理论与实证 [J]. 科学学研究，2024，42 (1).

[63] 刘娥平，钟君煜，赵伟捷. 风险投资对企业风险承担的影响研究 [J]. 科研管理，2022，43 (8).

[64] 刘刚，梁晗，殷建瓴. 风险投资声誉、联合投资与企业创新绩效：基于新三板企业的实证分析 [J]. 中国软科学，2018 (12).

[65] 刘慧龙. 控制链长度与公司高管薪酬契约 [J]. 管理世界，2017 (3).

[66] 刘井建，李惠竹，张冬妮，等. 高管股权激励与大股东掏空抑制研究：大股东异质特征和制度情境的调节效应 [J]. 管理工程学报，2020，34 (3).

[67] 刘俊海. 公司自治与司法干预的平衡艺术：《公司法解释四》的创新、缺憾与再解释 [J]. 法学杂志，2017，38 (12).

[68] 刘琳晨，陈暮紫，吴武清. 独立董事的高管背景与"独立性"：基于董事会投票的经验证据 [J]. 南开经济研究，2019 (6).

[69] 刘鹏程，李磊，王小洁．企业家精神的性别差异：基于创业动机视角的研究［J］．管理世界，2013（8）．

[70] 刘鹏林，谷文臣．风险投资、代理成本与高管在职消费［J］．财会月刊，2022（12）．

[71] 刘少波，马超．经理人异质性与大股东掏空抑制［J］．经济研究，2016，51（4）．

[72] 刘小平．员工组织承诺的形成过程：内部机制和外部影响：基于社会交换理论的实证研究［J］．管理世界，2011（11）．

[73] 刘星，苏春，邵欢．家族董事席位超额控制与股价崩盘风险：基于关联交易的视角［J］．中国管理科学，2021，29（5）．

[74] 陆静，张莹，向诚．独立董事制度对公司违规行为的影响：来自中国A股市场的经验证据［J］．重庆大学学报（社会科学版），2020，26（5）．

[75] 陆瑶，胡江燕．CEO与董事间的"老乡"关系对我国上市公司风险水平的影响［J］．管理世界，2014（3）．

[76] 陆瑶，胡江燕．CEO与董事间"老乡"关系对公司违规行为的影响研究［J］．南开管理评论，2016，19（2）．

[77] 罗宏，黄敏，周大伟，等．政府补助、超额薪酬与薪酬辩护［J］．会计研究，2014（1）．

[78] 罗进辉，向元高，林筱勋．本地独立董事监督了吗？：基于国有企业高管薪酬视角的考察［J］．会计研究，2018（7）．

[79] 罗一麟，洪剑峭，倪晨凯，等．个人投资者能否识别经济关联？：基于行业内首次盈余公告的分析［J］．会计研究，2020（12）．

[80] 吕怀立，李婉丽．多个大股东是否具有合谋动机：基于家族企业非效率投资视角［J］．管理评论，2015，27（11）．

[81] 马庆魁，樊梦晨．管理层激励、机构投资者持股与企业异质研发［J］．科研管理，2021，42（9）．

[82] 聂辉华．从政企合谋到政企合作：一个初步的动态政企关系分析框架［J］．学术月刊，2020，52（6）．

[83] 聂辉华，蒋敏杰．政企合谋与矿难：来自中国省级面板数据的证据［J］．经济研究，2011，46（6）．

[84] 欧建猷, 张荣武. 风险投资会损害中小股东利益吗?: 基于合谋掏空视角 [J]. 财会通讯, 2019 (26).

[85] 潘庆华, 达庆利. 创业投资公司联合投资的动因及合作策略的选择 [J]. 经济问题探索, 2006 (4).

[86] 潘越, 戴亦一, 魏诗琪. 机构投资者与上市公司"合谋"了吗: 基于高管非自愿变更与继任选择事件的分析 [J]. 南开管理评论, 2011, 14 (2).

[87] 潘越, 刘承翊, 林淑萍, 等. 风险资本的治理效应: 来自IPO暂停的证据 [J]. 中国工业经济, 2022 (5).

[88] 潘越, 汤旭东, 宁博, 等. 连锁股东与企业投资效率: 治理协同还是竞争合谋 [J]. 中国工业经济, 2020 (2).

[89] 庞芳兰, 庄贵军, 王亚伟, 等. 私人关系对组织间关系的影响机制研究 [J]. 管理科学, 2019, 32 (1).

[90] 彭涛, 黄福广, 李少育. 风险资本对企业代理成本的影响: 公司治理的视角 [J]. 管理科学, 2018, 31 (4).

[91] 齐蕾, 刘冰, 徐璐, 等. 时间框架下时间型领导、时间聚焦、工作聚焦和员工不道德亲组织行为 [J]. 管理工程学报, 2020, 34 (5).

[92] 钱丽萍, 罗小康, 杨翩翩. 渠道控制机制如何抑制关系退出倾向: 兼论竞争强度的调节作用 [J]. 外国经济与管理, 2015, 37 (6).

[93] 饶育蕾, 郭连, 彭叠峰. 本地经理人更倾向于选择本地事务所吗?: 从审计合谋的视角 [J]. 审计研究, 2022 (1).

[94] 任赫达. 中国风险投资退出机制研究 [J]. 财经研究, 2000, 26 (2).

[95] 任星耀, 朱建宇, 钱丽萍, 等. 渠道中不同机会主义的管理: 合同的双维度与关系规范的作用研究 [J]. 南开管理评论, 2012, 15 (3).

[96] 邵艳, 张广冬, 李西文. 风险投资对社会负责吗: 基于投资理念的分析 [J]. 山西财经大学学报, 2021, 43 (1).

[97] 申慧慧, 汪泓, 吴联生. 本地审计师的合谋效应 [J]. 会计研究, 2017 (2).

[98] 申宇, 赵静梅, 何欣. 校友关系网络、基金投资业绩与"小圈子"效应 [J]. 经济学 (季刊), 2016, 15 (1).

[99] 盛明泉，周洁，汪顺．产权性质、企业战略差异与资本结构动态调整［J］．财经问题研究，2018（11）．

[100] 寿志钢，王进，汪涛．企业边界人员的私人关系与企业间机会主义行为：双刃剑效应的作用机制及其边界条件［J］．管理世界，2018，34（4）．

[101] 寿志钢，肖徐哲，杨宏欣．企业边界人员的私人关系与企业绩效：基于中国市场数据的元分析检验［J］．商业经济与管理，2021（4）．

[102] 宋慧琳，彭迪云，黄欣．证券公司的研究报告与股票短期异常收益之间关系的实证研究：来自中国 A 股市场的经验证据［J］．管理评论，2020，32（5）．

[103] 苏冬蔚，熊家财．股票流动性、股价信息含量与 CEO 薪酬契约［J］．经济研究，2013（11）．

[104] 孙世敏，陈怡秀，刘奕彤．合谋掏空对高管隐性薪酬及其经济效应影响研究：考虑业绩风险与高管依附性特征［J］．管理工程学报，2022，36（2）．

[105] 孙世敏，李玲格，刘奕彤．合谋掏空、业绩预期与高管薪酬契约有效性［J］．管理工程学报，2020，34（6）．

[106] 孙淑伟，俞春玲．社会关系网络与风险投资的退出业绩：基于效率与效益视角的双重考察［J］．外国经济与管理，2018，40（1）．

[107] 谈毅．风险投资家的代理风险表现与控制机制［J］．科研管理，2000，21（6）．

[108] 田轩，孟清扬．股权激励计划能促进企业创新吗［J］．南开管理评论，2018，21（3）．

[109] 田增瑞．创业资本在不对称信息下博弈的委托代理分析［J］．中国软科学，2001（6）．

[110] 佟爱琴，马惠娴．卖空的事前威慑、公司治理与高管隐性腐败［J］．财贸经济，2019，40（6）．

[111] 王会娟，张然．私募股权投资与被投资企业高管薪酬契约：基于公司治理视角的研究［J］．管理世界，2012（9）．

[112] 王娟茹，杨瑾．干系人私人关系、知识共享行为对复杂产品研发绩效的影响［J］．科研管理，2014，35（8）．

[113] 王克敏, 王华杰, 李栋栋, 等. 年报文本信息复杂性与管理者自利：来自中国上市公司的证据 [J]. 管理世界, 2018, 34 (12).

[114] 王世权, 王丹, 武立东. 母子公司关系网络影响子公司创业的内在机理：基于海信集团的案例研究 [J]. 管理世界, 2012 (6).

[115] 王文寅, 刘佳. 家族企业股权制衡度与研发投入的门槛效应分析 [J]. 统计与决策, 2021, 37 (7).

[116] 王秀军, 李曜, 龙玉. 风险投资的公司治理作用：高管薪酬视角 [J]. 商业经济与管理, 2016 (10).

[117] 王颖, 王方华. 关系治理中关系规范的形成及治理机理研究 [J]. 软科学, 2007 (2).

[118] 王宇, 李海洋. 管理学研究中的内生性问题及修正方法 [J]. 管理学季刊, 2017, 2 (3).

[119] 王宇, 朱翡, 罗悦. 政府补贴对风险投资项目的激励影响与福利分析研究 [J]. 系统工程理论与实践, 2019, 39 (10).

[120] 王育晓, 党兴华, 王曦, 等. 联合投资伙伴选择：资源"累积性"还是"相似性"匹配？[J]. 科研管理, 2015, 36 (8).

[121] 尉建文, 陆凝峰, 韩杨. 差序格局、圈子现象与社群社会资本 [J]. 社会学研究, 2021, 36 (4).

[122] 温军, 冯根福. 风险投资与企业创新："增值"与"攫取"的权衡视角 [J]. 经济研究, 2018, 53 (2).

[123] 温忠麟, 侯杰泰, 张雷. 调节效应与中介效应的比较和应用 [J]. 心理学报, 2005 (2).

[124] 温忠麟, 叶宝娟. 中介效应分析：方法和模型发展 [J]. 心理科学进展, 2014, 22 (5).

[125] 温忠麟, 张雷, 侯杰泰. 有中介的调节变量和有调节的中介变量 [J]. 心理学报, 2006, 38 (3).

[126] 吴超鹏, 吴世农, 程静雅, 等. 风险投资对上市公司投融资行为影响的实证研究 [J]. 经济研究, 2012 (1).

[127] 吴翠凤, 吴世农, 刘威. 风险投资介入创业企业偏好及其方式研究：基于中国创业板上市公司的经验数据 [J]. 南开管理评论, 2014 (5).

[128] 吴树畅, 张雪, 于静. 经营风险与财务杠杆关系研究：基于异质

性负债视角 [J]. 会计之友, 2021 (19).

[129] 吴晓晖, 郭晓冬, 乔政. 机构投资者抱团与股价崩盘风险 [J]. 中国工业经济, 2019 (2).

[130] 吴育辉, 吴翠凤, 吴世农. 风险资本介入会提高企业的经营绩效吗?: 基于中国创业板上市公司的证据 [J]. 管理科学学报, 2016, 19 (7).

[131] 吴育辉, 吴世农. 股权集中、大股东掏空与管理层自利行为 [J]. 管理科学学报, 2011, 14 (8).

[132] 夏春玉, 田敏, 张闯. 契约型农业中私人关系对投机行为的影响: 农户感知公平的作用 [J]. 北京工商大学学报 (社会科学版), 2015, 30 (1).

[133] 夏春玉, 张志坤, 张闯. 私人关系对投机行为的抑制作用何时更有效?: 传统文化与市场经济双重伦理格局视角的研究 [J]. 管理世界, 2020, 36 (1).

[134] 夏琼, 李姚矿, 朱卫东. 创业投资公司投资经理的道德风险问题研究 [J]. 华东经济管理, 2005, 19 (5).

[135] 徐成凯, 金宇, 富钰媛. 私募股权投资与企业研发操纵: 监督还是合谋——基于高技术企业的实证分析 [J]. 山西财经大学学报, 2020, 42 (8).

[136] 徐晓俊. 独立董事制度会影响股价崩盘风险吗: 基于独立性和专业性视角的研究 [J]. 会计之友, 2020 (8).

[137] 闫邹先. 激励约束机制设计与上市公司合谋的灰关联度分析 [J]. 河北经贸大学学报, 2008, 29 (3).

[138] 姚铮, 顾慧莹, 严琦. 基于风险投资机构的风险企业高管变更影响因素研究 [J]. 经济与管理研究, 2016, 37 (7).

[139] 杨慧辉, 潘飞, 刘钰莹. 控制权变迁中的权力博弈与股权激励设计动机: 基于上海家化的案例分析 [J]. 财经研究, 2019, 45 (8).

[140] 杨俊, 张玉利. 基于企业家资源禀赋的创业行为过程分析 [J]. 外国经济与管理, 2004, 26 (2).

[141] 杨青, 高铭, YURTOGLU B B. 董事薪酬、CEO 薪酬与公司业绩: 合谋还是共同激励? [J]. 金融研究, 2009 (6).

[142] 姚颐, 刘志远. 投票权制度改进与中小投资者利益保护 [J]. 管

理世界，2011（3）.

[143] 叶小杰. 风险投资声誉、成功退出与投资收益：我国风险投资行业的经验证据［J］. 经济管理，2014, 36（8）.

[144] 于左，张容嘉，付红艳. 交叉持股、共同股东与竞争企业合谋［J］. 经济研究，2021, 56（10）.

[145] 余峰燕，傅颖诗，卜林，等. 股票承销市场中的个人社会关系研究：基于承销双方、承销团成员多重关系视角［J］. 经济学（季刊），2021, 21（6）.

[146] 余琰，罗炜，李怡宗，等. 国有风险投资的投资行为和投资成效［J］. 经济研究，2014, 49（2）.

[147] 张程睿. 公司信息披露对投资者保护的有效性：对中国上市公司2001—2013年年报披露的实证分析［J］. 经济评论，2016（1）.

[148] 张广冬，邵艳. 风险投资与公司客户稳定性［J］. 会计研究，2022（4）.

[149] 张剑. 风险投资是认证信息、追逐名声还是获取短期利益？：基于倾向值配比的实证分析［J］. 金融评论，2013, 5（3）.

[150] 张莉，高元骅，徐现祥. 政企合谋下的土地出让［J］. 管理世界，2013（12）.

[151] 张良，王平，毛道维. 股权集中度、股权制衡度对企业绩效的影响［J］. 统计与决策，2010, 26（7）.

[152] 张涛，张闯. 私人关系、IT资源与渠道合作：分销商投机的权变影响［J］. 管理评论，2018（10）.

[153] 张学勇，张琳. 风险投资家职业背景与投资业绩［J］. 管理科学学报，2019, 22（12）.

[154] 张运华，王美琳，吴洁. 产学研合作中关系规范控制对知识流动绩效的影响：分配公平的中介作用与契约控制的调节作用［J］. 科技进步与对策，2017, 34（3）.

[155] 赵璨，宿莉莎，曹伟. 混合所有制改革：治理效应还是资源效应？：基于不同产权性质下企业投资效率的研究［J］. 上海财经大学学报，2021, 23（1）.

[156] 赵国宇. 大股东控股、报酬契约与合谋掏空：来自民营上市公司

的经验证据［J］．外国经济与管理，2017，39（7）．

［157］赵国宇．CEO会利用多个大股东"制衡"从中获利吗？——来自CEO超额薪酬的经验证据［J］．外国经济与管理，2019，41（8）．

［158］赵国宇，禹薇．大股东股权制衡的公司治理效应：来自民营上市公司的证据［J］．外国经济与管理，2018，40（11）．

［159］赵红丹，周君．企业伪善、道德推脱与亲组织非伦理行为：有调节的中介效应［J］．外国经济与管理，2017，39（1）．

［160］赵静梅，傅立立，申宇．风险投资与企业生产效率：助力还是阻力？［J］．金融研究，2015（11）．

［161］郑国坚，蔡贵龙，卢昕．"深康佳"中小股东维权："庶民的胜利"抑或"百日维新"？：一个中小股东参与治理的分析框架［J］．管理世界，2016（12）．

［162］郑红亮．公司治理理论与中国国有企业改革［J］．经济研究，1998，33（10）．

［163］郑志刚．公司治理机制理论研究文献综述［J］．南开经济研究，2004（5）．

［164］支晓强，童盼．管理层业绩报酬敏感度、内部现金流与企业投资行为：对自由现金流和信息不对称理论的一个检验［J］．会计研究，2007（10）．

［165］周嘉南，苏婳．私募股权投资的行业专业化与被投资企业的绩效表现［J］．珞珈管理评论，2019（4）．

［166］周建，罗肖依，张双鹏．独立董事个体有效监督的形成机理：面向董事会监督有效性的理论构建［J］．中国工业经济，2016（5）．

［167］周俊，薛求知．交易专用性投资效应及治理机制研究评介［J］．外国经济与管理，2009，31（9）．

［168］周绍妮，张秋生，胡立新．机构投资者持股能提升国企并购绩效吗？：兼论中国机构投资者的异质性［J］．会计研究，2017（6）．

［169］周勇，龚海东．创新型企业家人力资本特征与企业绩效的实证研究［J］．科技管理研究，2014，34（2）．

［170］朱滔．董事薪酬、CEO薪酬与公司未来业绩：监督还是合谋？［J］．会计研究，2015（8）．

[171] 朱滔. 国有企业董事长领薪安排与管理层薪酬激励：基于"委托—监督—代理"三层代理框架的研究 [J]. 当代财经, 2020 (7).

[172] 庄贵军, 席酉民. 中国营销渠道中私人关系对渠道权力使用的影响 [J]. 管理科学学报, 2004, 7 (6).

二、英文文献

（一）专著

[1] THIBAUT J W. The Social Psychology of Groups [M]. New York: Routledge, 2017.

（二）期刊

[1] ABAD D, CUTILLAS-GOMARIZ M F, SÁNCHEZ-BALLESTA J P, et al. Real Earnings Management and Information Asymmetry in the Equity Market [J]. European Accounting Review, 2018, 27 (2).

[2] ABOSAG I, YEN D A-W, BARNES B R, et al. Rethinking Guanxi and Performance: Understanding the Dark Side of Sino-U.S. Business Relationships [J]. International Business Review, 2021, 30 (4).

[3] ACHARYA V V, GOTTSCHALG O F, HAHN M, et al. Corporate Governance and Value Creation: Evidence from Private Equity [J]. The Review of Financial Studies, 2013, 26 (2).

[4] ACHLEITNER A-K, BRAUN R, LUTZ E, et al. Industry Relatedness in Trade Sales and Venture Capital Investment Returns [J]. Small Business Economics, 2014, 43 (3).

[5] AKERLOF G. The Market for Lemons: Quality Uncertainty and the Market Mechanism [J]. Uncertainty in Economics, 1970, 84 (3).

[6] AMORNSIRIPANITCH N, GOMPERS P A, XUAN Y. More than Money: Venture Capitalists on Boards [J]. The Journal of Law, Economics, and Organization, 2019, 35 (3).

[7] ANDERSON S L, ADAMS G, PLAUT V C. The Cultural Grounding of Personal Relationship: The Importance of Attractiveness in Everyday Life [J]. Journal of Personality and Social Psychology, 2008, 95 (2).

[8] ANTÓN M, EDERER F, GINÉ M, et al. Common Ownership,

Competition, and Top Management Incentives [J]. Journal of Political Economy, 2023, 131 (5).

[9] ARTHURS J D, BUSENITZ L W. The Boundaries and Limitations of Agency Theory and Stewardship Theory in the Venture Capitalist/Entrepreneur Relationship [J]. Entrepreneurship Theory and Practice, 2003, 28 (2).

[10] ASGARI N, TANDON V, SINGH K, et al. Creating and Taming Discord: How Firms Manage Embedded Competition in Alliance Portfolios to Limit Alliance Termination [J]. Strategic Management Journal, 2018, 39 (12).

[11] AZAR J, SCHMALZ M C, TECU I. Anticompetitive Effects of Common Ownership [J]. The Journal of Finance, 2018, 73 (4).

[12] BARON R M, KENNY D A. The Moderator – Mediator Variable Distinction in Social Psychological Research: Conceptual, Strategic, and Statistical Considerations [J]. Journal of Personality and Social Psychology, 1986, 51 (6).

[13] BAYAR O, CHEMMANUR T J, TIAN X. Peer Monitoring, Syndication, and the Dynamics of Venture Capital Interactions: Theory and Evidence [J]. Journal of Financial and Quantitative Analysis, 2019, 55 (6).

[14] BELLAVITIS C, KAMURIWO D S, HOMMEL U. Mitigation of Moral Hazard and Adverse Selection in Venture Capital Financing: The Influence of the Country's Institutional Setting [J]. Journal of Small Business Management, 2019, 57 (4).

[15] BENGTSSON O, HSU D H. Ethnic Matching in the U. S. Venture Capital Market [J]. Journal of Business Venturing, 2015, 30 (2).

[16] BERMISS Y S, GREENBAUM B E. Loyal to Whom? The Effect of Relational Embeddedness and Managers' Mobility on Market Tie Dissolution [J]. Administrative Science Quarterly, 2016, 61 (2).

[17] BERNSTEIN S, KORTEWEG A, LAWS K. Attracting Early – Stage Investors: Evidence from a Randomized Field Experiment [J]. The Journal of Finance, 2017, 72 (2).

[18] BERTONI F, FERRER M A, MARTÍ J. The Different Roles Played by Venture Capital and Private Equity Investors on the Investment Activity of Their

Portfolio Firms [J]. Small Business Economics, 2013, 40 (3).

[19] BIAN H, KUO J-M, PAN H, et al. The Role of Managerial Ownership in Dividend Tunneling: Evidence from China [J]. Corporate Governance an International Review, 2023, 31 (2).

[20] BLAU P M. Justice in Social Exchange [J]. Sociological Inquiry, 1964, 34 (2).

[21] BLOCK J, FISCH C, VISMARA S, et al. Private Equity Investment Criteria: An Experimental Conjoint Analysis of Venture Capital, Business Angels, and Family Offices [J]. Journal of Corporate Finance, 2019, 58 (10).

[22] BOSSE D A, PHILLIPS R A. Agency Theory and Bounded Self-Interest [J]. Academy of Management Review, 2016, 41 (2).

[23] BOTTAZZI L, RIN M D, HELLMANN T. What is the Role of Legal Systems in Financial Intermediation? Theory and Evidence [J]. Journal of Financial Intermediation, 2009, 18 (4).

[24] BOTTAZZI L, DA RIN M, HELLMANN T. The Importance of Trust for Investment: Evidence from Venture Capital [J]. Review of Financial Studies, 2016, 29 (9).

[25] BOTTAZZI L, DA RIN M, HELLMANN T. Who are the Active Investors: Evidence from Venture Capital [J]. Journal of Financial Economics, 2008, 89 (3).

[26] BRAUN R, JENKINSON T, SCHEMMERL C. Adverse Selection and the Performance of Private Equity Co-Investments [J]. Journal of Financial Economics, 2020, 136 (1).

[27] ZHOU K Z, POPPO L. Exchange Hazards, Relational Reliability, and Contracts in China: The Contingent Role of Legal Enforceability [J]. Journal of International Business Studies, 2010, 41 (5).

[28] BUBLITZ E, NIELSEN K, NOSELEIT F, et al. Entrepreneurship, Human Capital, and Labor Demand: A Story of Signaling and Matching [J]. Industrial and Corporate Change, 2018, 27 (2).

[29] BUCHANAN J M, LEE D R. Private Interest Support for Efficiency Enhancing Antitrust Policies [J]. Economic Inquiry, 1992, 30 (2).

[30] BURCHARDT J, HOMMEL U, KAMURIWO D S, et al. Venture Capital Contracting in Theory and Practice: Implications for Entrepreneurship Research [J]. Entrepreneurship Theory and Practice, 2016, 40 (1).

[31] BUSHMAN R M, SMITH A J. Transparency, Financial Accounting Information, and Corporate Governance [J]. Economic Policy Review, 2003, 9.

[32] BUTLER A W, GOKTAN M S. On the Role of Inexperienced Venture Capitalists in Taking Companies Public [J]. Journal of Corporate Finance, 2013, 22.

[33] BUTT A S. Personal Relationships in Supply Chains [J]. International Journal of Integrated Supply Management, 2019, 12 (3).

[34] CAI Y, SEVILIR M. Board Connections and M&A Transactions [J]. Journal of Financial Economics, 2012, 103 (2).

[35] CANNICE M V, ALLEN J P, TARRAZO M. What Do Venture Capitalists Think of Venture Capital Research? [J]. Venture Capital, 2016, 18 (1).

[36] CHAMBERLIN E H. Duopoly: Value Where Sellers Are Few [J]. The Quarterly Journal of Economics, 1929, 44 (1).

[37] CHAN E H W, SUEN H C H. Dispute Resolution Management for International Construction Projects in China [J]. Management Decision, 2005, 43 (4).

[38] CHEMMANUR T J, HU G, WU C, et al. Transforming the Management and Governance of Private Family Firms: The Role of Venture Capital [J]. Journal of Corporate Finance, 2021, 66.

[39] CHEN D, WEI X, WANG H. Controlling Shareholder's Ownership, Control Rights and Related-Party Transactions-Analysis of Regulatory Effects Based on Board Characteristics [J]. International Entrepreneurship Management Journal, 2022, 18 (4).

[40] GRANZ C, LUTZ E, HENN M. Scout or Coach? Value-Added Services as Selection Criteria in Entrepreneurs' Venture Capitalist Selection [J]. Venture Capital, 2021, 23 (1).

[41] KOLYMPIRIS C, HOENEN S, KALAITZANDONAKES N. Geographic

Distance between Venture Capitalists and Target Firms and the Value of Quality Signals [J]. Industrial and Corporate Change, 2018, 27 (1).

[42] JOHN C C. Liquidity versus Control: The Institutional Investor as Corporate Monitor [J]. Columbia Law Review, 1991, 91 (6).

[43] CORVINO A, CAPUTO F, PIRONTI M, et al. The Moderating Effect of Firm Size on Relational Capital and Firm Performance: Evidence from Europe [J]. Journal of Intellectual Capital, 2019, 20 (4).

[44] CUMMING D, JOHAN S. Demand-driven Securities Regulation: Evidence from Crowdfunding [J]. Venture Capital, 2013, 15 (4).

[45] DAI N, NAHATA R. Cultural Differences and Cross-Border Venture Capital Syndication [J]. Journal of International Business Studies, 2016, 47 (2).

[46] KREPS D M, MILGROM P, ROBERTS J, et al. Rational Cooperation in the Finitely Repeated Prisoners' Dilemma [J]. Journal of Economic Theory, 1982, 27 (2).

[47] CLERCQ D D, SAPIENZA H J. Effects of Relational Capital and Commitment on Venture Capitalists' Perception of Portfolio Company Performance [J]. Journal of Business Venturing, 2006, 21 (3).

[48] DENIS D K. Twenty-Five Years of Corporate Governance Research and Counting [J]. Review of Financial Economics, 2001, 10 (3).

[49] DING S, KIM M, ZHANG X. Do Firms Care about Investment Opportunities? Evidence from China [J]. Journal of Corporate Finance, 2018, 52.

[50] DROVER W, BUSENITZ L, MATUSIK S, et al. A Review and Road Map of Entrepreneurial Equity Financing Research: Venture Capital, Corporate Venture Capital, Angel Investment, Crowdfunding, and Accelerators [J]. Journal of Management, 2017, 43 (6).

[51] DU Q. Birds of a Feather or Celebrating Differences? The Formation and Impacts of Venture Capital Syndication [J]. Journal of Empirical Finance, 2016, 39.

[52] ED-DAFALI S, BOUZAHIR B. Trust as a Governance Mechanism of

the Relationship Between Venture Capitalists and Managers of Venture Capital-Backed Firms in Morocco [J]. Transnational Corporations Review, 2022, 14 (2).

[53] ELLEMERS N, KORTEKAAS P, OUWERKERK J W. Self-Categorisation, Commitment to the Group and Group Self-Esteem as Related but Distinct Aspects of Social Identity [J]. European Journal of Social Psychology, 1999, 29 (23).

[54] ENGELBERG J, GAO P, PARSONS C A. Friends with Money [J]. Journal of Financial Economics, 2012, 103 (1).

[55] ETTREDGE M, JOHNSTONE K, STONE M, et al. The Effects of Firm Size, Corporate Governance Quality, and Bad News on Disclosure Compliance [J]. Review of Accounting Studies, 2011, 16 (4).

[56] FACCIO M, MARCHICA M-T, MURA R. CEO Gender, Corporate Risk-taking, and the Efficiency of Capital Allocation [J]. Journal of Corporate Finance, 2016, 39.

[57] FAIRCHILD R. Fairness Norms and Self-interest in Venture Capital/Entrepreneur Contracting and Performance [J]. International Journal of Behavioural Accounting and Finance, 2011, 2 (1).

[58] FAN Y. Questioning Guanxi: Definition, Classification and Implications [J]. International Business Review, 2002, 11 (5).

[59] FAURE-GRIMAUD A, LAFFONT J-J, MARTIMORT D. Collusion, Delegation and Supervision with Soft Information [J]. The Review of Economic Studies, 2003, 70 (2).

[60] FRACASSI C, TATE G. External Networking and Internal Firm Governance [J]. The Journal of Finance, 2012, 67 (1).

[61] FU H, YANG J, AN Y. Contracts for Venture Capital Financing with Double-sided Moral Hazard [J]. Small Business Economics, 2019, 53 (1).

[62] GARTNER W. A Conceptual Framework for Describing the Phenomenon of New Venture Creation [J]. Academy of Management Review, 1985, 10 (4).

[63] GHOSHAL S, MORAN P. Bad for Practice: A Critique of the Transaction Cost Theory [J]. The Academy of Management Review, 1996, 21

(1).

[64] GOMPERS P, JOSH L. The Venture Capital Revolution [J]. Journal of Economic Perspectives, 2001, 15 (2).

[65] GOMPERS P, KAPLAN S N, MUKHARLYAMOV V. What do Private Equity Firms Say They do? [J]. Journal of Financial Economics, 2016, 121 (3).

[66] GOMPERS P, KOVNER A, LERNER J. Specialization and Success: Evidence from Venture Capital [J]. Journal of Economics & Management Strategy, 2009, 18 (3).

[67] GOMPERS P. Optimal Investment, Monitoring, and the Staging of Venture Capital [J]. The Journal of Finance, 1995, 50 (5).

[68] GOMPERS P, GORNALL W, KAPLAN S N, et al. How do Venture Capitalists Make Decisions? [J]. Journal of Financial Economics, 2020, 135 (1).

[69] GOMPERS P, LERNER J. An Analysis of Compensation in the U. S. Venture Capital Partnership [J]. Journal of Financial Economics, 1999, 51 (1).

[70] GORMAN M, SAHLMAN W A. What do Venture Capitalists do? [J]. Journal of Business Venturing, 1989, 4 (4).

[71] GRILLI L, MRKAJIC B, LATIFI G. Venture Capital in Europe: Social Capital, Formal Institutions and Mediation Effects [J]. Small Business Economics, 2018, 51 (1).

[72] GU Q, LU X. Unraveling the Mechanisms of Reputation and Alliance Formation: A Study of Venture Capital Syndication in China [J]. Strategic Management Journal, 2014, 35 (5).

[73] GUAN Y, SU L, WU D, et al. Do School Ties between Auditors and Client Executives Influence Audit Outcomes? [J]. Journal of Accounting and Economics, 2016, 61 (2-3).

[74] GUO Y, RAMMAL H G, BENSON J, et al. Interpersonal Relations in China: Expatriates' Perspective on the Development and Use of Guanxi [J]. International Business Review, 2018, 27 (2).

[75] HAIDT J. The Emotional Dog and Its Rational Tail: A Social Intuitionist Approach to Moral Judgment [J]. Psychological Review, 2001, 108 (4).

[76] HALL H. Borrowed Theory: Applying Exchange Theories in Information Science Research [J]. Library and Information Science Research, 2003, 25 (3).

[77] HAN B. The Impact of Foreign Venture Capital Intervention on Venture Capital Innovation of Startup Entrepreneurs Using Propensity Score Matching Model [J]. Frontiers in Psychology, 2021, 12.

[78] HASAN I, KHURSHED A, MOHAMED A, et al. Do Venture Capital Firms Benefit from a Presence on Boards of Directors of Mature Public Companies? [J]. Journal of Corporate Finance, 2018, 49.

[79] HE J, HUANG J. Product Market Competition in a World of Cross-Ownership: Evidence from Institutional Blockholdings [J]. Review of Financial Studies, 2017, 30 (8).

[80] HE J, HUANG J, ZHAO S. Internalizing Governance Externalities: The Role of Institutional Cross-Ownership [J]. Journal of Financial Economics, 2019, 134 (2).

[81] HEGDE D, TUMLINSON J. Does Social Proximity Enhance Business Partnerships? Theory and Evidence from Ethnicity's Role in U. S. Venture Capital [J]. Management Science, 2014, 60 (9).

[82] HEIDE J B, JOHN G. Do Norms Matter in Marketing Relationships? [J]. Journal of Marketing, 1992, 56 (2).

[83] HENNESSY J, WEST M A. Intergroup Behavior in Organizations: A Field Test of Social Identity Theory [J]. Small Group Research, 1999, 30 (3).

[84] HERMALIN B E, WEISBACH M S. Boards of Directors as an Endogenously Determined Institution: A Survey of the Economic Literature [J]. Economic Policy Review, 2003, 9 (1).

[85] HOENIG D, HENKEL J. Quality Signals? The Role of Patents, Alliances, and Team Experience in Venture Capital Financing [J]. Research Policy, 2015, 44 (5).

[86] HOGG M A, VAN KNIPPENBERG D, RAST III D E. The Social

Identity Theory of Leadership: Theoretical Origins, Research Findings, and Conceptual Developments [J]. European Review of Social Psychology, 2012, 23 (1).

[87] HOLZMEISTER F, HUBER J, KIRCHLER M, et al. What Drives Risk Perception? A Global Survey with Financial Professionals and Laypeople [J]. Management Science, 2020, 66 (9).

[88] HOMANS G C. Social Behavior as Exchange [J]. American Journal of Sociology, 1958, 63 (6).

[89] HSU W-H, OWEN S, SUCHARD J-A. The Value of Ongoing Venture Capital Investment to Newly Listed Firms [J]. Accounting & Finance, 2019, 60 (2).

[90] HUANG H H, WANG C, XIE H, et al. Independent Director Attention and the Cost of Equity Capital [J]. Journal of Business Finance & Accounting, 2021, 48 (7-8).

[91] JAIN B A. Predictors of Performance of Venture Capitalist-Backed Organizations [J]. Journal of Business Research, 2001, 52 (3).

[92] JAMIL S A, KHAN K. Does Gender Difference Impact Investment Decisions? Evidence from Oman [J]. International Journal of Economics and Financial Issues, 2016, 6 (2).

[93] HUMPHERY-JENNER M, SUCHARD J-A. Foreign Venture Capitalists and the Internationalization of Entrepreneurial Companies: Evidence from China [J]. Journal of International Business Studies, 2013, 44.

[94] JAIN B A, KINI O. Venture Capitalist Participation and the Post-issue Operating Performance of IPO Firms [J]. Managerial and Decision Economics, 1995, 16 (6).

[95] JIANG F, CAI W, WANG X, et al. Multiple Large Shareholders and Corporate Investment: Evidence from China [J]. Journal of Corporate Finance, 2018, 50.

[96] JIN X, ZHENG P, ZHONG Z, et al. The Effect of Venture Capital on Enterprise Benefit According to the Heterogeneity of Human Capital of Entrepreneur [J]. Frontiers in Psychology, 2020, 11.

[97] JUDD C M, KENNY D A. Process Analysis: Estimating Mediation in Treatment Evaluations [J]. Evaluation Review, 1981, 5 (5).

[98] KAPLAN S N, STROMBERG P. Financial Contracting Theory Meets the Real World: An Empirical Analysis of Venture Capital Contracts [J]. Review of Economic Studies, 2003, 70 (2).

[99] KAPLAN S N, STRÖMBERG P. Characteristics, Contracts, and Actions: Evidence from Venture Capitalist Analyses [J]. The Journal of Finance, 2004, 59 (5).

[100] KATTI S, RAITHATHA M. Governance Practices and Agency Cost in Emerging Market: Evidence from India [J]. Managerial and Decision Economics, 2018, 39 (6).

[101] KHEDMATI M, SUALIHU M A, YAWSON A. CEO-Director Ties and Labor Investment Efficiency [J]. Journal of Corporate Finance, 2020, 65.

[102] KINI O, KRACAW W, MIAN S. The Nature of Discipline by Corporate Takeovers [J]. The Journal of Finance, 2004, 59 (4).

[103] KOLLMANN T, KUCKERTZ A, MIDDELBERG N. Trust and Controllability in Venture Capital Fundraising [J]. Journal of Business Research, 2014, 67 (11).

[104] KONG D. Does Corporate Social Responsibility Affect the Participation of Minority Shareholders in Corporate Governance? [J]. Journal of Business Economics and Management, 2013, 14 (1).

[105] LAFFONT J-J, MARTIMORT D. Collusion under Asymmetric Information [J]. The Econometric Society, 1997, 65 (4).

[106] LAFFONT J-J, MARTIMORT D. Mechanism Design with Collusion and Correlation [J]. Econometrica, 2000, 68 (2).

[107] LEE C-W, YU H-Y. Examining Cross-Industry Collaboration in Sharing Economy Based on Social Exchange and Social Network Theories [J]. Advances in Management and Applied Economics, 2020, 10 (6).

[108] LEE H S. Peer Networks in Venture Capital [J]. Journal of Empirical Finance, 2017, 41.

[109] LEI Q, LU R, REN L. Non-CEO Top managers' Monitoring Power

and CEO Pay-Performance Sensitivity in State-Owned Enterprises: Evidence from Chinese State-owned Listed Firms [J]. China Journal of Accounting Research, 2019, 12 (4).

[110] LERNER J. Venture Capitalists and the Decision to Go Public [J]. Journal of Financial Economics, 1994, 35 (3).

[111] LERNER J, NANDA R. Venture Capital's Role in Financing innovation: What We Know and How Much We Still Need to Learn [J]. Journal of Economic Perspectives, 2020, 34 (3).

[112] LI L. The Moral Economy of Guanxi and the Market of Corruption: Networks, Brokers and Corruption in China's Courts [J]. International Political Science Review, 2018, 39 (5).

[113] LIAO W M, LU C-C, WANG H. Venture Capital, Corporate Governance, and Financial Stability of IPO Firms [J]. Emerging Markets Review, 2014, 18.

[114] LIU Y, LI Y, XUE J. Transfer of Market Knowledge in a Channel Relationship: Impacts of Attitudinal Commitment and Satisfaction [J]. Industrial Marketing Management, 2010, 39 (2).

[115] LIU Y, MA S, TANG X. Independent Director Networks and Executive Perquisite Consumption: "Collusion" or "Coordination" in Governance? [J]. Emerging Markets Finance and Trade, 2022, 58 (13).

[116] LUHTANEN R, CROCKER J. A Collective Self-esteem Scale: Self-evaluation of One's Social Identity [J]. Personality and Social Psychology Bulletin, 1992, 18 (3).

[117] MA C, LIU H, GU J, et al. How Entrepreneurs' Zhong-yong Thinking Improves New Venture Performance: The Mediating Role of Guanxi and the Moderating Role of Environmental Turbulence [J]. Chinese Management Studies, 2018, 12 (2).

[118] MANSFIELD E R, HELMS B P. Detecting Multicollinearity [J]. The American Statistician, 1982, 36 (3a).

[119] MARSCHLICH S, INGENHOFF D. Stakeholder Engagement in a Multicultural Context: The Contribution of (Personal) Relationship Cultivation to

Social Capital [J]. Public Relations Review, 2021, 47 (4).

[120] MAULA M, AUTIO E, MURRAY G. Corporate Venture Capitalists and Independent Venture Capitalists: What do They Know, Who do They Know and Should Entrepreneurs Care? [J]. Venture Capital: An International Journal of Entrepreneurial Finance, 2005, 7 (1).

[121] KHEDMATI M, SUALIHU M A, YAWSON A. CEO-Director Ties and Labor Investment Efficiency [J]. Journal of Corporate Finance, 2020, 65.

[122] MILLER D, LEE J, CHANG S, et al. Filling the Institutional Void: The Social Behavior and Performance of Family VS Non-Family Technology Firms in Emerging Markets [J]. Journal of International Business Studies, 2009, 40 (5).

[123] MILOSEVIC M. Skills or Networks? Success and Fundraising Determinants in a Low Performing Venture Papital Market [J]. Research Policy, 2018, 47 (1).

[124] MOORE D, LOEWENSTEIN G. Self-Interest, Automaticity, and the Psychology of Conflict of Interest [J]. Social Justice Research, 2004, 17 (2).

[125] MURPHY D S, TUREK J. Audit Response to Money Laundering by Financial Institutions: An Economic Perspective [J]. International Journal of Business Management Invention, 2016, 5 (2).

[126] NAHATA R. Venture Capital Reputation and Investment Performance [J]. Journal of Financial Economics, 2007, 90 (2).

[127] NWAJEI U. How Relational Contract Theory Influence Management Strategies and Project Outcomes: A Systematic Literature Review [J]. Construction Management and Economics, 2021, 39 (5).

[128] OBRIMAH O A. How Important Is Innovation for Venture Capitalists' (VCs') Market Reputation? [J]. The Quarterly Review of Economics and Finance, 2016, 61.

[129] OPPER S, NEE V, HOLM H J. Risk Aversion and Guanxi Activities: A Behavioral Analysis of CEOs in China [J]. Academy of Management Journal, 2017, 60 (4).

[130] OUYANG C, XIONG J, HUANG K. Do Multiple Large Shareholders

Affect Tax Avoidance? Evidence from China [J]. International Review of Economics and Finance, 2020, 67.

[131] OZMEL U, YAVUZ D, TROMBLEY T, et al. Interfirm Ties between Ventures and Limited Partners of Venture Capital Funds: Performance Effects in Financial Markets [J]. Organization Science, 2020, 31 (3).

[132] PAOLO T. Emotion, Rationality, and Social Identity: A Theoretical-Methodological Proposal for a Cognitive Approach [J]. Cognitive Processing, 2021, 22 (4).

[133] PARK S H, LUO Y. Guanxi and Organizational Dynamics: Organizational Networking in Chinese Firms [J]. Strategic Management Journal, 2001, 22 (5).

[134] COPLEY P, DOUTHETT E, ZHANG S. Venture Capitalists and Assurance Services on Initial Public Offerings [J]. Journal of Business Research, 2021, 131.

[135] PETRA P, ZHURAVSKAYA E. Elite Influence as a Substitute for Local Democracy: Evidence from Backgrounds of Chinese Provincial Leaders [J]. SSRN Electronic Journal, 2012.

[136] PERSSON M D, POLLOCK T G, RINDOVA V P. A Tale of Two Assets: The Effects of Firm Reputation and Celebrity on Earnings Surprises and Investors' Reactions [J]. Academy of Management Journal, 2010, 53 (5).

[137] POPPO L, ZENGER T. Do Formal Contracts and Relational Governance Function as Substitutes or Complements? [J]. Strategic Management Journal, 2002, 23 (8).

[138] POPPO L, ZHOU K Z, ZENGER T R. Examining the Conditional Limits of Relational Governance: Specialized Assets, Performance Ambiguity, and Long-Standing Ties [J]. Journal of Management Studies, 2008, 45 (7).

[139] PRADHAN R P, ARVIN M B, NAIR M, et al. Sustainable Economic Growth in the European Union: The Role of ICT, Venture Capital, and Innovation [J]. Review of Financial Economics, 2020, 38 (1).

[140] HEGEMAN P D, SRHEIM R. Why do They do It? Corporate Venture Capital Investments in Cleantech Startups [J]. Journal of Cleaner Production,

2021, 294.

[141] RAMALINGEGOWDA S, UTKE S, YU Y. Common Institutional Ownership and Earnings Management [J]. Contemporary Accounting Research, 2021, 38 (1).

[142] REID G C. The application of Principal-Agent Methods to Investor-Investee Relations in the UK Venture Capital Industry [J]. Venture Capital: An International Journal of Entrepreneurial Finance, 1999, 1 (4).

[143] REN S, CHADEE D. Ethical leadership, Self-Efficacy and Job Satisfaction in China: The Moderating Role of Guanxi [J]. Personnel Review, 2017, 46 (2).

[144] REN Y, HARPER F M, DRENNER S, et al. Building Member Attachment in Online Communities: Applying Theories of Group Identity and Interpersonal Bonds [J]. MIS Quarterly, 2012, 36 (3).

[145] ROSENBAUM P R, RUBIN D B. The Central Role of the Propensity Score in Observational Studies for Causal Effects [J]. Biometrika, 1983, 70 (1).

[146] ROTTIG D, KOUFTEROS X, UMPHRESS E. Formal Infrastructure and Ethical Decision Making: An Empirical Investigation and Implications for Supply Management [J]. Decision Sciences, 2011, 42 (1).

[147] CHERNENKO S, LERNER J, ZENG Y. Mutual Funds as Venture Capitalists? Evidence from Unicorns [J]. The Review of Financial Studies, 2021, 34 (5).

[148] SHEN L, ZHANG C, TENG W. The Double-Edged Effects of Guanxi on Partner Opportunism [J]. Journal of Business and Industrial Marketing, 2019, 34 (3).

[149] SHENG S, ZHOU K Z, LI J J. The Effects of Business and Political Ties on Firm Performance: Evidence from China [J]. Journal of Marketing, 2011, 75 (1).

[150] SHLEIFER A, VISHNY R W, PORTA R L, et al. Investor Protection and Corporate Governance [J]. Journal of Financial Economics, 2000, 58 (1-2).

[151] SOBEL M E. Asymptotic Confidence Intervals for Indirect Effects in

Structural Equation Models [J]. Sociological Methodology, 1982, 13.

[152] SONG X, SU W H, LIU Y. The Impact of the Supervisory Board Supervision on Firm Performance: Evidence from Chinese Listed Firms [J]. Review of Economics and Finance, 2019, 16.

[153] SRIVASTAVA V, DAS N, PATTANAYAK J K. Corporate Governance: Mapping the Change [J]. International Journal of Law and Management, 2018, 60 (3).

[154] STIGLER G J. The Economists and the Problem of Monopoly [J]. The American Economic Review, 1982, 72 (2).

[155] SUN Y, CHENG C, YANG S. Coaches or Speculators? The Role and Impact of Venture Capital on Executive Compensation in Chinese Listed Companies [J]. Emerging Markets Finance and Trade, 2018, 54 (10).

[156] SUN W, ZHAO Y, SUN L. Big Data Analytics for Venture Capital Application: Towards Innovation Performance Improvement [J]. International Journal of Information Management, 2020, 50.

[157] TAJFEL H. Social Psychology of Intergroup Relations [J]. Annual Review of Psychology, 1982, 33.

[158] TAN C, ZHANG J, ZHANG Y. The Mechanism of Team-Member Exchange on Knowledge Hiding under the Background of "Guanxi" [J]. Journal of Business Research, 2022, 148 (2).

[159] TANGPONG C, HUNG K-T, RO Y K. The Interaction Effect of Relational Norms and Agent Cooperativeness on Opportunism in Buyer-Supplier Relationships [J]. Journal of Operations Management, 2010, 28 (5).

[160] TAO Q, LI H, WU Q, et al. The Dark Side of Board Network Centrality: Evidence from Merger Performance [J]. Journal of Business Research, 2019, 104 (1).

[161] TAO Q, SUN Y, ZHU Y, et al. Political Connections and Government Subsidies: Evidence from Financially Distressed Firms in China [J]. Emerging Markets Finance and Trade, 2017, 53 (8).

[162] TIROLE J. Hierarchies and Bureaucracies: On the Role of Collusion in Organizations [J]. Journal of Law Economics and Organization, 1986, 2 (2).

[163] TORTORIELLO M, KRACKHARDT D. Activating Cross-boundary Knowledge: The Role of Simmelian Ties in the Generation of Innovations [J]. Academy of Management Journal, 2010, 53 (1).

[164] TREPTE S, LOY L S. Social Identity Theory and Self-Categorization Theory [J]. The International Encyclopedia of Media Effects, 2017.

[165] ULLAH F, JIANG P, SHAHAB Y, et al. Block Ownership and CEO Compensation: Does Board Gender Diversity Matter? [J]. Applied Economics, 2020, 52 (6).

[166] UMPHRESS E E, BINGHAM J B, MITCHELL M. Unethical Behavior in the Name of the Company: The Moderating Effect of Organizational Identification and Positive Reciprocity Beliefs on Unethical Pro-Organizational Behavior [J]. Journal of Applied Psychology, 2010, 95 (4).

[167] WANG L, JIANG M S. Effect of Power Source Mismatch on New Venture Performance [J]. Chinese Management Studies, 2018, 12 (3).

[168] WANG Q, LAI S, ANDERSON H D. VC Fund Preferences and Exits of Individual Investors [J]. Pacific-Basin Finance Journal, 2021, 67.

[169] WANG R, WU C. Politician as Venture Capitalist: Politically-Connected VCs and IPO Activity in China [J]. Journal of Corporate Finance, 2020, 64.

[170] WIDNYANA I W, WIKSUANA I G B, ARTINI L G S, et al. Influence of Financial Architecture, Intangible Assets on Financial Performance and Corporate Value in the Indonesian Capital Market [J]. International Journal of Productivity and Performance Management, 2020, 70 (7).

[171] WITT P. Entrepreneurs' Networks and the Success of Start-Ups [J]. Entrepreneurship and Regional Development, 2004, 16 (5).

[172] WU L, XU L. Venture Capital Certification of Small and Medium-Sized Enterprises Towards Banks: Evidence from China [J]. Accounting and Finance, 2020, 60 (2).

[173] XIE B, LI M. Coworker Guanxi and Job Performance: Based on the Mediating Effect of Interpersonal Trust [J]. Technological Forecasting and Social Change, 2021, 171.

[174] XU X L, CHEN H H, LI Y, et al. The Role of Equity Balance and Executive Stock Ownership in the Innovation Efficiency of Renewable Energy Enterprises [J]. Journal of Renewable and Sustainable Energy, 2019, 11 (5).

[175] XU Y, LI S, ZHOU X, et al. How Environmental Regulations Affect the Development of Green Finance: Recent Evidence from Polluting Firms in China [J]. Renewable Energy, 2022, 189 (1).

[176] YANG H, LI H. Trust Cognition of Entrepreneurs' Behavioral Consistency Modulates Investment Decisions of Venture Capitalists in Cooperation [J]. Entrepreneurship Research Journal, 2017, 8 (3).

[177] YANG T, BAO J, ALDRICH H. The Paradox of Resource Provision in Entrepreneurial Teams: Between Self-Interest and the Collective Enterprise [J]. Organization Science, 2020, 31 (6).

[178] YIN M, ZHANG J, HAN J, et al. Impact of CEO-Board Social Ties on Accounting Conservatism: Internal Control Quality as a Mediator [J]. The North American Journal of Economics and Finance, 2020, 52.

[179] YITSHAKI R. Venture Capitalist-Entrepreneur Conflicts: An Exploratory Study of Determinants and Possible Resolutions [J]. International Journal of Conflict Management, 2008, 19 (3).

[180] ZHANG L, GUPTA A K, HALLEN B L. The Conditional Importance of Priorties: A Group-Level Analysis of Venture Capital Syndication [J]. Academy of Management Journal, 2017, 60 (4).

[181] ZHANG L, ZHANG X. The Foreign Experience and Investment Performance of Venture Capitalists [J]. Accounting and Finance, 2021, 62 (S1).

[182] ZHANG X, GAO S, ZENG Y. An Empirical Study of The Relationship between Accounting Conservatism and Executive Compensation - Performance Sensitivity [J]. International Journal of Accounting and Information Management, 2019, 27 (10).

[183] ZHAO L, HA-BROOKSHIRE J. Importance of Guanxi in Chinese Apparel New Venture Success: A Mixed-Method Approach [J]. Journal of Global Entrepreneurship Research, 2018, 8 (1).

后 记

在2018年1月从南开大学博士毕业后，我有幸加入四川大学商学院从事教学科研工作，并开始了艰辛的国家级课题申请之旅。在撰写博士论文期间，我发现了一个有趣的问题：当风险投资家与企业家之间存在人力资本特征相似性时，将增加被投资企业的代理成本。这一发现开始让我感到头疼，虽然它并非博士论文的主要内容，但解释这一现象却花费了我大量时间和精力。在这个过程中，我尝试运用"合谋"去解释，从而启发了我去研究风险投资交易中的合谋行为。

在第一年我尝试撰写了社科申请书，题目为"风险投资机构与企业协同创新过程中人力资源配置的作用研究"。然而，该申请未获批准。随后，在2019年，我又以"基于私人关系的风险投资家与企业家合谋行为研究"为题申请自然科学基金。尽管未能获得立项，但我得到了一些修改意见，主要集中在两方面：一是理论贡献不足，二是研究框架不完善。2020年作为我来四川大学工作第一个聘期的最后一年，获得一个国家级项目对我来说非常重要。我放下了一切非必要的事务，专注于解决去年收到的专家意见。

为了解决理论贡献不足的问题，我希望能够在社会学和心理学的理论中找到理论基础。为此，我花了大约一个月的时间阅读《关系社会学——社会科学研究的新范式》《道德的悖论：组织中的利他不道德行为研究》等书籍。因为研究范式和语言的差异，阅读这些书籍并不是一件容易的事情，但它们打开了我研究思路的大门，我确定了合谋行为的理论基础为社会认同理论、社会交换理论和亲关系不道德行为。其中，亲关系不道德行为是我在不道德行为理论的基础上衍生出来的新理论。当时，我也有些犹豫是否要将其写进研究中，因为我无法确定审稿专家会对这个新理论持何种观点。最终，我决定保留亲关系不道德行为的概念，并对其进行了初步的解释。

为了解决研究框架不完善的问题，我决定采用绘制逻辑框架图的方式构建一个系统而全面的研究框架。我的博士后导师程宏伟教授曾经告诉我，"大多数人在项目申请书中都绘制了相同的研究框架和技术路线图，如果你的图与他们不同，就能在竞争中脱颖而出"。我铭记着程老师的话，开始不断寻找绘图的方法，希望能绘制出清晰、完整、重点明确的研究框架图。感谢周立影老师传授给我简便的PPT绘图方法，以及王桃林老师分享的申请书写作经验。大约花费了一个月的时间，我建立了合谋行为表现、机制和治理三方面的研究框架，并为每个研究内容绘制了逻辑框架图。梳理清晰了研究思路后，开始着手撰写文稿。对于申请书文本部分，我进行了反复修改，感谢系主任应千伟教授、系书记王良成副教授和我的博士导师黄福广教授提供的修改意见。

经过漫长且忐忑的等待，终于在2020年9月18日收到了《2020年度NSFC资助项目批准通知》的电子邮件，当时激动的心情久久难以平复。一方面，我觉得自己的努力总算没有白费，另一方面，也感谢自然科学基金专家们对我的认可和支持。

在成功立项后，如何完成项目也是一个艰难的问题。首先是数据的收集，由于私人关系的类型较多，需要手工收集和整理。我首先自己收集了数据，熟悉可能出现的情况，并一一说明了数据收集的步骤。然后，我聘请了30多名学生，对获得风险投资支持的创业企业进行信息收集。这个信息收集的过程持续了超过一年的时间。

一方面完成数据收集和清理需要花费大量的时间和精力，另一方面深入推进项目研究和撰写成文也并非易事，而自己要在教学科研等很多事情之间忙碌，一直没有时间去处理数据和完善论文。本书合著者成都大学李丽萍和四川大学陈启胜在2021年加入了项目研究。两位老师完成了大量的数据整理和分析工作，并在此基础上深入推进项目研究和论文撰写工作。在本书初稿的撰写和反复修改过程中，两位老师都深度参与。本书统稿人为李丽萍。

最终，在光明日报出版社的帮助下，我们成功出版了国家自然科学基金青年科学基金项目（72002144）的课题成果。

最后，我由衷感谢所有支持、帮助和鼓励过我的同事、好友和领导。你们在学术研究、教学工作等方面对我的帮助意义重大，感谢你们给予我宝贵的指导和支持。

贾西猛

2023年10月

四川大学商学院